ユーキャンの

これだけ！ 2訂版

実用 手話辞典

はじめに

『ユーキャンのこれだけ！実用手話辞典２訂版』を手に取っていただき、ありがとうございます。手話を学びたいという皆様の熱意に対して、ろう者を代表してお礼を申し上げます。

この手話辞典は、これから手話を学び始める方、すでに手話を学んでいてもっと手話のことを理解したい方など、どなたにとっても参考になるように構成いたしました。一般的な手話会話で実際によく使われる単語を中心に、使い方例や熟語を含めて約3,400語もの手話語彙を掲載しています。五十音順の辞典の後には、よく使う固有名詞等をテーマごとに集めたコーナーも設けています。

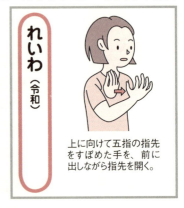

れいわ（令和）

上に向けて五指の指先をすぼめた手を、前に出しながら指先を開く。

今年は、「令和」という新しい時代の幕開けとなりました。また、2020年にはオリンピック・パラリンピックが東京で開催されます（全日本ろうあ連盟は2025年のデフリンピックの日本招致も目指しています！）。そこで今回の改訂は、新時代に即応する意味から、最近よく使われるようになった新しい言葉やIT関連の言葉などを追加するほか、国際的な手話によるコミュニケーションにも対応できるように、簡単な国際手話も追加しました。

持ち運びしやすいコンパクトなサイズなので、様々な場面でこの辞典がお役に立てば幸いです。

米内山 明宏

目　次

はじめに …………………………… 2
本書の使い方 ……………………… 4

◆ 手話のことをもっと知ろう…6

日本手話と日本語対応手話 … 6
ろう文化とは ……………… 7
いろいろなコミュニケーション方法… 7
手話と日本語 …………………… 8
いろいろな手話 ………………… 9

◆ 手話の文法の基本…10

指差し ……………………… 10
副詞的表情 ………………… 11
音韻変化 …………………… 12
口型について ………………… 12
手話の語順 …………………… 13
手話を学び始める前に ……… 16

◆ 五十音順手話辞典…17

あ行 …………………… 17
か行 …………………… 102
さ行 …………………… 182
た行 …………………… 245
な行 …………………… 302
は行 …………………… 327
ま行 …………………… 389
や行 …………………… 425
ら行 …………………… 438
わ行 …………………… 451

◆ テーマ別単語集…459

指文字〔五十音〕 ………… 460
指文字〔アルファベット〕 … 466
指文字〔単位〕 …………… 469
指文字〔数字〕 …………… 470
疑問詞 ……………………… 472
月の表し方 ………………… 474
曜日の表し方 ……………… 476
日時の表し方 ……………… 478
季節の表し方 ……………… 480
天候の表し方 ……………… 481
行事の表し方 ……………… 483
家族の表し方 …………………… 484
都道府県名 ……………………… 488
地方・地名 ……………………… 500
海外の国名等 …………………… 504
いろいろなあいさつ …………… 506
指差し …………………………… 507
色の名前 ………………………… 508
学校に関する単語 ……………… 509
病院に関する単語 ……………… 512
接客に関する単語 ……………… 518
おもてなし手話 - 国際手話の単語… 520

3

本書の使い方

まずは、見出し語から知りたい単語を探してください。目的の単語が見つからない場合は、巻末の索引から探してみてください。索引の赤い太字は見出し語です。黒い太字はラベルを表します。黒い細字は、そのページの解説欄の 解 、同 、参 、反 、使い方例 を参照してください。

五十音
指文字を相手から見た形と自分から見た形で表しています。

【相手から見た形】　【自分から見た形】

親指・人差指・中指を離して伸ばし、人差指・中指は下に向ける。

見出し語
ろう者が日常、一般的に使う単語を中心に掲載しています。同じ日本語でも意味の違う表現がある場合には、番号を付けています。

すいどう（水道）

指を軽く曲げて2回ひねる。

解 水道の栓を回す動き。
同 蛇口・水

使い方例
水道＋局⇒水道局
水道＋壊す⇒水道が壊れる

矢印
→②…動きを2回行う
⇔…動きを数回繰り返す

すいみん（睡眠）

頭を斜めに傾けながら目の位置で両手の親指と四指を付ける。

解 目をつぶる様子。
同 眠る

使い方例
睡眠＋足りない⇒寝不足
睡眠＋時間⇒睡眠時間

動きの説明
イラストは右利きの場合で描かれていますが、動きの説明では決まった表現でない限り、利き手を設定せず、説明しています。

す
すいどう
↓
すいみん

219

4

【凡例】　**解** 動きを表現する際のイメージや意味などを表しています。
　　　　同 見出し語の手話で表せる別の日本語です。
　　　　参 表現する際の注意点、動きを少し変えた場合の意味などを表しています。
　　　　反 見出し語と反対の意味の単語を表しています。
　　　使い方例 見出し語を使って表現できる熟語や例文を表しています。

主イラスト

複数の単語を使って表現する単語には、それぞれにラベルを表記しています。
また、1つの見出し語に複数の表現がある場合には、主に使われる方を大きく、その他のものを少し小さくしています。

副イラスト

見出し語を表す動きと反対の動きで表現できる単語には【反対の動き】、似たような動きで表現できる単語には【似た動き】として表記しています。

ラベル

単語の意味を表す記号としての仮の日本語です。

コラム

手話に関する関連事項を紹介しています。

手話のことをもっと知ろう

　手話ってなんだろう？　手話ってどんな言葉なの？
　このコーナーでは、手話という言語の特徴について紹介しています。はじめて手話を学ぶ人も、さらに手話を上達させたい人も、手話について理解を深めてみてください。

❶ 日本手話と日本語対応手話

　日本で使われている手話には、「日本手話」と「日本語対応手話」の2種類があるということをご存知ですか？

　「日本手話」とは、ろう者のコミュニティから生まれた、ろう者の言語です。生まれつき聞こえない人が自然に習得するもので、"ろう者の母語"といってよいかもしれません。日本手話は、日本語とは異なる1つの言語であり、独自の言語体系を持っているので、文法や表現方法も日本語とは異なります。

　一方、「日本語対応手話」とは、日本語を手話に置き換えることでコミュニケーションをとる方法です。言語体系としては日本語ですから、"手で表現する日本語"といえます。こちらは、日本語になじんでいる中途失聴者や難聴者にとっては受け入れやすい手話なので、コミュニケーションを補助する手段として学習されることも多いようです。

　なお、本書では、ろう者が日常的に使う「日本手話」を紹介しています（以後、「手話」と記述されている場合は、原則「日本手話」を表します）。

ろう文化とは

　ろう者に独自の言語があるのと同様に、独自の文化（「ろう文化」）があります。これは、聴覚に頼らない生活習慣から生まれたものです。例えば、人を呼ぶときには声をかけるのではなく、相手の肩などを軽く叩きます。離れている人には、光を点滅させたり、床や机などを叩いて振動で呼びかけたりします。

　ろう者と接すると、考え方や生活習慣の違いに戸惑ったり驚いたりするかもしれません。しかし、外国人と接するときも似た体験をしているのではないでしょうか？　手話を学ぶ際も、外国語を学ぶのと同様の気持ちで取り組むと、つまずきにくいかもしれません。手話を通して、異なる言語や文化を学ぶ楽しさを感じることができるでしょう。

いろいろなコミュニケーション方法

　耳が聞こえない人とのコミュニケーション方法は、もちろん手話だけではありません。口の形から言葉を読み取り〈読話〉、発語によって意思を伝える口話、筆談、空間に文字を書く空書、それに指文字などがあります。言語習得後に聴覚を喪失したいわゆる中途失聴者は、日本語になじんでいるので、手話よりも筆談や口話などのほうがコミュニケーションをとりやすい傾向にあります。一方、言語習得前あるいは生まれつき聴覚を喪失している人は、手話を母語としている人が多く、筆談よりも手話を好む傾向にあります。手話を用いる人の中には、両親がろう者で自身が聴者である人（コーダ：CODA）もいます。手話と日本語のバイリンガルであることが多いようです。

7

手話と日本語

手話と日本語は、その意味が必ずしも1対1で対応しているわけではありません。ここでは、いくつか例を紹介します。

● 1つの日本語に対して、複数の手話表現がある場合

食べる

（和食を）
食べる

（洋食を）
食べる

（お菓子を）
食べる

● 1つの手話に対して、複数の日本語の意味がある場合

寒い

怖い

冬

両手で拳を作り、小刻みに震わせる。
※「寒い」「冬」と「怖い」は表情が異なる。

いろいろな手話

　手話は視覚言語なので、男女によって表現が異なることがあります。例えば、「おいしい」という単語は、男性と女性で異なる表現を使う場合があります。

おいしい

男性
拳であごをさする。

女性
手と同じ側のほおを手の平で軽く叩く。

　また、手話には地域差もあります。例えば、「名前」という単語は、関東と関西で異なる表現をします。

名前

関東
手の平に、立てた親指の腹を当てる。

関西
親指と人差指で輪を作り、胸に当てる。

　わからない手話に出会ったら、「今の手話はどういう意味ですか？」と遠慮なく尋ねてみましょう。

手話の文法の基本

手話は1つの言語であり、独自の文法が確立されています。ここでは、手話の文法における基本的なポイントを紹介します。あくまで文法の一部なので、実際の会話の中ではさまざまに変化する場合もあります。手話の会話を通して、いろいろな表現をどんどん学んでみてください。

1 指差し

手話に慣れていない人は驚くかもしれませんが、指差しは手話の特徴の1つです。文頭にある指差しは＜主語＞として使われます。日本語と同じですね。指差しが文末に再度登場することもあります。例えば、「私」＋「学校」＋「行く」＋「私」という場合です。この指差しは、対象が「私」であることを示す意味と、主語の再確認の役割を持っています。日本語にはない、手話らしい表現といえます。

一人称（私）：自分の鼻の辺りや胸の辺りを指差します。
二人称（あなた）：目の前にいる話し相手を指差します。
三人称（それ、あれ等）：対象が見えている場合は、その物を指差します。対象が見えない場合や、漠然とした物事を指す場合は、実際の方向とは関係なく、斜め前上や斜め後ろ上を指差します。

私

あなた

それ

あれ

副詞的表情

　手話には、手の形や向き、位置、運動方向といった手の動かし方のほかにも、手話を修飾するいろいろな要素があります。この辞典の中でも、「副詞的表情」として解説に出てきますが、ここでは、主なものを5つ紹介します。

▶まゆ、眉間

　最もわかりやすいのは、疑問文のときにまゆを上げる動作です。例えば、「行く」という表現をしながら、あごを引き、まゆを上げると、「行く？」と尋ねる表現になります。

▶あご、首振り

　疑問文のときには、まゆ上げと同時にあごの動きを伴います。また、否定文のときには、首を振る動作を伴います。

▶目

　強調するときには、目を見開いたり、細めたりします。例えば、「長い」という表現をしながら目を細めると、「とても長い」というニュアンスを含みます。

▶手のスピード・動きの回数

　手を動かすスピードで、状況を表すことができます。例えば、「雨」を表現する場合、激しく上下させると「土砂降り」に、ゆっくり動かすと「しとしと降っている」になります。また、動きの回数で意味が変わるものがあります。例えば、「東」は1回の動作ですが、同じ動きを2回すると「東京」になります。

▶動作の溜め

　動きを溜めて表現することで、意味を強調することができます。例えば、「黒」と表現するときに最初に溜めを作ると、「真っ黒」という意味を表すことができます。

❸ 音韻変化

　学習を進めていくと、「単語は覚えているのに、読み取れない。ゆっくり表現してくれるとわかるのだけど…」と思うかもしれません。手話の読み取りが難しい原因の1つは、「音韻変化」です。

　手話の単語は、1語だけで表現する場合は、基本的な手の形・向き・位置・動きの方向などの要素が決まっています。しかし、文章として単語が連続する場合は、前後の単語の影響を受けて、これらの要素が変化（「音韻変化」）することがあります。例えば、「よろしくお願いします」という表現は、「良い」と「頼む」という単語の複合語です。それぞれの単語を1つずつ表現する場合と、「よろしくお願いします」と表現する場合では、手の動かし方が異なります。複数の単語を表現するときは、それぞれを区切って表すのではなく、一連の流れの中で滑らかに表現するようにしましょう。読み取るときにも、単語ごとに区切って見るのではなく、単語のつながりによって全体の意味が構成されているということを前提に、見るようにするとよいでしょう。

❹ 口型について

　口型とは、手話表現に伴う口の動きや形をいいます。手話語彙によって組み合わされる口型は決まっています。例えば、「ホッとする」という単語を表現する場合、口は「お」という形をします。この単語は、手の動きと口型がセットになっている例ですが、中には、1つの単語に組み合わされる口型が複数ある手話語彙もあります。単語ごとに口型も必ず覚えようとすると大変なので、実際の会話の中でいろいろな文脈に慣れていくとよいでしょう。

❺ 手話の語順

肯定文

「私はコーヒーが好きです。」

私　　　コーヒー　　　好き

※強調したいものによって語順が変化することがあります。
また、主語を文末で繰り返すこともあります。

否定文

「私は行けません。」

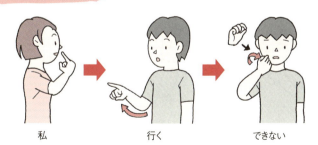

私　　　行く　　　できない

※強調したいものによって語順が変化することがあります。
また、主語を文末で繰り返すこともあります。

はい・いいえで答えるような疑問文

「熱はありますか？」

体温計　　調べる　　終わり　　あなた？

※文末の「終わり」と「あなた」を表現するときに、まゆを上げ、あごを引き、尋ねる表情をします。

疑問詞を使った疑問文

「あなたの名前は何といいますか？」

あなた　　名前　　何？

※疑問詞は文末にきます。その際、まゆを上げ、あごを引き、小刻みに左右に振ります。

過去形

「去年、大学に合格しました。」

去年　　　　　大学　　　　　合格

※過去形は、「昨日」「去年」「過去」など過去を表す単語を使って表現します。また、「経験」＋「終わり」で「経験した」というように、「終わり」という単語を付けて表現することもあります。

未来形

「明日は雨が降るらしい。」

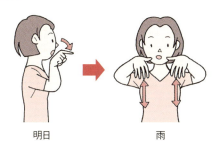

明日　　　　　雨

※未来形は、「明日」「今度」「来年」など未来を表す単語を使って表現します。

手話を学び始める前に

利き手について

原則として、片手で行う表現は利き手で行います。両手で行う場合は、主として動く方の動作を利き手で行います。本書のイラストは右利きを前提にしているので、左利きの場合は左右を逆にして表現してください。また、解説などで「利き手」「非利き手」と説明している場合は、自分の利き手に合わせて表現してください。

視線について

手話は視覚言語です。手の動きだけでなく、体全体や空間、表情なども手話の要素です。はじめて手話を学ぶ方は、ついつい手の動きが気になって、手ばかり見て表現してしまうかもしれませんが、それではきちんと意味を伝えることはできないのです。相手と目線をしっかり合わせて表現するよう心がけましょう。

【相手から見た形】　【自分から見た形】

親指を横に伸ばし、他指は握る。

あ

あい ➡ アイコン

あい（愛）

手の甲を、片方の手の平でなでる。

解 慈しむ様子。
同 大切・重要

使い方例
愛＋説明➡**ポイント/要点を述べる**
愛＋時➡**正念場**
愛＋車➡**愛車**

アイコン

手の平に、片方の軽く指を丸めた手を付ける。

解 画面にアイコンが並んでいる様子。

使い方例
アイコン＋クリック➡アイコンをクリックして

あ

あいさつ ▼ あいだ

あいさつ（挨拶）

<挨拶①>
向かい合わせた人差指を同時に曲げる。

<挨拶②>
向かい合わせた親指を同時に曲げる。

解 人差指を人に見立てて、お辞儀をしている様子。
参 「朝/昼/夜」＋「挨拶」で「**おはよう**」「**こんにちは**」「**こんばんは**」と表すこともできる。

使い方例
挨拶＋頼む➡ご挨拶をお願いします

ICカード

＜Ｉ＞

＜Ｃ＞

＜カード＞
両手の親指と人差指でカードの四角形を作る。

解 「Ｉ」と「Ｃ」と「カード」の複合語。

使い方例
ICカード＋使う➡ICカードを使う

あいだ（間）

手の平を向かい合わせ、指先を前に向けた両手を同時に少し下ろす。

同 間（ま）・〜間（かん）
参 手の幅は肩幅程度だが、具体的な空間を表す場合は狭めたり広げたりすることもある。

使い方例
短い＋間➡短期間
週＋間➡一週間
申し込む＋間➡申込期間

あいて（相手）

やや丸めた片手の手の平を自分に向けて胸の前に置く。

解 対面している様子。
同 前

使い方例
試合＋相手→対戦相手
相談＋相手→相談相手
駅＋前→駅前

あいている（空いている）

片手の指先をやや前に向けた状態で、手首を軸に左右に軽く振る。

使い方例
座る＋空いている→空席
家＋空いている→留守

アイデンティティー

親指を立てた拳を胸に付け、前方に親指を起こす。

解 自己主張を表す。

使い方例
アイデンティティー＋表現→アイデンティティーを確立する

あいまい

前後に置いた両手の平を向かい合わせ、交互に回す。

解 目を細める副詞的表情を伴う。はっきりしない様子を表す。
同 漠然・紛らわしい

使い方例
言う＋あいまい➡(発言が)**不明瞭**
報告＋あいまい➡返事があやふや・うやむや

あう〈合う〉①

両手人差指の腹同士を上下に付ける。

解 服が**似合う**、サイズが**ぴったり**、役割が**適任**、つじつまが**合う**などの意味もある。
同 ～的・適する・ふさわしい・適切
参 いい加減な表情で「合う、合う」と繰り返すと、「**適当**」(いい加減な意味)になる。

あう〈合う〉②

やや開いた指先を前に向け、両手首を内側に折り、指先を向かい合わせる。

解 １つ１つが一致している様子。
同 合致

使い方例
条件＋合う②➡条件を満たす
性質＋合う②➡性格がぴったり合う

あう（合う）③

指をそろえた両手の平の先の方同士を上下に付ける。

解 主観的判断を伴う場合によく使う。

使い方例
気持ち＋合う③→
馬が合う
味＋合う③→口に合う

コラム　1つの日本語に対していろいろな手話表現がある①

「合う」という日本語に対しては、手話には複数の表現があり、ここでは代表的な3つの表現方法を取り上げています。日本語にも、「思う」と「想う」や、「分かる」「判る」「解る」など、同じ言葉なのにニュアンスが異なる単語がありますね。どんなときに、どんな手話単語を使っているのか、ろう者の表現をよく見て、手の動きだけではなく、ニュアンスも一緒に覚えましょう。

あう（会う）

＜会う①＞
人差指を立て、左右に向かい合わせた両手を近付け、拳同士を付ける。

＜会う②＞
人差指を立て、前後に向かい合わせた両手を近付け、拳同士を付ける。

解 目の前にいる相手と会う場合は、②を使う。
参 少し上げるようにして拳を付けると、「**ばったり出会う**」「**出くわす**」のニュアンスになる。

使い方例
初めて＋会う②→
はじめまして

あおざめる（青ざめる）

指を軽く曲げた両手の指先をほおの横に沿わせてゆっくり下ろす。

[解] **血の気が引く**様子。

[参] 片手でも表すことができる。

使い方例

失敗＋とても＋青ざめる➡大失敗に**顔色を失う**

ショック＋青ざめる➡ショックで**血の気が引く**

あかちゃん（赤ちゃん）

<赤ちゃん①>
指側を前に向けた両拳を、顔の横で軽く小さく左右に振る。

<赤ちゃん②>
両手を軽く曲げ、胸の前で上下に置き、抱っこするしぐさをする。

[同] **乳幼児**

[参] 拳ではなく、指を広げた手を振る表現もある。

使い方例

初めて＋赤ちゃん＋生む➡初産

あかりがつく（明かりがつく）

下向きにすぼめた片手の指を上方でぱっと開く。

<明かりが消える>
手の平を下向きにし、やや曲げて開いた指を少し上げながら握る。
【反対語】

[解] 明かりが差す様子。

[参]「**停電**」は両手で「明かりが消える」と表す。
「明かりがつく」＋「明かりが消える」を繰り返すと、「電気の点滅」になる（ろう文化では電気の点滅を合図に使うことがある）。

あがる

手の平を上向きにした両手の小指側を腹に当て、上げる。

解 気持ちが高ぶる様子。
同 焦る

使い方例
あがる＋失敗＋来る②＋あなた（指差し）➡焦ると失敗するよ

あがる（上がる）①

人差指と中指を交互に動かしながら斜めに上げる。

＜降りる①＞
人差指と中指を交互に動かしながら斜めに下げる。
【反対語】

解 階段や坂を上る様子。
参 回しながら上げていくと、「螺旋階段」になる。

使い方例
山＋上がる①➡登山

あがる（上がる）②

下向きの手の平を指先方向の斜め上へと上げていく。

＜下がる＞
下向きの手の平を指先方向の斜め下へと下げていく。
【反対語】

解 能力や物事が向上する様子。
同 発達・進歩・向上・上達

使い方例
上がる②＋方法➡上達法
勉強＋力＋上がる②➡学力向上

あがる（上がる）③

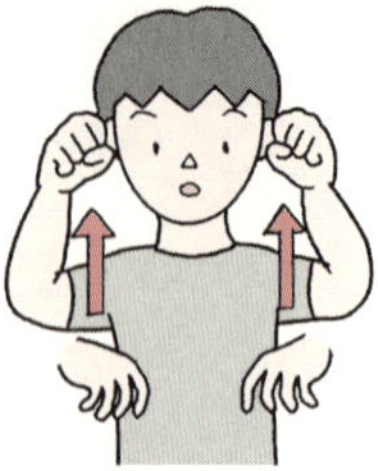

指先を下向きにした両手を握りながら上げる。

[解] 雨や雪がやむという意味。

使い方例

雨＋上がる③＋曇り➡雨のち曇り
上がる③＋やっと➡ようやくやんだ

あかるい（明るい）

手の平を前に向け交差した両手を左右斜め上へ開き上げる。

<暗い>
前方に向けた手の平を左右から少し下げて交差させる。
【反対語】

[解] 実際の明るさだけでなく、抽象的・心理的な意味でも使う。

使い方例

部屋＋明るい➡明るい部屋
性質＋明るい➡明るい性格

あきらめる

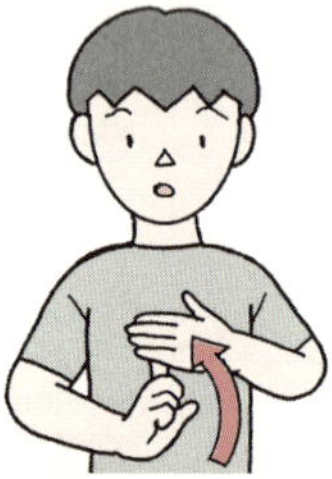

手の平に片方の人差指の先を付けたまま、山なりに自分に近付ける。

[参]「辛い」＋「辛い」＋「辛い」＋「あきらめる」で「こう毎日カレーでは参る」のように、日本語の「あきらめる」にはない用法もある。

使い方例

夢＋あきらめる➡**挫折する**
計画＋あきらめる➡**断念する**

あきる (飽きる)

立てた親指をその手の側の胸に当て、こするように下向きに払う。

解 日本語の「飽きる」より意味が広いので注意。舌を少し見せる表情、または口型「プ」を伴うことが多い。
同 見切る

使い方例
食べる＋飽きる➡食べ飽きる
入る＋飽きる➡入る気がしなくなる

あげる

両手を並べて前方へ山なりに出す。

解 実際に物を渡すだけでなく、抽象的な意味でも使える（使い方例参照）。
同 渡す・返す
参 片手の表現もある。

使い方例
迷惑＋あげる➡迷惑をかける
大変＋あげる➡奉仕する

あこがれる (憧れる)

指をひらひら動かしながら、こめかみ辺りから前方へ出す。

解 想いがなびいていくような様子。
同 思い出・懐かしい・恋しい
参 繰り返すと、長期間思い焦がれているという強調した表現になる。

あさ（朝）

片手の拳をこめかみ辺りから下ろす。

同 起きる
参 お辞儀とともに表すと「**おはよう**」になる。少しの間止めて素早く下ろすと、「**早朝**」になる。

使い方例
朝＋食べる➡**朝食**
明日＋朝➡**明朝**

あさい（浅い）

両手の平を上下に向かい合わせて、近付ける。

解 水深等の他、知識や経験等についても使える。

使い方例
池＋浅い➡浅い池
経験＋浅い➡経験が浅い

あじ（味）

舌を指した人差指を少し下げる。

解 日本語とは異なる使い方もあることに注意（使い方例参照）。
同 味わい・趣

使い方例
味＋ある➡**おいしい**
味＋ない③➡**まずい**
味＋安い➡味音痴
味＋高い②➡舌が肥えている

あずかる（預かる）

手の平を下にした手の下に、片方の手をもぐり込ませる。

- 解 仕舞い込む様子。
- 同 保存・保留
- 参 体の横の方で表すと「（物を）隠す」になる。

使い方例
報告＋預かる➡回答を保留する

あせ（汗）

両手の指先を頭の横からほおに沿って下ろす。

- 同 汗をかく
- 参 軽く小さく動かすと「**汗ばむ**」、大変そうな表情で長く下ろす動きを複数回すると「**汗だく**」になる。
親指と人差指で作った輪をほおに沿って下ろす表現もある。

あぜん

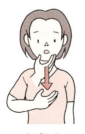

＜あぜん①＞
親指と他四指であごをはさんだ手を下ろす。

＜あぜん②＞
あごを親指と人差指ではさんだ手を下ろす。

- 解 軽く驚く意味から、呆れて**開いた口が塞がらない**、また、担がれる、**騙される**という意味もある。
- 同 呆れる

使い方例
おいしい＋あぜん①➡おいしくてビックリ

あそぶ（遊ぶ）

人差指を立てた両手を頭の脇に置き、前後に交互に振り動かす。

同 ゲーム

参 立てる指は1本でも、全部の指でも良いが、振るときに力を入れず、ぶらぶらさせるのがポイント。

使い方例

遊ぶ＋歩く➡**散歩**
連絡＋連絡＋遊ぶ➡**伝言ゲーム**

あたたかい（暖かい）

手の平を自分に向けた両手を、ゆっくり同時に下からあおぎ上げる。

解 暖かい空気が上がってくる様子。
同 春・暖房

使い方例

暖かい＋コーヒー➡**ホットコーヒー**
世界＋暖かい＋変わる➡**地球温暖化**

アダプター

指を丸めた手に、片方の人差指と中指を立てた手を差し込む。

解 機器・器具を接続する様子。

使い方例

パソコン＋アダプター➡**パソコンをアダプターに接続する**

あたまがいっぱい（頭がいっぱい）

額に手の平の人差指側を当て、そのまま横へ引く。

解 複数の物事を処理して頭を分割して使っている様子。
同 多忙

使い方例
今＋頭がいっぱい＋仕事＋受ける＋難しい➡今立て込んでいて、これ以上仕事は受けられません

あたまがおかしい（頭がおかしい）

人差指を頭に当てた後、指を伸ばし手の平を手前に向け口元へ動かす。

解 日本語より軽い意味でも使う。

使い方例
私＋頭がおかしい➡私ってドジね

あたまにいれる（頭に入れる）

人差指を頭に当てた後、手をすぼめて、筒状の手に指先を入れる。

同 念頭に置く
参 口を一文字にする副詞的表情を伴うと「肝に銘じる」「胸に刻む」等、強い意味を表すこともできる。

使い方例
頭に入れる＋頼む➡心にとめておいて下さい

あたまにくる（頭にくる）

人差指を頭に当てた後、勢いよく斜めに振り下ろす。

[解] 怒った表情を伴う。

[使い方例]

嫌われる＋頭にくる→のけ者にされて頭にきた

あたらしい（新しい）

手の平を上にしてすぼめた両手を、少し前方へ投げ出すと同時に開く。

[同] 新鮮

[使い方例]

新しい＋方法→新方式
新しい＋情報→ホットな情報
新しい＋案→斬新なアイデア

コラム 新しい手話について

一昔前のろう者のコミュニケーションツールは、FAXと新聞だけでした。しかし、現在はIT環境が整い、スマートフォン等のモバイル機器が大切なコミュニケーションツールになって、メール、動画、テレビ電話等によるコミュニケーションが可能になりました。また、インターネットによる情報検索が急速に発展しています。そのため、IT関連の新しい手話も増えています。まだ統一されていない手話もありますが、近い将来はまとまってくるでしょう。

あたり（当たり）

前方の筒状にした手の親指側に、片方の人差指の腹を当てる。

<図星>
体の近くに置いた筒状の手の中心に向かって前から人差指を当てる。
【反対の動き】

解 目指した的に当たる様子。
同 命中・的中

使い方例
想像＋当たり➡予想的中

あつい（厚い）

親指と他四指をすぼめた状態から上下に開く。

解 ほおを少し膨らませる等、量の多さを表す副詞的表情を伴うこともある。副詞的表情の加減や開く幅で、厚さの度合いも表せる。

使い方例
本＋厚い➡厚い本

あつい（暑い）

甲をやや前に向け軽く握った手を、顔に向けて手首から振るように動かす。

解 うちわであおぐ様子。
同 南・夏・うちわ

使い方例
暑い＋休み➡夏休み

あつい (熱い)

甲を前に向け指先を下向きにした片手を素早く引き上げる。

解 熱いと冷たいの両方に使えるが、両者は文脈で区別する。
同 冷たい

使い方例
温泉＋熱い➡温泉の湯が熱い

あつかましい (厚かましい)

すぼめた片手をほおに付け、親指は付けたまま四指を前に出す。

解 面の皮が厚い様子。
同 図々しい

使い方例
厚かましい＋質問＋ごめんなさい➡立ち入るようで、すみません

あっというま (あっという間)

指先を下向きにし並べた両手を同時に内側へブラブラ揺らす。

解 一瞬目をつぶる副詞的表情を伴うことが多い。
同 (〜した)ばかり

使い方例
勉強＋入る＋あっという間➡入学したばかり
生い立ち＋あっという間➡子供の成長は早いね

あつまる (集まる)

指を軽く開き、先を上に向けた両手を左右から中央へ寄せる。

解 指を人に見立て、たくさんの人が1か所に集まる様子。
同 集合・集い

使い方例
集まる＋会➡集会
集まる＋時間➡集合時間

あつめる (集める)

両手の指先を下向きにし、かき集めるように同時に動かす。

解 物をかき集める様子。
同 募集・収集・コレクション

使い方例
受ける＋学生＋集める➡受講生募集

あなた

相手を人差指で指す。

解 手話では人を指差すことは失礼ではないが、強くなりすぎないよう、指し方には注意が必要。

使い方例
あなた＋私＋一緒＋行く?➡一緒に行きませんか?

アパート

手の平の上で、片方の手の小指側を垂直に当てながら横へ動かす。

解 部屋がいくつも区切られて並んでいる様子。

使い方例

アパート＋居る＋人々➡アパート住民
アパート＋運営➡アパート経営

あぶない（危ない）

軽く曲げた指の先で胸を叩く。

解 口型「オオ」等切迫を示す副詞的表情を伴うことが多い。
同 危険

使い方例

危ない＋とても➡非常に危険
サボる＋危ない➡サボりかねない

あぶら（油）

指先で頭を触り、続けてその手の親指と四指をこするように動かす。

解 頭の皮脂がねとつく様子。

使い方例

石＋油➡**石油**
油＋絵➡**油絵**

あ

アプリケーション

親指を立てた拳を上下に向け、各々を回す。

解 両手とも指文字の「あ」にする。

使い方例
スマートフォン＋アプリケーション➡スマホアプリ

あまい（甘い）

手の平を手前に向け口元で回す。

同 砂糖・佐藤・デザート
参 砂糖と読み方が同じなので、「佐藤」の意味でも使う。「考え」＋「方法」＋「甘い」で「考え方が甘い」というように抽象的にも使う。

あやつる（操る）

親指と人差指で輪を作って下向きにした両手を交互に上下に動かす。

解 操り人形を操っている様子。
同 調整

使い方例
部屋＋温度＋操る➡室温をコントロールする

35

あらためて (改めて)

両手の平を向かい合わせ、上下にして払うように打ち付け合う。

解 手に付いた砂を払い落とすような動きで表す。
同 再～・新たな

使い方例
間違い①＋改めて
➡間違いない
改めて＋考える➡
再考

ありえない

小指側を下にした手の平の指先を前に向け、少し山なりに前へ出す。

解 口型は「オーバー」。主に若い人が使う。
参 驚きを含み、良い意味にも悪い意味にも使える。「**すごい**」「**信じられない**」「**うそ！**」などの意味でも使われる。

ありがとう

手の甲に、片方の手の平の小指側を垂直に当てて上げる。

解 感謝の表情で表す。
同 おかげ・感謝

使い方例
大変＋ありがとう➡
ご苦労様/お疲れ様

ある（有る・在る）

やや下向きの片手を軽く押さえるように置く。

[使い方例]

車＋有る→車を持っている・置いてある
経験＋有る→経験した
明日＋遠足＋有る→明日は遠足です

あるく（歩く）

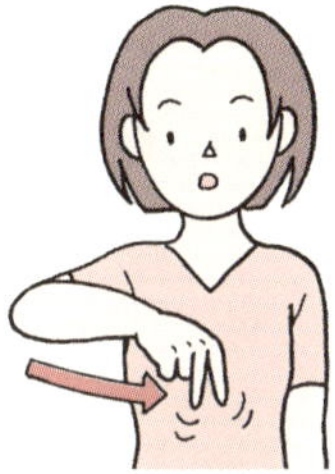

下向きに伸ばした人差指と中指を交互に動かしながら前に出す。

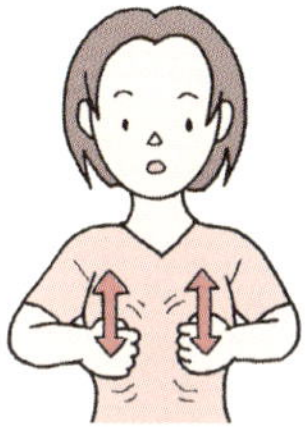

<走る>
拳を作り、腕を体の横に付けて上下に揺らし走る動作をする。

[解] 指を足に見立てて、歩いている様子。

[同] **徒歩**

[使い方例]

遊ぶ＋歩く→**散歩**
駅＋～から＋歩く＋10→駅から徒歩10分

あわせる（合わせる）①

両手を左右から寄せて手の平同士を付ける。

[解] 合わせて1つにする様子。

[使い方例]

会計＋合わせる①→**合計**
力＋合わせる①→**団結**

あわせる（合わせる）②

両手の伸ばした人差指と中指の指先を向かい合わせる。

[解]指が目線を示す。視線を合わせる場合にのみ使う。

[参]険しい表情で表すと「にらみ合う」、さらに険しい表情で向かい合わせた両手を上げていくと「敵視」「敵対」、温和な表情で表すと「見つめ合う」になる。

あわてる（慌てる）

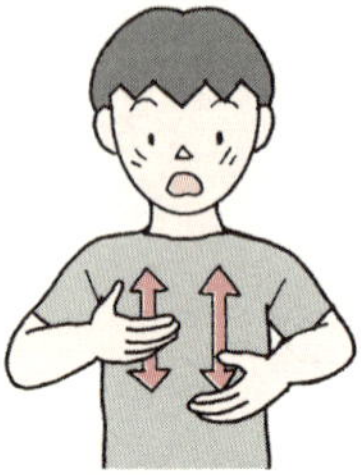

小指側を自分に向けた、上向きの両手を体の近くで交互に上下させる。

[解]気持ちが**あたふた**している様子。

[同]**気ぜわしい**

使い方例

出発＋用意＋慌てる→出発の準備で**慌ただしい**

あわない（合わない）①

人差指の腹同士を上下に付けた状態からぱっと左右に離す。

[同]**不適合**・（服が）**似合わない**・**不適切**

[反]合う①

使い方例

商売＋私＋合わない①→商売に**不向**きな性格です

あわない (合わない) ②

人差指の腹同士を上下に付け、その勢いで離しつつ他指も開く。

参 例えば違う電車に乗って「あれ？間違えた？」というように軽い意味でもよく使う。

使い方例
説明＋合わない② ➡そんなはずない

1つの日本語に対していろいろな手話表現がある②

「合わない」という単語も、複数の表現方法があります。同じ単語で複数の表現がある場合、どの表現を使っても良いときと、どちらかの表現しか使えないときがあります。例えば、パソコンや携帯電話などの機械と相性が悪いというような場合には、「合わない①」（口型「ぱ」）を使います。一方、「和食を注文したのに間違って洋食が出てきた」というような場合には、「合わない②」を使います。文脈にふさわしい単語で表現するようにしましょう。

あん (案)

こめかみ辺りに付けた親指を前方に弾き出す。

解 手は指文字の「あ」にする。
同 アイデア

使い方例
案＋プレゼント➡提案
基本＋案➡原案
代わる＋案➡代案

39

あんしん（安心）

両手の手の平を胸に当て同時になで下ろす。

解 胸をなで下ろす様子。

使い方例
私＋息子＋仕事＋入る＋安心➡息子が就職して安心する

あんぜん（安全）

指先を向かい合わせて上向きにした両手を、同時に胸元から下ろす。

解 心が落ち着いていく様子。
同 落ち着く・おとなしい・穏やかな・慎重
参 体を引く動作を伴って「安全」＋「見る」と表すと「静観する」になる。

使い方例
安全＋車➡安全運転

あんまり

手の甲に、片方の手の小指側を垂直に付けた後、山なりに前に出す。

同 ひどい・度が過ぎている
参 主に年配者が非難する場合に使う。打ち消す言葉を伴い、「それほど〜ない」という意味でも使う。

使い方例
あんまり＋行く＋いいえ➡あんまり行かない

い

【相手から見た形】　【自分から見た形】

小指を上に伸ばし、他指は握る。

いいあらそう ➡ いいえ

いいあらそう（言い争う）

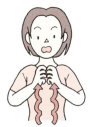

指を曲げた両手の爪側をぶつけながら上げる。

解 暴力沙汰ではなく、主に口げんかの意味で使う。
同 口論

使い方例

親＋子供＋言い争う➡親子げんか
言い争う＋いつも➡いさかいが絶えない

いいえ

立てた片手を左右に振る。

同 〜しない
参 顔の近くで振ると「気が進まない」「気乗りしない」、顔の近くで強く振ると、さらに強い否定的意味になる。相手の近くで振ると「〜しないで下さい」になる。

使い方例

やる＋いいえ➡やらない

41

いいかえる（言い換える）

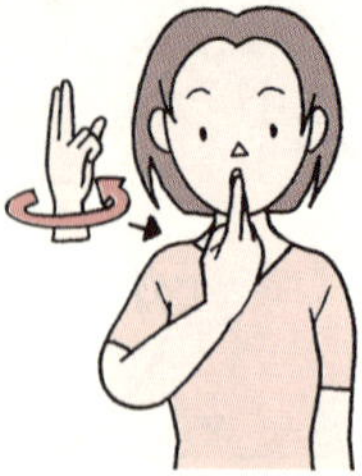

口元で立てた人差指と中指を回して人差指、中指の順に付ける。

[解] 険しい表情を伴うと「**裏切る**」、軽い表情では「気が変わる」になる。

[使い方例]
言い換える＋私（指差し）→前言を翻す

いいわけ（言い訳）

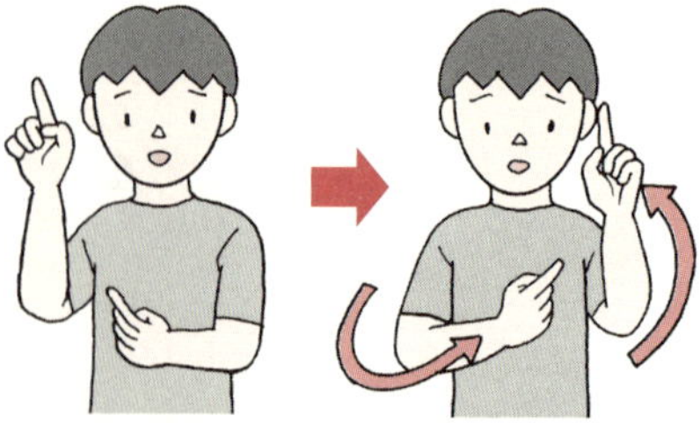

両手の人差指を上と横に向けた後、逆方向の上と横に向ける。

[解] のらりくらりと言葉を濁し、**はぐらかす**様子。
[同] **とぼける**

[使い方例]
言い訳＋いつも→話をそらしてばかり

いいん（委員）

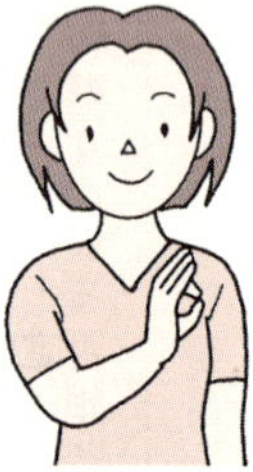

親指と人差指で作った輪を、その手と反対側の胸に付ける。

[解] 名札を表し、関西では人の「名前」の意味になる（物の名前は関西でも「名前」の手話で表す）。
[同] **メンバー**

[使い方例]
指文字「ぎ」＋委員→議員

いう（言う）①

指先をすぼめて前に向けた手を、口元から指を広げながら前に出す。

<言われる>
指先をすぼめて自分に向けた手を指を広げながら手前に動かす。
【反対の動き】

解 言葉が出て行く様子。
同 話す

使い方例
言う①＋頼む➡
言っておいて/伝えて下さい
気を付ける＋言う①➡（人に）注意する

いう（言う）②

立てた人差指を口元から前へ出す。

解 日本語の「言う」にはない用法もある（使い方例※参照）。

使い方例
私＋田中＋言う②
➡田中と申します
へえ＋言う②※➡そうなんですか（初めて知りました）
言う②※?➡本当に?

いえ（家）

指を伸ばし斜めにした両手の先を付け合わせる。

解 屋根を表す。
同 ～家（か）

使い方例
家＋逃げる①➡家出
うそ＋家＋空いている➡居留守
家＋場所➡住所
絵＋家➡画家

いがい（意外）

人差指を頭に当てた後、筒状にした手をかすめて横へ外す。

解 目標物から外れる様子。
同 思いのほか・予想に反して

使い方例
意外＋会う➡思いがけず会う

いきごむ（意気込む）

指を下向きにすぼめた両手を、鼻の下から下ろしつつ指を開く。

解 鼻息の荒い様子。
同 奮い立つ

使い方例
意気込む＋勉強➡張り切って勉強する

いきる（生きる）

両手を拳にしてひじを張り、同時に外側に2回広げる。

解 日本語の「生きる」にはない用法もある（使い方例※参照）。

使い方例
生きる＋気持ち良い➡生き甲斐
無料＋生きる※➡ただで助かった！/やったー、ラッキー！/ありがたい！

いく(行く)

<行く①>
下に伸ばした人差指を前に出しながら、少し上に向ける。

<行く②>
立てた人差指をやや山なりに前に出す（丁寧な表現）。

参 立てた親指を前に動かすと、自ら出向くという意味合いになる。「行く」の動きの後、指を手前に戻すと、「**往復**」になる。

いくつ①

上向きにした手の指を順に折る。

解 数える様子。何個、何冊など数を聞く場合にも使う。
同 何（個、冊等）

使い方例
木＋いくつ①?→何本?
お金＋いくつ①?→**いくら?**
時間＋いくつ①?→**何時?**

いくつ②

あごに手の平の親指側を付け、指を順に折る。

解 年齢以外には使わない。
同 歳
参 疑問の表情で表すと「何歳?」になる。「いくつ②」＋「いくつ①」で「何歳?」と表現することもある。

使い方例
いくつ②＋6→6歳

いくメン（育メン）

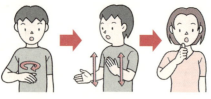

<子供> 手の平を下に向け、なでるように小さく円を描く。

<世話> 両手を向かい合わせ、親指側を少し開き、交互に数回上下させる。

<男> 親指を立てた拳を出す。

解「子供」と「世話」と「男」の複合語。

使い方例
彼氏＋育メン➡彼は育メンだ

いけ（池）

丸くした手の内側に沿って、上向きの手の平を水平に動かす。

解 池のふちと水面の様子。
参「**湖**」は大きめに回す。

使い方例
池＋田➡池田
滋賀＋池➡琵琶湖

イケメン

<顔> 人差指を顔に向けて輪郭と同じくらいの円を描く。

<かっこいい> 指先を曲げた手の平を強めにひじから起こす。

解「顔」と「かっこいい」の複合語。かっこいい男のこと。

使い方例
彼氏＋イケメン➡彼はイケメンだ

いけん (意見)

小指の先をこめかみに付け、その腹側を前方へくるりと向ける。

解 小指は指文字の「い」を表す。
同 見解

使い方例
意見＋交流＋会➡意見交換会

イコール

人差指と中指を伸ばした手を横に引く。

解 イコール記号を表す。
同 相当する

使い方例
A＋イコール＋B➡AとBは同じ/AはBに相当する

いし (石)

曲げた指先を、片方の手の平に横から打ち付ける。

参 指を曲げた片方の手の平をあごに打ち付ける表現もある。

使い方例
黒＋石➡石炭
石＋田➡石田

い

いじめる ➡ いそがしい

いじめる

親指と人差指の先を付けた手で、片方の親指を斜め上からつつく。

🔴解 立てた親指は人を表す。

🔴同 嫌がらせ

🔴参 表情により、軽い「**いたずら**」から「**悪ふざけ**」「**からかう**」「**ひどい**」「**いじめ**」まで表現できる。

使い方例

いやらしい＋いじめる➡セクシャルハラスメント

いじょう（以上）

手の甲を上下に重ね、上の手だけそのまま上げる。

🔴参 程度・数量以外の用法もある（使い方例の※参照）。

使い方例

いくつ②＋20＋以上➡20歳（はたち）以上
言う①＋以上※＋言い換える＋できない➡口にしたら撤回できない

いそがしい（忙しい）

両手の指先を下向きに曲げて交互に水平に回す。

🔴参 目を強くつぶる副詞的表情で表すと「**きりきり舞い**」「**てんてこ舞い**」などの強い意味になる。

使い方例

今＋忙しい＋中➡今、手が離せない

いたい（痛い）

手の平をやや上に向け指を曲げた手を小さく揺らす。

解 肉体的な痛みだけでなく、精神的な痛み、心痛にも使える（使い方例の※参照）。

同 苦痛

使い方例
頭（頭を指差す）＋痛い➡頭痛
気持ち＋痛い※➡胸が痛む

（〜に）いたる（（〜に）至る）

指先を前に向けた手の平に、片方の人差指の側面を横から付ける。

解 経過していく様子。

使い方例
至る＋説明➡今までの経過を話す
一年＋至る➡一年たちました

いちい（一位）

伸ばした人差指を、拳の親指側に当て横に少し引きつつ上げる。

同 一等

参 伸ばした指を2本、3本と増やすと「二位、三位…」になる。拳がない表現もある。

使い方例
運動＋大会＋一位＋成功➡運動会で一等賞になった

い

いちご→いつ

いちご（苺）

すぼめた手の指先を鼻に当てる。

解 鼻の形を苺に見立てている。

使い方例
苺＋ケーキ→苺のショートケーキ

いちりゅう（一流）

両人差指の先を付け、両手を前に向けて同時に下ろしつつ、全指を開く。

使い方例
一流＋会社→一流企業
芝居＋場所＋一流→一流の劇場

いつ

甲を前に向け上下にした両手の指を、同時に親指から順に折っていく。

解 両手は月と日を意味する。月日を尋ねるときにも使う。
参 時間を尋ねるときは「時間」＋「いくつ①」を使う。

使い方例
いつ＋決める①＋まだ→日程は未定
大会＋いつ?→大会はいつ?

いつか

手の平を前に向けた片手の指を、折りながら前に出す。

[解] 目を細める副詞的表情を伴ったり、前に長く出すことで、不確定の度合いが強いことや時間的に遠いことを表すことができる。

[同] **いずれ・そのうち**

いっきゅう（一級）

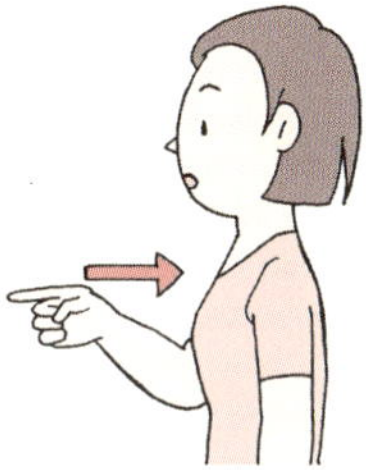

人差指を前に伸ばした拳を手前に引く。

[解] 主に等級を表す場合に使い、「高級品」という意味では使わない。

[参] 伸ばした指を２本、３本と増やすと「二級、三級…」になる。

いっしょ（一緒）

人差指を伸ばした両手を左右から水平に付ける。

[解] 日本語の「一緒」とは異なり、「同じ」という意味では使わない。

使い方例

一緒＋行く→**同行する**
みんな＋一緒＋元気→一丸となって頑張る

いっしょうけんめい（一生懸命）

指先を上に向け、向かい合わせた手の平を、顔の横から同時に前に出す。

解 口を一文字に閉じる副詞的表情を伴う。複数回、前に出しても良い。

同 熱心・専念・真面目に

参 歯を食いしばる副詞的表情を伴うと、「必死に」になる。

いっぱつ（一発）

親指と中指で指を弾きつつ、手を勢いよく前方へ向けて振る。

同 一回きり

使い方例
一発＋試合→一発勝負
一発＋合格→一発合格

いつも

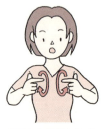

親指と人差指を伸ばした両手を手首を軸に下から前へと同時に回す。

同 毎日・常に

使い方例
いつも＋月→**毎月**
いつも＋気を付ける→日頃から注意している
遅い＋いつも→遅刻ばかり
いつも＋年①＋代々→毎年恒例

いどう(異動)

親指だけ立てた両手を、手が交差する状態まで水平に移動させる。

解 親指を人に見立てて、配置が変わる様子。
同 配置転換

使い方例
人①＋指文字「じ」＋異動➡人事異動

いぬ(犬)

手の平を前に向けた両手を頭の左右に付け、四指を前に倒す。

解 犬の耳の様子。

使い方例
犬＋家➡犬小屋
犬＋猫＋店➡ペットショップ

いのち(命)

右拳の指側を左胸に当てる。

解 心臓を表す。
同 生命

使い方例
生きる＋命＋お大事に➡生命保険

いはん（違反）

人差指と中指を曲げた手を手の平に打ち付けた反動で逆側に上げる。

解 法律から外れるという意味。
同 違法・反則
参 法律

使い方例
勉強＋法律＋違反➡校則違反

いま（今）

下向きの両手の平を同時に少し下げる。

同 現在・今日
参 「今」と「今日」は口型で区別する。

使い方例
今＋頃➡**最近**
今＋朝➡**今朝**
今＋夜➡**今夜**

いみ（意味）

手の平の下へ、人差指を手前からもぐり込ませ指先を前へ出す。

解 手の平の代わりに親指側を上にした拳でも良い。
文頭・文中で使うと（口型「りゆう」）、「というのは〜」になる。文末で使うと（口型「いみ」）、「〜ということです」になる。
同 理由・訳・原因

いや (嫌)

親指と人差指を少し曲げた指先を胸にトントンと付ける。

解 「嫌い」よりも感情的な表現になる。

使い方例
生活＋嫌➡生活に嫌気が差す

いやおうなく (否応なく)

上方で親指と人差指を閉じながら2回前に出す。

同 ひるまず・頑として

使い方例
否応なく＋やる➡強行する

いやらしい

人差指と中指を伸ばし甲を前に向けた片手を、小鼻の前で横に引く。

解 鼻の下が長いという意味。
同 エッチ・助平

使い方例
いやらしい＋やる➡わいせつ行為

いよいよ

手の平をやや前後に向かい合わせ、片方を少し揺らしながら近付ける。

解 近付けた手の幅と切迫した表情により、接近の度合いを表現し分けられる。
同 間もなく・(差し)迫る

イライラ

頭に向けた両手の指をパパパと弾きながら同時に上げる。

解 いら立った表情で表す。
同 いら立つ

使い方例
来る＋ない③＋イライラ➡来ないのでいらつく

いる（居る）

向かい合わせた両手拳をひじから下げるように同時にぐっと下ろす。

同 住む・滞在
参 拳を、力を込めて下ろす、または下ろしたまま少し保持すると「居続ける」「居座る」「動かない」になる。

使い方例
居る＋人々➡住民
居る＋場所➡住所
長い＋間＋居る➡長期滞在

いろ (色)

すぼめた両手の指先同士を付けて互い違いにねじる。

同 色彩・色調

使い方例
色＋濃い→色が濃い
色＋美しい→きれいな色
色＋いろいろ→色とりどり

いろいろ

親指と人差指を伸ばした片手を軽くひねりながら横へ引いていく。

同 様々・〜など
参 両手を左右に広げていく表現もあるが、意味は同じ。目を細める副詞的表情を伴って長めに表すと、強調した表現になる。

いわ (岩)

全指を曲げ向かい合わせた両手を逆向きに同時にねじる。

参「岩」＋指文字「て」で「岩手」県を表すこともある。

使い方例
岩＋田→岩田

いわう（祝う）

軽く握った両手を、同時に指を開きながら上げる。

解 まゆを上げる副詞的表情で明るく表す。

同 おめでとう・祭り

使い方例
祝う＋言う②➡お祝い申し上げます
文化＋祝う➡文化祭

いわかん（違和感）

両手の甲を合わせ、指の部分を上下にこすり合わせる。

同 そぐわない・釈然としない・そりが合わない

使い方例
あれ（指差し）＋場所＋違和感➡あそこは居心地が悪い
居る＋違和感➡いたたまれない
体＋違和感➡体調がすぐれない

いんかん（印鑑）

すぼめた片手を口元に向けた後、その指先を片方の手の平に付ける。

解 はんこを押す様子。

同 はんこ

使い方例
印鑑＋証拠➡印鑑証明
印鑑＋登録➡印鑑登録

いんさつ (印刷)

手の平の上に、片方の手の平をひじを支点に重ねる動作を繰り返す。

解 オフセット印刷の様子。
同 プリント・刷る

使い方例
印刷＋局➡印刷局
新聞＋印刷➡新聞を刷る

インスタグラム

<写す②>
両手の親指と人差指で顔の前に四角を作り、右人差指だけ曲げる。

<証拠>
手の平の上に、指を軽く曲げて下向きにした片方の手を乗せる。

解 「写す②」と「証拠」の複合語。

使い方例
インスタグラム＋宣伝➡インスタグラムに投稿する

インターネット

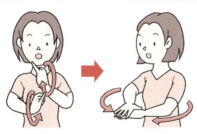

<インター>
小指を伸ばした両手の拳を縦に回した後、重ねる。

<ネット>
両手を水平に左右に回し前方で付き合わせる。

解 「インター」はアメリカ手話からの外来手話。

使い方例
インターネット＋調べる➡インターネット検索
インターネット＋コーヒー➡インターネットカフェ

う

うえ → うえる

【相手から見た形】　【自分から見た形】

人差指と中指をそろえて上に伸ばし、他指は握る。

うえ (上)

親指と人差指を伸ばし手の平を前に向けた手を上げる。

解 漢字の「上」を表す。
同 上方

使い方例
上＋田➡上田
上＋グループ➡上級クラス

うえる (植える)

すぼめた両手の指先を付けた状態から上の手を山なりに前に出す。

解 植えている様子。

使い方例
植える＋田➡植田
植える＋指文字「の」➡植野
植える＋祝う➡植樹祭

うけつけ（受付）

手の平の小指側に、片方の手の平を指先を下にして垂直に付ける。

解「受付」と書いた紙が机に張られている様子。
同 窓口・フロント・カウンター

使い方例
受付＋係➡受付係

うける（受ける）

手の平を前方へ向け少し丸みをもたせた両手を、同時に手前に引く。

解 ボールを受け止めるような動き。

使い方例
相談＋受ける➡相談に乗る
迷惑＋受ける➡被害を被る
競う＋受ける➡**受験**

うし（牛）

両手の親指と人差指を少し曲げ、親指の先を頭の左右に付ける。

解 牛の角を表す。

使い方例
牛＋肉➡**牛肉**
牛＋レストラン➡ビーフステーキ

うすい（薄い）①

前方に向けた手の平を柔らかく揺らしながら下ろす。

解 目を細める副詞的表情を伴う。
同 淡い・ぼやける
反 濃い・はっきり

使い方例
テレビ＋薄い➡画像が不鮮明
味＋薄い➡薄味

うすい（薄い）②

親指と人差指を近付け中央に並べた両手を、左右に離していく。

解 目を細める副詞的表情を伴う。
反 厚い

使い方例
本＋薄い➡薄っぺらな本

うそ

<うそ①>
人差指の先でほおをつつく。

<うそ②>
ほおの内側から舌を押し、ほおを膨らませる。

解 冗談の場合、驚いている場合、疑っている場合など意味によって表情を変えて表す。
同 わざと

使い方例
うそ＋寝る➡狸寝入り
うそ＋作る➡偽造

うたう（歌う）

立てた人差指と中指をそろえて、口元から斜め上に回しつつ上げる。

参 主に複数人で歌う（コーラス等の意味で使う）場合は、両手で表す表現もある。

使い方例
歌う＋グループ➡合唱団

うたがう（疑う）

親指と人差指の指先をあごに付ける。

解 体を反らせる動作を伴う。
同 警戒・慎重

使い方例
失敗＋疑う＋気を付ける➡失敗しないようにやる
省＋指示＋疑う➡政治不信

うち（内）

手の内側に、片方の人差指を上から差し入れる。

同 （〜の）中・内心

使い方例
部屋＋内＋暖かい➡部屋の中は暖かい
内＋ドキドキ➡内心はドキドキしている

うたう ➡ うち

うちあける（打ち明ける）

すぼめた片手を口元に付け、山なりに前方へ出しながら指を開く。

同 本音・告白・漏らす

参 口元で小さく速く表すと「口が滑る」、胸から大きく山なりに出すと「暴露する」になる。

使い方例
本当＋打ち明ける
→実は〜
自分＋打ち明ける
→**自白**

うつ（打つ）

キーボードを打っているように指を動かす。

同 キーボード

参 左右への動きも加えると、**ピアノ**になる。「打つ」には様々な手話がある。例えば、拳を打ち下ろすと「（金づち等を）打つ」、両手の拳を交互に上下させると「（太鼓を）打つ」になる。

うつくしい（美しい）

手の平同士を上下に重ね、上の手を横へ滑らせるように動かす。

同 きれい

参 目を細めたり、出だしを少しの間保持してゆっくり表すと「とても美しい」のように度合いの強さを表せる。

使い方例
美しい＋女→**美人**
テレビ＋美しい→
映像が鮮明

うつす (写す) ①

手の平の上に、片方の指を曲げた手を山なりに乗せていく。

解 元の物をそっくり写す場合。

使い方例
本＋写す①→本を写し取る
絵＋写す①→模写する

うつす (写す) ②

両手の親指と人差指で顔の前に四角を作り、右人差指だけ曲げる。

解 カメラで写す場合。
同 撮る

使い方例
記念＋写す②→記念撮影
写す②＋男→カメラマン

うつす (移す)

すぼめて下向きにした両手を同時に山なりに動かしながら指を少し開く。

同 移動・引っ越し

使い方例
家＋移す→転居

うなぎ

両手の指先をあごの左右に付けたまま同時に前後に動かす。

🔵解 うなぎのエラの様子。

使い方例
うなぎ＋育てる➡うなぎの養殖
うなぎ＋バーベキュー➡うなぎの蒲焼き

うなずく

拳を作った手の腕を片方の手で支え、拳を手首から曲げて下げる。

🔵解 拳を頭に見立てている。
🔵同 **同意する**
🔵参 舌を少し見せるようにして、いい加減な表情で何度か緩く拳を曲げると、話を「**受け流す**」「**生返事をする**」になる。

うま（馬）

両手の人差指を前と斜め横に向け同時に上下に振る。

🔵解 前に向けた人差指は首の方向、斜め横に向けた指はムチの様子を表している。
🔵同 **群馬**
🔵参 「競馬」をこの手話で表すこともある。

使い方例
馬＋多い②➡駒沢
馬＋肉➡馬肉

うまい (巧い)

手の甲に、片方の手の平を勢いよく打ち付ける。

解「上手」（じょうず）よりさらに優れているという意味。

同 熟達・巧妙

使い方例
巧い＋男➡達人
書く＋巧い➡達筆

うみ (海)

小指を口元に当てた後、指を全部出して横へ引く。

参「浜」で表すこともできる。

使い方例
海＋泳ぐ➡海水浴
日本＋海➡日本海

うむ (生む)

すぼめた両手を腹の前から下前方へ出しながら指を開く。

解 赤ちゃんが生まれる様子。

同 産む・出産・分娩

使い方例
生む＋いつ/日➡誕生日
生む＋身に付ける➡生まれつき
生む＋家➡実家
生む＋場所➡出身地・故郷

うめ（梅）

すぼめた片手の指先を口元に付けた後、こめかみ辺りに付ける。

使い方例
梅＋雨＋上がる③
➡**梅雨明け**
梅＋酒➡**梅酒**

うら（裏）

🔄 内情・実態・浦
🔁 表（おもて）

手の平に、片方の人差指を前方から回し入れ指先を手の平に付ける。

使い方例
駅＋裏➡**駅の反対側**
トラブル＋起きる＋裏➡**事件の背景**
松＋裏➡**松浦**

うらむ（恨む）

参 交差させた状態から左右に離しても良い。

親指と人差指を伸ばした両手を横に動かし、交差させつつ指を閉じる。

使い方例
恨む＋やる➡**復讐**
恨む＋殺す➡**怨恨殺人**

うらやましい

人差指の腹を口の端に当てた状態から下げる。

解 よだれが出る様子。
同 うらやむ・卑しい

使い方例
あれ（指差し）＋服＋うらやましい➡あの服が欲しい

うる（売る）

親指と人差指で作った輪を手前に引きつつ、片方の手を前に出す。

解 お金と物が動く様子。
同 販売・売却

使い方例
車＋売る➡車を売却する
安い＋売る＋売る＋商売➡ディスカウントショップ

うるさい

片手の人差指の先を耳に向けてねじり回す。

参 実際の音についてだけでなく、抽象的な意味にも使える（使い方例の※参照）。

使い方例
音＋うるさい➡騒がしい/やかましい
食べる＋うるさい※➡食べ物にうるさい

うわき (浮気)

手の平を上にし指先を向かい合わせた両手を同時に横へ動かす。

解 気持ちが他に移る様子。
同 不倫

使い方例
浮気＋性質➡浮気性

うわさ (噂)

顔の横で手の先同士を軽くこすり合わせつつ前後逆に数回ひねる。

同 評判

使い方例
噂＋良い➡好評
噂＋悪い➡不評
噂＋音➡噂を聞く/噂が耳に入る

うんえい (運営)

両手の親指と人差指で作った輪を上下に置き水平に交互に回す。

解 お金が回る様子。
同 経済・経営

使い方例
運営＋危ない➡金融危機
運営＋上がる②➡好景気
運営＋だめになる➡経営破綻

うんこ

筒状にした手の内側に、片方のすぼめた手を上から通して指を開く。

同 排便・大便

使い方例
うんこ＋スムーズ➡便通が良い

うんざり

親指と人差指を伸ばし向かい合わせた両手を頭の横から下ろす。

同 こりごり・降参

使い方例
講演＋うんざり➡講演に飽き飽き/辟易する

うんどう（運動）

両手の拳の指側で、胸を同時に叩く。

同 体育・鍛える・トレーニング・スポーツ

使い方例
運動＋会➡運動会

え
え
➡エアコン

え

【相手から見た形】 【自分から見た形】

全ての指を曲げ、手の平を前に向ける。

え（絵）

手の平に、片方の手の甲をこすり当て、やや右上の空間に2回置く。

同 描く・図・イラスト・絵画

使い方例
絵＋本➡**絵本**
絵＋建物➡**美術館**
絵＋家➡**画家**

エアコン

上方で両手の指先を自分に向け同時に数回動かす。

解 エアコンから空気が流れ出る様子。
同 クーラー

使い方例
暖かい＋エアコン
➡暖房
エアコン＋壊す＋あれ（エアコンを指差す）➡エアコンが故障中

えいきょう (影響)

<影響①>
両手の指先を前に出す。

<影響②>
両手の指先を自分に近付ける。
【反対の動き】

解 ①は影響を与える場合。②は影響を受ける場合。
同 感化・触発

使い方例
影響①＋力 ➡ 影響力
悪い＋影響① ➡ 悪影響を及ぼす

えいご (英語)

伸ばした人差指と中指の背をあごに沿わせて横へ引く。

同 イギリス
参「英語」＋「書く（横書き）」と表すこともある。

使い方例
英語＋駄目になる? ➡ 英語ができないの?
英語＋話す①② ＋スムーズ ➡ 英語を流暢に話す

えいせい (衛生)

手の平同士を上下に重ね、上の手を2回横へ滑らせる。

同 清潔・潔癖

使い方例
衛生＋性質 ➡ 潔癖性
衛生＋勉強 ➡ 衛生学
公＋衛生 ➡ 公衆衛生

えいよう (栄養)

手の平を上にした手の指先を、その手と同じ側の胸に2回当てる。

使い方例
栄養＋食べる＋品➡栄養食品
栄養＋足りない➡栄養不足

えき (駅)

手の平の小指側を、片方の手の親指と人差指ではさむ。

解 切符にハサミを入れる様子。
同 改札・切符

使い方例
駅＋口➡改札口
大阪＋駅➡大阪駅
〜まで＋駅➡終着駅

SNS

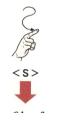
<S>

<N>

<S>

解 アルファベットの「S」と「N」と「S」の複合語。

使い方例
SNS＋使う＋あなた?➡SNSを使っている?

えど (江戸)

少し離した親指と人差指を耳のすぐ前から真下に下げる。

解 もみあげを表している。

使い方例
江戸＋時➡江戸時代
江戸＋文化➡江戸文化
江戸＋川➡江戸川

えび (海老)

人差指と中指を曲げたり伸ばしたりしながら横へ引く。

解 海老が泳ぐ様子。

使い方例
海老＋腹➡海老原
海老＋寿司➡海老のお寿司

えらぶ (選ぶ)

立てた人差指を、親指と人差指でつまみ上げるように同時に動かす。

解 複数の中から1つを選ぶ様子。
同 選択・起用・採用

使い方例
内容＋選ぶ＋選ぶ➡抜粋する

LED

<L>

<E>

<D>

解 アルファベットの「L」と「E」と「D」の複合語。

使い方例
LED＋電気＋節約→LEDは節電になる

コラム　新しい言葉の表現方法〜アルファベットの場合

アルファベットを使った言葉は、アルファベットの指文字を使って表現します。例えば、「3Dプリンター」は、次のように表現します。

<3>

<D>

<プリンター>

エレベーター

片方の人差指と中指を伸ばして、手の平に乗せて、一緒に上げる。

解 人が乗ったエレベーターが動いている様子。
参 上から下げると、「エレベーターが下がる」になる。斜めにした手の平の上に、伸ばした人差指と中指を置き、一緒に斜めに上げると「**エスカレーター**」になる。

えんかい（宴会）

両手の親指と人差指を曲げ、上下に置いて、水平に交互に回す。

(解) おちょこを酌み交わす様子。
(同) パーティー

使い方例

祝う＋宴会➡祝宴
結婚＋宴会➡披露宴

えんき（延期）

親指と人差指を付けた両手を同時に山なりに横へ動かす。

＜延長＞
両手の親指と人差指を付け、片方を横に動かし両手を離す。
【類義語】

(解) 開始と終了の両方が延びた様子。
(参) 横へ移動させる際に体から少し離すと「(日程を)繰り下げる」、体に近付けると「(日程を)繰り上げる」になる。

使い方例

延期＋延期＋延期（つなげて表す）➡順延

エンジン

人差指と中指を曲げた両手を向かい合わせ交互に上下させる。

(解) エンジンが動いている様子。
(同) 調子がいい

使い方例

エンジン＋壊す➡エンジンが故障する
体＋エンジン➡（体が）好調だ
思う＋エンジン➡頭がよく回る

えんそく（遠足）

指先を開いた両手を前後に並べたまま複数回山なりに前に進める。

解 人が並んで進む様子。
同 ピクニック・ハイキング

使い方例
明日＋遠足＋楽しい＋待つ⇒明日の遠足が楽しみ

えんりょ（遠慮）

指先を前に向け両手の平を向かい合わせ同時に手前に引き寄せる。

解 手出しをせず手を引いている様子。
同 慎む・自重
参 相手に敬意を示す場合は、肩をすぼめて、ゆっくりとした動きをする。

使い方例
私＋行く＋遠慮⇒遠慮させて頂きます
遠慮＋不要⇒遠慮なく

えんをきる（縁を切る）

＜縁を切る①＞
自分に向けた手の平を反対側の腕に沿って下ろす。

＜縁を切る②＞
自分に向けた手の平を反対側の腕に沿って上げる。

解 ②は自ら縁を切るニュアンスが強くなる。
同 絶交
参 顔をそむけ平然と表すと「知らんぷりする」「関わりたくない」になる。

使い方例
意見＋縁を切る⇒意見を取り合わない

お

おいしい → おいだす

【相手から見た形】　【自分から見た形】

全ての指を軽く曲げ、指先を付けて輪を作る。

おいしい

＜おいしい①＞
片手の手の平であごをぬぐように引く。

＜おいしい②＞
手と同じ側のほおを手の平で軽く叩く（女性手話）。

- 同 美味い
- 参 他に、拳であごをさする（男性手話）という表現もある。

使い方例
年を取る＋手話＋おいしい➡高齢者の手話には**味わいがある**

おいだす（追い出す）

手の平の上に、片方の手の指先を付け、前方へ払い上げる。

- 同 振る・排除
- 反 嫌われる

使い方例
仲間＋追い出す➡仲間外れにする

おいたち（生い立ち）

手の平を下に向けた手を上げていく。

解 成長していく様子。
同 育つ・成長
参 両手で同時に上げていくと「**幼馴染み**」になる。

使い方例
東京＋生む＋生い立ち➡東京で生まれ育つ

おいといて

両手の平を向かい合わせ同時に山なりに横へ動かす。

解 講演会や会議などでは使うが、普段の会話ではあまり使わない。
同 さて・ところで

使い方例
冗談＋おいといて➡冗談はさておき

おうえん（応援）

上下に重ねた両拳を、体の中央で少し下げるようにして左右に振る。

解 旗を振るしぐさ。

使い方例
応援＋グループ＋委員➡応援団員

おうしん (往診)

＜診察を受ける＞
体に付けた手の甲側を、人差指と中指で叩きながら両手を回す。

＜訪問＞
指を伸ばし斜めにした手に向けて、人差指を立てた拳を寄せる。

解「診察を受ける」と「訪問」の複合語。

使い方例
往診＋頼む➡往診を頼む

おうぼ (応募)

＜報告＞
両手の伸ばした人差指と親指を、口の前から出す。

＜集める＞
両手の指先を下向きにし、かき集めるように同時に動かす。

解「報告」と「集める」の複合語。

使い方例
応募＋チケット➡応募券
疑問＋応募➡クイズに応募する

おおい (多い) ①

指先を付けた親指と人差指の間を少し前に出しながら広げる。

解 この「多い」は、たいてい「人」について使われるが、「物」に使う場合は、比率や何かと比較して、というニュアンスが強い。

同 増える

使い方例
反対＋多い①➡反対の声が多い
割合＋多い①➡割合が増加する

おおい（多い）②

<多い②>
両手を、親指から順に折りながら横（同一方向）へ移動させる。

<多い③>
両手を、親指から順に折りながら左右に開く。

[解] 指折り数える様子。
[同] **たくさん**
[参]「多い」＋「村」で「沢村」のように漢字の「沢」にも当てる。

使い方例
種類＋多い②➡種類が豊富

おおきい（大きい）

指を軽く広げて向かい合わせた両手の平を左右に開く。

[参] 胸を張る副詞的な動作やゆっくり表すことで、大きさの程度を表せる。

使い方例
大きい＋施設➡大規模施設

オーケー

親指と人差指で輪を作り、少し前に出す。

[解] ただのサインではなく、語彙としてよく使われる。
[同] **了解・良い**

使い方例
考える＋方法＋オーケー➡ちゃんとした考えだ
やる＋オーケー➡やっても良い

オープン

甲を前に向けて指先を付けた両手を、手首を軸に同時に左右に開く。

解 扉を開く様子。
同 開放・公開

使い方例
店＋オープン→開店
情報＋オープン→情報公開

おおもの（大物）

立てた親指を、片方の親指と人差指で何度か弾く。

同 大御所
参 立てた全部の指を親指から順に弾いていくと「粒ぞろい」になる。

使い方例
省＋指示＋大物→政界の重鎮

おおやけ（公）

<公①>
両手人差指を「ハ」の字にし、片方で「ム」を空書する。

<公②>
両手の甲を前方に向けて人差指と中指で「ハ」の字を作る。

解 漢字の「公」を表す。
同 正式・公的

使い方例
公＋委員→公務員
公＋施設→公共施設
公＋報告→公式発表

おか (岡)

親指と人差指を付けた両手を、中央から左右に離した後、下ろす。

解 主に人名に使う。
同 関・同
参 「岡」「関」「同」は口型で区別する。

使い方例
岡（口型「おか」）＋本➡岡本
岡（口型「せき」）＋指文字「ね」➡関根
岡（口型「どうそう」）＋会➡同窓会

おかし (お菓子)

親指と人差指を曲げた片手を口元に持っていく。

解 お菓子を食べている様子。
同 おやつ

使い方例
外国＋お菓子➡洋菓子

おかしい

人差指の先をあごに付けたまま小さくねじる。

解 「滑稽」という意味の場合は、「面白い」「笑う①」「吹き出す」を参照。
同 不思議・謎・不可解・怪しい

使い方例
おかしい＋男➡不審人物

おかね（お金）

親指と人差指で作った輪を小さく振る。

解 指の輪は硬貨を表している。
同 金（きん）・金曜日・金銭・料金

使い方例
白＋お金➡銀
お金＋いくつ①➡値段
本当＋お金➡現金

おぎなう（補う）

横にした手の甲に、片方の手の平を下から付け重ねる。

解 漏れていたものを補う様子。
同 補てん・補足
反 落ち度

使い方例
補う＋お金➡補てん金
補う＋選挙➡補欠選挙

おきる（起きる）

丸く囲った手の内側の下から、片方の手の人差指を勢いよく上げる。

解 事件などが起きる場合に使う。目覚めるという意味の場合は、「目が覚める」を参照。
同 出来事・事件
参 囲う片手なしで、片手の人差指を跳ね上げる表現もある。

おくせずに（臆せずに）

指を曲げ顔に向けた手を、手首を軸に顔へ倒すように強く下げる。

[解] 唇に力を入れる副詞的表情を伴うことが多い。

[参] 顔を緩めて手を力なく下げると「まあ、いいか」「仕方がない」になる。

使い方例

臆せずに＋やる➡決行する

おこる（怒る）

指を曲げ腹に当てた両手を、同時に勢いよく上げる。

[同] 腹を立てる・憤慨

[参] このような感情を表す表現は、表情と手の力の入れ具合等で、強さを表現し分ける。

使い方例

怒る＋とても➡激怒する

おごる

親指と人差指で輪を作り、前方に投げ出しながら指を開く。

<おごってもらう>
手の平の上で、親指と人差指で輪を作り、同時に手前に引きつつ指を開く。
【反対の動き】

[参] 上向きの手の平を片方の手の下に添えても良い。両手の親指と人差指で作った輪を左右前方へ開きながら投げ出すようにすると「大勢におごる」になる。

使い方例

今＋私＋おごる➡今日はおごるね

おじいさん

親指を曲げた拳を小さく動かす。

解 腰の曲がった男性の様子。
同 年寄り・老人
参 「祖父」は、顔の斜め上の体に近い場所で表す。

使い方例

おじいさん＋尊敬＋日→敬老の日

おしえる（教える）

人差指を口の高さに置いて手首を軸にして数回下向きに振る。

同 教育・指導・先生

使い方例

数＋教える＋男→数学教師
教える＋問題→教育問題

おじけづく（怖気づく）

両手の人差指を交互に上下させながら後ろへ動かす。

同 さかのぼる
参 気持ちが後退することだけでなく、話を前に戻すなど、時間にも使う。

使い方例

批判を受ける＋怖気づく→批判にたじろぐ

おしっこ

人差指を腹の前で手首を軸にして数回下向きに振る。

🔘 同 尿

使い方例
おしっこ＋調べる➡
尿検査
甘い＋おしっこ＋
病気➡**糖尿病**

おしゃべり

指を開いた両手を向かい合わせて同時に寄せる動作を繰り返す。

解 向かい合って話している様子。
参 「おしゃべり」な性格という場合には、「話す①」を参照。

使い方例
楽しい＋おしゃべり
➡歓談

おしゃれ

＜おしゃれ①＞
指先で、片方の手の手首から甲の辺りを指先に向けて数回払う。

＜おしゃれ②＞
指先で、反対側の上腕を払う。

参 甲側でなく、手の平側で払うこともある。

使い方例
おしゃれ＋あなた
（指差し）➡おしゃれね!

おすすめ

＜おすすめ①＞
親指を立てた拳を片方の手の平で支え、両手を軽く斜め上に動かす。

＜おすすめ②＞
親指を立てた拳の小指側を手の平でトントンと前方へ向かって叩く。

同 推す・推薦

使い方例
おすすめ＋講演＋指文字「ざ」➡おすすめ講座
これ（本を指差し）＋おすすめ➡この本はおすすめです

おそい (遅い)

親指と人差指を出した両手を、同時に山なりに横へ動かす。

同 ゆっくり・遅れる・遅刻

参 目を細めたり、出だしを少し溜めてゆっくり表すと「とても遅い」のように度合いの強さを表せる。

使い方例
勉強＋遅い➡学校に遅刻する

おそわる (教わる)

人差指を自分の顔に向けて上から手前に数回下ろす。

解 「教える」の動きを逆に自分に向けた表現。
同 学ぶ・習う

使い方例
教わる＋頼む➡ご教示下さい
車＋教わる＋場所➡自動車教習所

おだいじに（お大事に）

手の甲を、片方の手の平で円形になでる。

解 自分の体を労る様子。体の近くで表現する。
同 保険・保健

使い方例
病気＋お大事に＋生活→療養生活
お大事に＋入る→保険に加入する

おたがい（お互い）

腕を交差させた両手の親指と人差指を2回ほど同時に閉じる。

同 相互・同士

使い方例
仲間＋お互い→仲間同士
お互い＋疑う→相互不信

おちど（落ち度）

前後に重ねた両手から体に遠い方の手を倒す。

解 そろっていたものが一部なくなる様子。
同 不手際・過失・欠点・欠陥・不備
反 補う

使い方例
落ち度＋でも＋良い＋頼む→至りませんがよろしくお願いします

おちゃ (お茶)

<お茶①>
筒にした手を、片方の手の平に向けて数回上下させる。

<お茶②>
親指と小指を出した手を、山なりに親指側へ倒す。

解 紅茶、コーヒーには使わない。②はお茶をつぐ様子。

使い方例
日本＋お茶→日本茶
新しい＋お茶→新茶

おちる (落ちる)

手前に向けた手の平に片方の手の甲を付けて落とす。

解 合否の「落ちる」という意味。物理的に落ちるという場合は、実際の様子をそのまま表現する。
同 失格・不合格
反 合格

使い方例
選挙＋落ちる→落選

おてあげ (お手上げ)

両手の平を伏せた状態から頭の横まで上げて手の平を前に向ける。

解 手が出ない様子。
同 音を上げる・参る・太刀打ちできない・かなわない
参 手の平の指の部分を鼻の頭に付けた後、この表現をすることもある。

おと（音）

人差指の先を耳の穴に近付ける。

解 音が聞こえてくる様子。抽象的な意味でも使える（使い方例※参照）。
同 聞こえる・耳に入る

使い方例
音＋力＋調べる→聴力検査
噂＋音※→噂が耳に入る

おとこ（男）

親指を立てた拳を出す。

<彼氏・夫>
親指を立てた拳を体の近くから少し横へ動かす。
【類義語】

解 男女の関係なく、広く「人」を意味することもある。
同 男性・彼（三人称）・雄

使い方例
裁判＋男→裁判官

おとす（落とす）

下向きにすぼめた手を体のやや横で下ろしつつ指を開く。

解 持ち物が手を離れて落ちる様子。
同 落ちる
参 不合格の意味の場合は「落ちる」参照。

使い方例
財布＋落とす→財布を落とす

おとな（大人）

手の平を折り、向かい合わせた両手を肩の高さから同時に上げる。

解 背丈が大きい様子。
参 両手を肩より下の高さから同時に上げていくと「成長」になる。

使い方例
大人＋式➡成人式
大人＋まだ➡**未成年**

おどる（踊る）

手の平の上で、下向きに伸ばした人差指と中指を左右に振る。

解 指を足に見立てて、ダンスをしている様子。人差指と中指の間は少し空ける。
同 ダンス

使い方例
踊る＋男➡ダンサー
踊る＋教える＋部屋➡ダンス教室

おどろく（驚く）

人差指と中指の先を手の平に付けた状態からぱっと離す。

解 飛び上がる様子。
同 びっくり

使い方例
驚く＋とても➡仰天した

おないどし（同い年）

肩の高さに置いた手の小指側と片方の人差指側を付ける。

解 先輩でも後輩でもなく自分と同等な様子。
同 同級生

使い方例
男＋私＋同い年➡彼とは同級生だ

おなかがすく（お腹がすく）

お腹に当てた手の平を、内側に弧を描くように動かす。

解 空腹で腹がへこむ様子。
同 空腹・腹ぺこ・ひもじい

おなじ（同じ）

両手の親指と人差指を同時に2回、付けたり離したりする。

同 〜通り・同様・共通・相当
参 片手で表しても良い。

使い方例
言う①＋同じ＋やる＋頼む➡言う通りにやって下さい

おばあさん

小指を曲げ、手の平側を相手に向けた拳を小さく動かす。

- 解 腰の曲がった女性の様子。
- 同 **老婆・老女**
- 参 「祖母」は、顔の斜め上の体に近い場所で表す。

おびえる（怯える）

手の平の上で、曲げた人差指と中指の先を付けて震わせる。

- 解 足を震わせている様子。
- 同 **ひるむ・びくつく・ビビる**
- 参 手前に引きながら表すと圧倒されているニュアンスが加わる。

おぼえる（覚える）

開いた片手を上から握りつつ下ろし、拳をこめかみ辺りに付ける。

- 同 **記憶**
- 参 強く握った拳の指側をこめかみ辺りに付け、小さく揺らしながら少し保持すると「**固定観念**」「**思い込み**」になる。

勢いよく表すと「**印象に残る**」になる。

おみごと (お見事)

指先を前にして向かい合わせた両手を、ひじを支点に上げる。

解 主に年配者が使う。
同 頭が下がる

使い方例
あなた＋お見事➡おみそれしました

おもい (重い)

指先を向かい合わせた両手を、同時に下ろす。

参 出だしを少し溜めると「とても重い」のように度合いの強さを表せる。

使い方例
責任＋重い➡重責
病気＋重い➡重症
体＋重い➡体重

おもいあたる (思い当たる)

こめかみ辺りに付けた人差指の先で、片方の手の平中央を突く。

同 気が付く
参 険しい表情で勢いよく表すと「頭にきた」になる。

おもいきって (思い切って)

親指と人差指を曲げて親指をほおに付け、親指を支点に下へ回す。

使い方例
思い切って＋挑戦
→強気で挑戦する
思い切って＋やる
→断行する

おもいなおす (思い直す)

手の平の人差指側を頭の横に付け、くるりと回して小指側を付ける。

解 主に年配者が使う。反省するニュアンスがある。
同 考え直す

使い方例
思い直す＋続く＋決める①②→考え直して続けることにした

おもう (思う)

伸ばした人差指の先をこめかみ辺りに付ける。

解 日本語では、ほぼ確定でも「思う」を使うが、手話では、「行く」＋「思う」で「行くかもしれない」のように不確定な場合によく使う。
同 感じる・意識

使い方例
良い＋思う＋あれ（指差し）→あれ、いい感じ

おもしろい (面白い)

<面白い①>
拳の親指側で、手と反対側の胸を叩く。

<面白い②>
拳の小指側で、胸を叩く。

🟰 興味深い
参 両手の拳の小指側で腹の左右を叩く表現もある。舌を少し見せたり、笑うような副詞的表情を伴うと「滑稽」になる。

使い方例
面白い＋本➡漫画本

おもちゃ

<おもちゃ①>
指を曲げた両手を付け合わせた後、少し離してねじり再び付け合わせる。

<おもちゃ②>
指を曲げて甲を上にした手を左右に振る。

解 子供が積み木を付け合わせるような動き。
🟰 玩具

使い方例
おもちゃ＋商売➡おもちゃ屋
おもちゃ＋売る＋場所➡玩具売り場

おもて (表)

手の甲を、片方の手の指の部分でなでる。

解 抽象的な意味でも使う。
🟰 表面・外見・面・うわべ・表向き
反 裏

使い方例
建物＋表＋素晴らしい➡外観は立派な建物
表＋友達➡うわべだけの友人
良い＋表➡良い面

おもに (主に)

親指を立てた拳を手の平に乗せて上げる。

◎ 重視する

使い方例
体＋元気＋主に➡健康第一
家庭＋主に➡家庭優先
主に＋責任➡主任・主催

およぐ (泳ぐ)

<泳ぐ①>
伸ばした人差指と中指を交互に動かしつつ水平に引いていく。

<泳ぐ②>
指を伸ばした両手で平泳ぎの手のしぐさをする。

解 指を足に見立てて、泳ぐ様子。
◎ 水泳・プール

オリンピック

鎖のように組み合わせた指を組み換えつつ横へ移動させる。

解 五輪のマークの意味。

使い方例
車いす（または指文字「ぱ」）＋オリンピック➡ パラリンピック
寒い＋オリンピック➡冬季オリンピック

おわり（終わり）

上に向けた両手の指を、すぼめながら下ろす。

🔵 〜した
参 口型「タ」や「パ」の場合は、「仕事」＋「終わり」＝「仕事が**済んだ**」と、日本語の「終了」の意味になる。口型「おわり」の場合は、「行く」＋「終わり」＝「行くだけ（でいい）」等と、日本語とは異なる意味にもなる。

おんせいにんしき（音声認識）

<声>
親指と人差指で作った輪を首に付けてから前に出す。

<調べる>
人差指と中指を曲げて目の前に置き、左右に数回動かす。

<証拠>
手の平の上に、指を軽く曲げて下向きにした片方の手を乗せる。

解 「声」と「調べる」と「証拠」の複合語。

使い方例
音声認識＋アプリケーション➡音声認識アプリ
音声認識＋組織➡音声認識システム

おんせん（温泉）

人差指・中指・薬指を立て、片方の手で囲い、立てた指を揺らす。

解 温泉マークを表す。
参 人差指・中指・薬指を立てた手を、片方の手の平に横から2回当てると「別府」「熱海」等温泉地の名になる。

使い方例
温泉＋泊まる＋家➡温泉宿

おんど（温度）

立てた手の平に沿わせて、片方の立てた人差指を上下させる。

解 温度計の目盛りが上下する様子。
同 気温
参 立てた人差指を上げるだけだと「温度が上がる」。逆に下げていくと「温度が下がる」。

使い方例
部屋＋温度➡室温
水＋温度➡水温

おんな（女）

小指を立て、甲を前方に向けた拳を出す。

＜彼女（恋人）・妻＞
小指を立てた拳を体の近くから少し横へ動かす。
【類義語】

同 女性・彼女（三人称）・雌

使い方例
警察＋女➡婦人警官

「男」と「女」の表現について

　　親指を立てる「男」という表現は、男女の区別なく、広く「人」を表すときにも使います。一般に、職業の名称を表現するときなどは、「裁判」＋「男」（裁判官）や「警察」＋「男」（警察官）と表します。また、片手で親指と小指を伸ばすと「男女」を表します。これは、男性・女性に関係なく、「人々」という意味もあるので、「家族」や「社会」、「定員」という単語などにも使います。

か

カード
↓
かい

【相手から見た形】　【自分から見た形】

親指・人差指・中指を離し、親指は中指の腹に付け、他指は握る。

カード

両手の親指と人差指でカードの四角形を作る。

解 クレジットカードのように固くて四角い物であることを表す。

使い方例
カード＋委員➡カード会員
クレジット＋カード➡**クレジットカード**

かい（会）

両手の指先を付け、屋根の形を作ってから指先を離し斜め下に下ろす。

解 漢字の部首の部分を表す。

使い方例
岡（口型「どうそう」）＋会➡**同窓会**
会＋場所➡**会場**

102

かい (貝)

軽く曲げた両手の平を上下に重ね、手首を基点に開閉する。

解 二枚貝を表す。
参 「あさり」「しじみ」「はまぐり」などを表す場合は、口型を付ける。

使い方例
貝(口型「あさり」)＋酒＋煮る➡あさりの酒蒸し

かいけい (会計)

手の平に、片方の手の指先を付け、小指側に2回動かす。

同 計算・約

使い方例
会計＋40➡約40
公＋会計＋士➡公認会計士

かいこ (解雇)

立てた親指に、片方の手の平の小指側を付ける。

＜解雇される＞
立てた親指に、前方から片方の手の平の人差指側を付ける。
【反対の動き】

解 親指を人に見立てて、首を切る様子。
同 失格

使い方例
会社＋委員＋解雇➡社員を解雇する

かいご（介護）

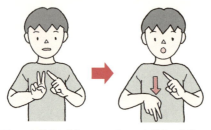

開いた人差指と中指に片方の人差指を付けて、屋根の形を作る。

開いた人差指と中指を下ろす。

解 漢字の「介」を表す。

使い方例
介護＋世話➡介護ヘルパー
介護＋お大事に➡介護保険

がいこく（外国）

人差指で目を指して円を描く。

解 目の色が違うことを表している。
参 親指と人差指を付けてつまむ形で、目に向けて円を描く表現もある。

使い方例
外国＋食べる➡洋食

かいさん（解散）

軽く握った両手を付けてから開きながら斜め前に出す。

使い方例
解散＋時間➡解散時間
自由＋解散➡自由解散

かいしゃ (会社)

両手の人差指と中指を立てて頭の脇に置き、前後に交互に動かす。

使い方例
会社＋〜長➡社長
会社＋委員➡社員
会社＋年＋お金➡企業年金
会社＋辞める➡退職

ガイド

手の平を、片方の手で軽くつかみ前方に引く。

解 手を引いて「連れて行く」という意味。
同 引率・案内

使い方例
ガイド＋責任＋男➡引率責任者
ホテル＋ガイド➡ホテルに案内する

かいもの (買い物)

親指と人差指で作った輪を前に出し、手の平は手前に引きながら横に動かす。

解「買う」を複数表現しながら横に動かす。

使い方例
買い物＋趣味➡買い物好き

かいわ（会話）

軽く握った両手を向かい合わせ、同時に軽く開く動作を2〜3回繰り返す。

解 二人の人間が向き合って話す様子。
同 話し合う
参 両手を軽く開く動作を左右交互に行う表現もある。

使い方例
英語＋会話→英会話

かう（買う）

親指と人差指で作った輪を前に出すと同時に片方の手を手前に引く。

参 動かす回数が多いと、大量の買い物の意味になる。

使い方例
服＋買う→服を買う
女＋買う＋買う＋買う＋性質→彼女は浪費癖がある

かえすことばがない（返す言葉がない）

指先を付けた状態の手を小指側からこめかみの上部に付ける。

解 自分の発言や行動に対し反論や批判の意味で的を射たことを言われ、言い返せない場合、また年配者や自分より立場が上の者の行動に対し何も言えない場合に使う。
同 ごもっとも

かえる (帰る)

指先をすぼめながら前方に出し、指先を付ける。

<帰ってくる>
指先をすぼめながら自分の方に引き、指先を付ける。
【反対の動き】

使い方例
途中＋帰る➡**早退**
家＋帰る➡**帰宅**

かお (顔)

人差指を顔に向けて輪郭と同じくらいの円を描く。

使い方例
顔＋色➡**顔色**
顔＋わかる➡**顔見知り**
いつも＋顔＋同じ➡**顔ぶれが変わらない**

かおがあからむ (顔が赤らむ)

人差指で唇をなぞってから指をそろえ、手の平を顔に向けて円を描く。

解 顔全体が赤くなる様子。
同 赤面する・恥ずかしい

使い方例
光＋顔が赤らむ➡**日焼けで顔が真っ赤**

かおがひきつる (顔がひきつる)

指先をほおに付け1〜2回軽く押し上げる。

同 まずい・やばい・苦々しく思う

使い方例
説明＋間違い①＋私（指差し）＋顔が引きつる➡間違った説明をしてしまった、やばい！

かおがひろい (顔が広い)

親指と人差指を伸ばし、あごの輪郭に沿わせて置き、左右に広げていく。

同 有名人
参 知り合いが多い、また様々な会合に顔を出しているという意味もある。

使い方例
友達＋多い②＋顔が広い＋あなた（指指し）➡友達が多いね

かかあでんか (かかあ天下)

立てた親指の上に、小指を立てた片方の手を乗せる。

＜亭主関白＞
親指を立てた手のひじの下に、小指を立てた手を付ける。
【反対語】

解 親指が男性、小指が女性の意味なので、女性上位の形で表している。「亭主関白」はその逆を表している。

使い方例
私＋夫婦＋かかあ天下➡うちの夫婦はかかあ天下です

かがいしゃ（加害者）

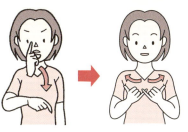

<悪い>
人差指を立て、鼻の脇から斜めに下ろす。

<人②>
親指と小指を立てた両手を、ひねりながら中央から外側に開く。

解 「悪い」と「人②」の複合語。
反 被害者

使い方例
加害者＋探す➡加害者を探す

かがく（科学）

人差指を立てた手の前に人差指を伸ばした拳を当てる。

使い方例
科学＋本➡科学雑誌
科学＋人②➡科学者
科学＋技術＋〜庁➡科学技術庁

かがく（化学）

両手を軽く握って筒型を作り、交互に傾ける。

解 試験管を動かす様子。

使い方例
化学＋変わる➡化学変化
化学＋勉強➡化学の授業

かがみ (鏡)

手の平を自分に向け、手首を支点に2〜3回軽くひねる。

解 鏡に自分を映す様子。

使い方例
鏡＋机➡鏡台

かかり (係)

人差指と親指を伸ばし、逆の腕に付けて体側に引く。

解 腕章をしている様子。
同 当番・役員

使い方例
係＋〜長➡係長
協会＋係➡協会役員

(じかんが)かかる ((時間がかかる))

親指と人差指を付けた手を上下に置き、半円を描く。

解 時計の針が進んで長時間かかっていることを表している。
同 時間超過

使い方例
相談＋かかる➡会議が長引く
用意＋かかる➡準備に時間がかかる

かぎ（鍵）

鍵を持つ形にした手を数回ひねる。

解 一般的には鍵穴に差し込み回す鍵を表している。南京錠等、他の形状の鍵の場合は、その開閉方法や形状で表現する。
同 鍵を開ける・鍵を閉める

使い方例
部屋＋鍵→部屋の鍵

かく（書く）

ペンを持ち字を書くように動かす。

解 横書きは横に、縦書きは縦に動かす。
同 記述・記録・ペン
参 反対の手の平を上に向け、紙に見立てて、添える表現もある。

使い方例
書く＋紙①→メモ
名前＋書く＋頼む→名前を書いて下さい

かくご（覚悟）

拳を作り、腹に当て横に引く。

解 切腹の様子を表し、意を決するようなときに使う。
同 切腹

使い方例
覚悟＋必要＋私（指差し）→やるしかない

がくせい (学生)

指先を軽く曲げた両手を体に付け、片手は上げ、片手は下げる。

同 生徒

使い方例
学生＋半分➡学生割引
学生＋証拠➡学生証

かくにん (確認)

すぼめた指先を目の下に付けた後、印鑑を押すように手の平に付ける。

同 証拠・証明

使い方例
改めて＋確認➡再確認
交通事故＋確認➡事故を目の当たりにした

かくれる (隠れる)

両手を付け、斜めに顔を隠すようにする。

同 ひそむ・秘密

使い方例
隠れる＋言う①（隠れるの片手を残したまま）➡**内緒話**

かけはなれている（かけ離れている）

人差指を立てた両拳を付け、斜め上と斜め下に動かす。

- 同 雲泥の差・月とスッポン

使い方例
私＋弟＋趣味＋かけ離れている→私と弟の好みはかけ離れている

かけひき（駆け引き）

人差指を向かい合わせたまま水平に斜め前後に2～3回動かす。

- 解 押したり引いたりしている様子。
- 同 折衝

使い方例
今＋駆け引き＋中→折衝している

かこ（過去）

甲側を前に向けた手を、後方に倒す。

- 同 昔・以前
- 参 軽く少しの動きだと「さっき」、大きく後ろに動かすと「大昔」になる。

使い方例
2年＋過去→2年前

かさ（傘）

拳の下に片方の拳を付け、上の拳を上げる。

解 傘をさす様子。

使い方例
光＋傘→日傘

かさなる（重なる）

<重なる①>
指の背に片方の指を乗せる動きを交互に繰り返しながら上げていく。

<重なる②>
指先を前にして水平に置いた手の甲に片方の手を乗せる。

同 重複
参 重ねる回数によって、何重にも重なっていることを表すことができる。

使い方例
経験＋重なる→経験を積む
重なる＋壊す→重複障害

かしこい（賢い）

親指と人差指を付けた指先を頭に付け、開きながら少し前方に動かす。

同 才能・有能
参 口型で「天才」と表すこともできる。

使い方例
絵＋賢い＋有る→絵の才能がある

かす (貸す)

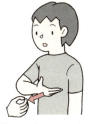

指をすぼめながら水平に前に出す。

反 借りる

使い方例
本＋貸す➡本を貸す
お金＋貸す➡お金を貸す

かず (数)

両手の人差指・中指・薬指を立て、小指側を2回付ける。

同 算数・番号・数学・数字

使い方例
人①＋数➡人数
数＋教える＋男➡数学教師

かぜ (風)

指を広げた両手を、同時に斜め上から下ろす動作を2回繰り返す。

解 風が吹き下ろしている様子。
参 下ろす動作の大きさや強弱で「**台風**」「**嵐**」「**そよ風**」等、意味が変わる。

使い方例
強い＋風➡強風
春＋風➡春風

かぜ (風邪)

拳を口に近付け、咳をするしぐさをする。

解 風邪をひいて咳が出る様子。
同 咳

使い方例
夏＋風邪➡夏風邪
風邪＋薬➡風邪薬

かぞく (家族)

斜めにした手の下で、親指と小指を立てた片手を軽くひねる。

解 屋根（家）の中に人々がいる様子。

使い方例
家族＋レストラン➡ファミリーレストラン
家族＋旅行➡家族旅行

ガソリン

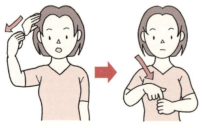

指先で頭を触り、続けてその手の親指と四指をこするように動かす。

親指と人差指を伸ばし、片方の手で作った筒に人差指を当てる。

解 ガソリンを給油する様子。

使い方例
ガソリン＋場所➡ガソリンスタンド

かた (型)

両手の親指と人差指を伸ばし、軽く交互に上下させる。

使い方例
血＋型➡**血液型**
口＋型➡**口型**

かたい (固い) ①

親指を上にして親指と人差指を曲げ、斜め下に力を入れて下ろす。

解 物が固いことを示すよりも、状態が変わらないという意味を表すときに多く使う。
同 丈夫・維持

使い方例
頭＋固い①➡筋が通っている
店＋固い①➡まだ(つぶれずに)やってる

かたい (固い) ②

五指を離して曲げ、斜め下に力を入れて下ろす。

解 物が固い場合に使うことが多い。
同 硬い

使い方例
頭＋固い②➡**頑固**

かつ (勝つ)

拳を作って上げる。

🔵 勝利

使い方例
勝つ＋負け➡勝敗

がっかりする

両手の指先を少し開いて小指側を胸に付け、すぼめながら下ろす。

🔴 気持ちがしぼむ様子。
🔵 意気消沈

使い方例
負ける＋がっかりする➡負けてがっかりする

かっこいい

指先を曲げた手の平を強めにひじから起こす。

使い方例
車＋かっこいい➡かっこいい車

かつどう (活動)

両手の拳を交互に前後させる。

同 運動・行動

使い方例
活動＋合う①➡活動的

かてい (家庭)

両手の指先を付け屋根の形にした後、片手を下げ水平に円を描く。

使い方例
家庭＋行く➡家庭訪問
母＋子供＋家庭➡母子家庭

かなしい (悲しい)

親指と人差指を付け、指先を目の下から下げながらほおに数回付ける。

解 涙がほおを伝う様子。
同 かわいそう・涙・泣く
参 ゆっくり下げると「しんみり泣く」、両手で繰り返し表すと「大泣き」になる。状態に応じた表現ができる。

使い方例
悲しい（＋頼む）➡ご愁傷さまです

かねもち (金持ち)

親指と人差指で作った輪を胸に付け垂直に半円を描きながら下ろす。

◉ 富・豊か・贅沢

使い方例
金持ち＋田➡富田
いつも＋レストラン＋食べる＋金持ち＋あなた（指差し）➡毎日レストランで食事とは贅沢だね

かねる (兼ねる)

人差指と中指でV字を作り、反対側の肩に指の腹を付ける。

◉ 兼任・兼務
参 指の数を増やすことにより、いくつも掛け持ちしていることを表すことができる。

使い方例
指文字「ぶ」＋〜長＋工場＋〜長＋兼ねる➡部長と工場長を兼務する

かまわない (構わない)

小指を立て、あごに付ける。

◉ いい・大丈夫
参 日本語とは違い、誘いや申し出に対して喜んで受ける場合の返答としても使うことができる。

使い方例
参加＋構わない？➡参加してもいいですか？

がまん〈我慢〉

立てた親指に片方の手の平を付け、押し付けるようにして下ろす。

解 気持ちを押さえ付けている様子。
同 辛抱・忍耐・耐える

使い方例
我慢＋強い→我慢強い
痛い＋我慢→痛みに耐える

かみ〈紙〉①

両手の人差指を立てて四角を描く。

解 実物の大きさを表すことができる。
同 書類

使い方例
書く＋紙①→メモ

かみ〈紙〉②

親指と人差指を付け、指先を下に向け2〜3回振る。

解 薄くて軽いものを表す。
同 チラシ

使い方例
紙②＋作る→チラシ作成

かみ (紙) ③

両手で2回鼻をかむしぐさをする。

解 材質が紙であることを示す場合に使う。
同 ティッシュ

使い方例
紙③＋求める➡ティッシュを下さい

かみ (神)

両手を合わせて2回叩く。

解 柏手を打つ様子。

使い方例
神＋田➡神田
神＋川➡神奈川

かよう (通う)

親指を立て水平に前後に動かす。

解 人が同じ場所を往復する様子。

使い方例
仕事＋通う➡通勤
学校＋通う➡通学

〜から

指先を前方に向け、手首を軸に自分側に振る。

解 場所や時間の起点、範囲を定める基準点を表す。

使い方例
今＋〜から＋行く➡今から行く
駅＋〜から＋学校＋〜まで➡駅から学校まで
時間＋3（数字）＋〜から＋始まる➡3時から始まる

からい（辛い）

指を曲げて口の前に置き、小さく円を描く。

解 食べ物に関してのみ使う。「苦い経験」等のように抽象的には使わない。

同 カレー・苦い

使い方例
辛い＋口➡辛口

からかう

指先をほおの辺りに向けた両手を前方に数回振る。

同 いたずら

使い方例
友達＋からかう➡友達をからかう

ガラケー

指を軽く曲げた手に同じようにした手を乗せ、上の手を前に開く。

解 いわゆる「ガラパゴス携帯」のこと。携帯電話を開いている様子。

使い方例
携帯電話＋ガラケー＋あなた？➡あなたの携帯電話はガラケー？

からだ（体）

手の平で円を描く。

使い方例
体＋元気➡健康
体＋力➡体力

からっぽ（空っぽ）

親指の付け根辺りを片方の手の平側で軽く叩く。

解 中身が何も入っていない様子。
同 何もない

使い方例
頭＋空っぽ➡何も考えていない/何も思い付かない

かりる（借りる）

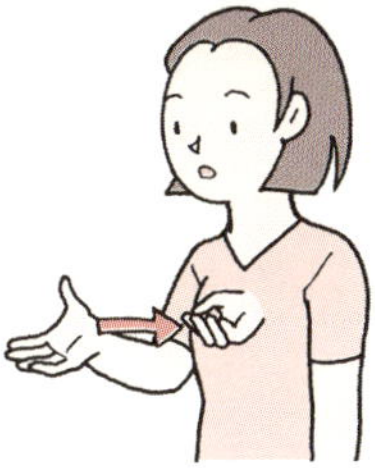

前方に出した手を引きながら指先をすぼめる。

[解]物を受け取る様子。
[同]**レンタル**
[反]貸す

使い方例

お金＋借りる➡**借金**
借りる＋全部➡**貸切**

かるい（軽い）

上に向けた両手を軽く上げる。

使い方例

怪我＋軽い➡**軽傷**
軽い＋井＋多い②➡軽井沢

カレーライス

軽く握った拳を口に置き、開きながらやや斜め下に動かす。

使い方例

野菜＋カレーライス➡野菜カレー
カレーライス＋注文➡カレーを注文する

カレンダー

手をカレンダーに見立て、片方の手でめくるしぐさをする。

解 カレンダーをめくる様子。

使い方例
カレンダー＋買う➡カレンダーを買う

かわ (川)

人差指・中指・薬指を立てた手を、手首を支点に下ろす。

解 漢字の「川」を表す。

使い方例
江戸＋川➡江戸川

かわいい

手の平で頭をなでるように円を描く。

＜かわいがられる＞
手の平で自分の頭をなでるように円を描く。
【反対の動き】

同 かわいがる
参 立てた親指の上で、なでるように円を描く表現もある。

使い方例
服＋かわいい➡かわいい服

かわく（乾く・渇く）

<乾く>
自然に曲げた両手の平を握りながらやや斜めに上げる。

<渇く>
指先をそろえた手を首に置き、首をかすめるように横に動かす。

使い方例
洗濯＋乾く➡洗濯物が乾く
匂い＋乾く➡空気が乾燥している

かわらない（変わらない）

両肩の前に置いた手の指先を付けたり離したりしながら前方に動かす。

解 同じ状態が続いていて変化がないことを表す。
同 相変わらず

使い方例
過去＋〜から＋変わらない➡昔から変わらない

かわる（換わる）

前後に置いた手の平を、水平に半円を描きながら場所を入れ替える。

同 交換・引き換える

使い方例
意見＋換わる➡意見交換

かわる (代わる)

<代わる①>
人差指を立てた拳を付けたまま手首を反転させ入れ替える。

<代わる②>
やや曲げた手の平を向かい合わせて置き手首を反転させ入れ替える。

解 人等が入れ替わる意味。
同 代理・交代
参 指を全部立てて表すと「変化」にもなる。

使い方例
委員＋代わる①➡メンバーチェンジ

かわる (替わる)

人差指と中指を伸ばした手を下向きから反転させる。

解 位置や所属が取り替えられたり、転勤・転職・転校等に使う。
同 入れ替わる・乗り換え

使い方例
座る＋替わる➡席を替える

かわる (変わる)

<変わる①>
両手の平を自分に向けて、内側に倒し交差させる。

<変わる②>
両手の人差指を立て自分に向けて、内側に倒し交差させる。

同 変化

使い方例
状態＋変わる①➡状態が変わる

かんがえる (考える)

人差指を立ててこめかみの辺りに付け、2〜3回ねじる。

同 思案・思う
参 顔の表情で考えている度合いを示す。

使い方例
考える＋中➡考え中

かんけい (関係)

両手の親指と人差指で輪を作り、鎖のようにからませ前後に動かす。

同 関する

使い方例
勉強＋関係＋人々➡学校関係者
教える＋関係＋講演➡教育に関する講演

かんけいない (関係ない)

親指と人差指で輪を作り、鎖のようにからませてから指先を離す。

同 無関係

使い方例
男＋女＋関係ない➡性別は関係ない
私＋関係ない➡私には関係ありません

かんしょう (干渉)

自分に向けた手の平の親指側を片方の手で触ってから前に出す。

解 手を出してくる様子。
同 出しゃばる

使い方例
干渉＋止める➡出しゃばるな!
干渉＋とても➡過干渉

かんせんチケット (観戦チケット)

<見る②>
親指と人差指で作った輪を目の辺りから前に出す。

<チケット>
両手の人差指と親指を軽く曲げ、長方形を作る。

解 「見る②」と「チケット」の複合語。

使い方例
買う＋観戦チケット➡観戦チケットを買う
サッカー＋観戦チケット➡サッカーの観戦チケット

かんだい (寛大)

親指を離した手の平を腹の前で重ねてから左右にゆっくり広げていく。

同 寛容

使い方例
寛大＋頼む➡ご容赦下さい

かんたん (簡単)

人差指を立てあごに触れてから、片方の手の平に付ける。

同 単に・単純・〜しやすい・インスタント

使い方例
簡単＋コーヒー→インスタントコーヒー
作る＋簡単→作りやすい

かんちがい (勘違い)

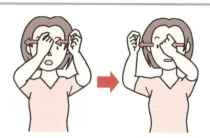

親指と人差指の先を付けた手を頭の側面と額の真中に置く。

両手をそのまま横に移動し額の真中と反対側の頭の側面で止める。

同 誤解

使い方例
内容＋勘違い＋あなた（指差し）→思い違いをしているよ

かんどう (感動)

すぼめた手を顔の横で軽くひねりながら上げていく。

同 感激・感情
参 両手で表現する場合もある。

使い方例
感動＋合う①→感動的

き

き ➡ きあいをいれる

【相手から見た形】

【自分から見た形】

親指・中指・薬指の先を付け、他指は伸ばす。

き (木)

両手の親指と人差指を伸ばし、ひじを支点に開くように上げる。

解 木の形を表す。
同 木曜日

使い方例
木＋村➡木村
木＋作る➡木工

きあいをいれる (気合いを入れる)

指を曲げた手を腹に付け、力を入れる。

同 根性・意気込む

使い方例
気合いを入れる＋働く➡意気込んで働く
あれ（指差し）＋気合いを入れる＋有る➡あの人は気概がある

きいたことない（聞いたことない）

手を軽く曲げ耳に付け、払うように離す。

同 覚えがない・初耳・おかしい・経験がない・聞いたためしがない

使い方例
それ（指差し）＋やる＋聞いたことない ➡ そんなことをするやつはいない

きいていない（聞いていない）

<聞いていない①>
耳の横に手の平を下にして置き、手首を支点に仰ぐように上下に振る。

<聞いていない②>
両耳の横に手の平を下にして置き、手首を支点に仰ぐように上下に振る。

解 音が聞こえない意味と話を聞いていない意味の両方がある。
同 聞こえない・知らない・知らされていない・蚊帳の外

使い方例
私＋聞いていない ➡ 私は耳が聞こえません

きかい（機械）

人差指から小指までを曲げて指を組んだ形で手首を支点に軽く上下させる。

解 歯車がかみ合う様子。

使い方例
機械＋変わる ➡ 機械化
印刷＋機械 ➡ 印刷機

きがちいさい（気が小さい）

腹の前で親指と人差指で輪を作り、その輪を小さく縮める。

- 臆病・気弱・肝っ玉が小さい

使い方例
気が小さい＋男→小心者

きかない（聞かない）

片手の手の平をもう一方の人差指で突いてから弾く。

- 耳を貸さないという意味もある。
- 無視する

使い方例
私＋説明＋聞かない＋あなた（指差し）→私の話を無視するのか!

ききながす（聞き流す）

両手の人差指を立て、両目の脇を抜けるように動かす。

- 手話は視覚言語なので耳ではなく目に入らないで抜けていく様子を表す。聞く意思がない場合以外に、手話の意味がつかめず頭に入らない、内容を見落とした場合にも使う。

使い方例
説明＋聞き流す→話の内容がつかめない

きく（聞く）

軽く曲げた手を耳に付ける。

解 耳を傾けている様子。

使い方例
説明＋聞く＋頼む
➡話を聞いて下さい
声＋聞く➡声を聞く

きけんドラッグ（危険ドラッグ）

<危ない>
軽く曲げた指の先で胸を叩く。

<薬>
上向きの手の平の上に片方の薬指を付けて小さく揺らす。

解「危ない」と「薬」の複合語。

使い方例
危険ドラッグ＋禁止➡危険ドラッグはいけません!

ぎじゅつ（技術）

人差指と中指を伸ばし中指を下にして、片方の手首の辺りを2回叩く。

同 技（わざ）

使い方例
技術＋人②➡技術者
技術＋磨く➡技を磨く
技術＋巧い➡達人

き

キス

すぼめた両手を、左右から寄せて指先を付ける。

参 指文字の「き」の形で表す場合もある。

使い方例
初めて＋キス➡ファーストキス

きそう (競う)

親指を立てた両手を交互に上下に動かす。

同 試験・競争・ライバル・コンテスト・コンクール

使い方例
受ける＋競う➡受験

きた (北)

両手の親指・人差指・中指を立てた手の平を自分に向け交差させる。

解 漢字の「北」を表す。

使い方例
北＋アメリカ➡北アメリカ
東＋北＋6＋県➡東北六県

きたない (汚い)

鼻をつまむ。

手の平に軽く指先を閉じた状態の片方の手を軽く2回付ける。

同 ゴミ・汚れ

使い方例
やる＋方法＋汚い
➡やり方が汚い
部屋＋汚い➡部屋が汚い

きちんと

上に向けた両手の親指と人差指の指先を下げながら付ける。

解 体に力を入れ端然と表す。
同 間違いなく

使い方例
用意＋きちんと➡整理整頓
時間＋きちんと➡時間通り

きづく (気付く)

人差指で軽くこめかみ辺りを突く。

同 ひらめく

使い方例
気付く＋遅い➡気付くのが遅い

きって（切手）

そろえた人差指と中指を口元に当て、片方の手の平に指先を付ける。

解 切手を貼る様子。

使い方例
切手＋集める➡切手収集
記念＋切手➡記念切手

きてんがきく（機転が利く）

人差指で軽くこめかみ辺りに触れる。

人差指を下に向け、片方の人差指を上に向け間隔を空け、回転させる。

解 頭の回転が速い様子。
同 頭が切れる

使い方例
お金＋機転が利く➡お金を工面する
男＋機転が利く➡彼は頭が切れる

きにかかる（気にかかる）

額の辺りに置いた曲げた人差指を引くと同時に、頭も引かれるように動かす。

解「引っ張られる」という意味もあり、不安なことや疑問だけでなく、魅力的なこと等、気になる場合にも使う。
同 惹かれる

使い方例
説明＋気にかかる➡気になる話

きにしない (気にしない)

親指と中指を付けた手の人差指をこめかみ辺りに付け、開き下に払う。

⊜ 平気

使い方例

負ける＋気にしない➡負けても気にしない
気にしない＋できる➡気にしないでいいよ

きにとめない (気に留めない)

<気に留めない①>
人差指を頭に付け、片方の人差指から親指にかけて数回なぞる。

<気に留めない②>
人差指を頭に付け、指を伸ばした手の人差指から親指にかけて数回なぞる。

⊜ 無頓着・何も考えない・気が付かない

使い方例

気に留めない＋行動➡無計画な行動
男＋居る＋気に留めない➡彼が居たことに気付かなかった

きねん (記念)

人差指を頭に付けてから胸の前に下げながら手を握る。

使い方例

記念＋本➡記念誌
記念＋日➡記念日
記念＋写真➡記念写真

きびしい（厳しい）

手の甲を反対の手でつねるように動かす。

[解] 厳しい表情を伴って表す。

[同] **つらい**

使い方例

練習＋厳しい→厳しい練習
礼儀＋厳しい→しつけが厳しい

きふ（寄付）

<寄付①>
手の平を額に近付けて、手首から返し前方に下ろす。

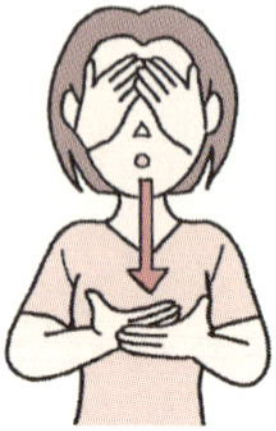

<寄付②>
両手の指先を重ね額に近付けて、手首から返し前方に下ろす。

使い方例

寄付＋お金→寄付金
寄付＋募金→寄付を集める

きほん（基本）

拳を作った手のひじの下に反対の拳を付け、下向きに開く。

[同] **元・基礎・根本**

使い方例

基本＋本→基本書
基本＋給料→基本給
基本＋勉強＋力→基礎学力
基本＋指文字「ぶ」→本部

きまりがわるい（決まりが悪い）

ほおをかく。

解 ばつの悪い表情を伴う。
同 面映い

使い方例
プレゼント＋大したことない＋決まりが悪い➡粗末なプレゼントで体裁が悪い

きめる（決める）①

そろえた人差指と中指を片方の手の平に打ち付ける。

解 日本語より狭義の意味で使われる。未定だった物事を決定する、規則や方針を定める場合等で使われることが多い。
同 決定・定める

使い方例
方針＋決める①➡方針決定
ルール＋決める①➡ルールを決める

きめる（決める）②

片方の拳を手の平にパンチを打つように当てる。

解 「決める①」と同じ用法で使われる場合も多いが、思い切った判断や一念発起の場合等で使われることがある。比較的、男性が使う場合が多い。
同 決断・決心

使い方例
プロ＋入る＋決める②➡プロになると決断した

きもち〈気持ち〉

人差指を自分の胸に向け円を描く。

同 心・気分

使い方例
気持ち＋通じる➡気持ちが通じる
女＋気持ち＋良い➡彼女は心根が良い
気持ち＋同じ➡同じ気持ち

きもちよい〈気持ち良い〉

指先をそろえた手の平を自分の胸に付け軽く上下させる。

解 にこやかな表情を伴う。
同 満足・心地良い

使い方例
生きる＋気持ち良い➡生き甲斐
生活＋気持ち良い➡満ち足りた生活

きもの〈着物〉

手の平を自分に向け、交互にえり元で重ねるようにする。

解 着物のえりを合わせる様子。
同 和服

使い方例
着物＋教える＋部屋➡着付け教室
着物＋縫う➡**和裁**

ぎもん（疑問）

人差指を曲げ親指を頭に付ける。

解 クエスチョンマーク（?）の形を表している。
同 クイズ・不思議
参 「なぜだろう?」と思う時はやや首をかしげる。

使い方例
男＋来る①②＋疑問➡（彼は）なんで来たんだろう?

ぎゃく（逆）

親指と人差指を付け前後に並べ、水平に半円を描きながら入れ替える。

同 あべこべ

使い方例
方針＋逆➡逆方向
逆＋良い➡かえって良かった

キャンディー

親指と人差指でつまむ形にした両手を交互に逆向きにひねる。

解 あめの包み紙をひねっている様子。

使い方例
キャンディー＋求める➡キャンディーが欲しい
キャンディー＋好き➡キャンディーが好き

キャンプ

手の甲の上に片方の手を置き、徐々にすぼめながら上に上げる。

- 解 テントの形を表している。
- 同 テント

使い方例
キャンプ＋場所➡キャンプ場
キャンプ＋村➡キャンプ村

きゅうきゅうしゃ（救急車）

両手の指先を曲げ、頭の横に置き、軽くひねりながら前に動かす。

- 解 救急車のライトが点滅している様子。
- 参 片手で表すと「パトカー」になる。

使い方例
救急車＋呼ぶ➡救急車を呼ぶ

きゅうけい（休憩）

指先を付けて向かい合わせた両手を水平に交差させる動きを繰り返す。

- 同 のんびり・しばらく
- 参 ゆっくり表すと長い休憩の意味になる。

使い方例
休憩＋時間➡休憩時間

ぎゅうにゅう（牛乳）

軽く指先を曲げた手の平を、胸の前に置き2回手を握る。

🔄 ミルク・母乳

使い方例
牛乳＋紅茶➡ミルクティー
牛乳＋飲む②➡牛乳を飲む

きゅうりょう（給料）

四指を付け指先を下に向けた手を片方の手でつかみ、手前に引く。

解 お金が入った封筒を表している。

使い方例
給料＋日➡給料日
基本＋給料➡基本給

きょうかい（協会）

両手の人差指をからめ、そのまま水平に円を描く。

🔄 チーム・サークル

使い方例
ろう＋協会➡ろう協会
協会＋仲間➡チームワーク

ぎょうじ (行事)

人差指と中指を伸ばし指先を向かい合わせ左右に広げ、人差指を下ろす。

解 漢字の「行」を表す。
同 イベント

使い方例
勉強＋行事➡学校行事
行事＋情報➡イベント情報

きょうみ (興味)

軽く開いた手を目の辺りからすぼませながら前に動かす。

解 すぼませた手の方向に上体を少し傾けて表す。
同 魅力・関心

使い方例
興味＋合う①➡魅力的
初めて＋会う＋興味➡一目ぼれ

きょく (局)

輪を作った手の横で片方の人差指を下ろしてからはねる。

解 漢字の「局」の部首の下の部分を表している。

使い方例
事務＋局➡事務局
国＋税＋局➡国税局

きらい（嫌い）

親指と人差指を付けて首の辺りに置き、指を離しながら斜め前に下ろす。

解 嫌な表情で表す。強調する場合は、目を固く閉じる副詞的表情を伴う。

使い方例
虫＋嫌い→虫嫌い
野菜＋嫌い→野菜嫌い

きらわれる（嫌われる）

手の平の上を片方の手で自分の方に払うように動かす。

同 振られる・のけ者にされる・追い出される
反 追い出す

使い方例
仲間＋嫌われる→仲間外れ

ぎりぎり

親指と人差指を付け額の横で上下させる。

解 食いしばった歯を見せる表情で表すことが多い。
同 すれすれ・焦る

使い方例
合格＋落ちる＋ぎりぎり→当落すれすれ
時間＋間に合わない＋ぎりぎり→時間に間に合わないと焦る

147

きる (切る)

人差指と中指をハサミに見立てて、物を切るように動かす。

<締め切り>
人差指と中指をハサミで物を切るように動かし最後に指先を少し上げる。
【似た動き】

🔴解 ハサミで切る様子。
🔵参 「ハサミ」を表す場合は、口型「ハサミ」を付ける。

使い方例
紙①＋切る➡紙を切る

キレる

人差指と中指をこめかみ辺りに付けて、勢いよく開きながら頭から離す。

🔴解 怒りの表情を伴う。
🟢同 頭にくる・ムカつく

使い方例
言い訳＋多い②＋キレる➡言い訳ばかりで頭にくる

きろく (記録)

両手の拳を付けてから、両手を左右に開く。

🔵参 書き記すという意味では使わない。その場合は「書く」を参照。

使い方例
新しい＋記録➡新記録
記録＋合う①➡記録的

ぎろん（議論）

開いた両手の指先を向かい合わせ、振りながら近付けたり離したりする。

同 討論

使い方例
議論＋会➡討論会
議論＋（時間が）かかる➡議論が長引く

きをつける（気を付ける）

両手を胸の前で上下に置き、握りながら胸に付ける。

同 注意

使い方例
約束＋気を付ける➡約束を守る
気を付ける＋報告➡注意報
車＋気を付ける➡車に気を付けてね

ぎんこう（銀行）

両手の親指と人差指で作った輪を水平に置き同時に2回上下させる。

参 両手で作った輪を交互に上下させると「価値」になる。

使い方例
銀行＋印鑑➡銀行印
日本＋銀行➡日本銀行

きんし (禁止)

親指を立てた手を前方に出す。

<禁止される>
親指を立て頭の斜め上に置き顔に向かって下げる。【反対の動き】

同 アウト・だめ
参 親指を出す強さと表情で強調の度合いを表すことができる。

使い方例
運営＋禁止→営業禁止
酒＋飲む①＋車＋禁止→飲酒運転はいけません!
差＋禁止→差別禁止

きんちょう (緊張)

指先を開いた両手を、指先を付けると同時に交差させ胸に付ける。

解 脇を締め、体に力を入れて表す。
同 気を引き締める

使い方例
緊張＋性質→緊張症
緊張＋思う→緊張感

きんり (金利)

<お金>
親指と人差指で作った輪を小さく振る。

<利息>
両手の親指と人差指を軽く曲げ上下（上が下よりも狭い）に置く。

解 「お金」と「利息」の複合語。「利息」は「もっと」よりも上の手の指の間を狭くすることで、少しだけ増える様子を表す。

使い方例
金利＋貧乏／少ない→金利が低い

【相手から見た形】 **【自分から見た形】**

親指は伸ばし上に向け他指は付けて伸ばし、横に向ける。

く (区)

指をそろえた手の平を自分に向け、横にする。

解 指文字の「く」と同じ。

使い方例
区＋〜長 ➡ **区長**
区＋人々 ➡ **区民**

くいちがう (食い違う)

親指と人差指を曲げて向かい合わせ、前後にずらす。

同 ずれている

使い方例
文化＋食い違う ➡
文化のズレ
会話＋食い違う ➡
会話がかみ合わない

くさ (草)

指を軽く広げた両手を交互に小さく上下させながら左右に開く。

同 緑・芝生

使い方例
草＋花➡草花
草＋みんな➡草原

くだもの (果物)

軽く曲げた両手を前に出し、小さく交互に上下させながら左右に開く。

解 果物が木にたわわに実っている様子。

使い方例
プレゼント＋果物＋決める①➡お土産は果物にした
果物＋好き＋何?➡果物は何が好き?

くちコミ (口コミ)

<口>
人差指を口に向けて、円を描く。

<宣伝>
軽く握った両手を開いたり握ったりしながら前後に数回動かす。

解 「口」と「宣伝」の複合語。

使い方例
口コミ＋調べる➡口コミをチェックする

くつ (靴)

下向きの手の平の手首の下から拳を自分の方に引き上げる。

解 手前に引き上げる拳は靴べらを使っている動きを表している。

使い方例
運動＋靴➡運動靴
安全＋靴➡安全靴

くに (国)

親指を離した両手を左右に引きながら、指先を付ける。

使い方例
国＋運動➡国技
国＋人々➡**国民**
国＋税＋局➡国税局

くびになる (首になる)

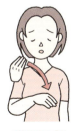

<首になる①>
下に向けた手の平の小指側を首に付け、斜め下に下ろす。

<首になる②>
下に向けた手の平の人差指側を首に付け、横に引く。

解 自分に非がある場合や自分の評価が低いという意味が含まれている。

同 失格・なっていない

使い方例
首になる＋私（指差し）➡首になった
会＋〜長＋首になる＋私（指差し）➡自分は会長の**資格がない**

くべつ (区別)

人差指と中指で作ったV字の間に、反対の手の指をそろえて入れる。

解 2つに分ける様子。
同 分ける

使い方例
仕事＋遊び＋区別＋必要→仕事と遊びの区別をしなければならない

くま (熊)

両手の指を曲げて引っかくように交互に斜め下に下ろす。

解 熊が前足で引っかくような動き。

使い方例
熊＋谷→熊谷
熊＋田→熊田

くやしい (悔しい)

指を曲げた両手を体に付け、交互に上下させる。

解 悔しい表情を伴って表す。

使い方例
負ける＋悔しい→負けて悔しい
悔しい＋泣く→悔し泣き

クラウド

指を少し曲げて向かい合わせた両手を少しひねりながら横に移動する。

解 クラウドコンピューティングのこと。
同 曇り

使い方例
クラウド＋使う➡クラウドを利用する

くらべる (比べる)

両手の平を上に向け、交互に上下させる。

解 重さを比べる様子。
同 バランス

使い方例
比べる＋言語＋勉強➡比較言語学
比べる＋悪い➡バランスが悪い

クリーニング

手を軽く握り前に出し、アイロンをかける動作をする。

同 アイロン

使い方例
クリーニング＋仕事➡クリーニング業
シャツ＋クリーニング➡シャツにアイロンをかける

くりかえし (繰り返し)

軽く指を曲げた手の平を前方に向け、回しながら斜め下に下げる。

同 マンネリ・ワンパターン

使い方例
練習＋繰り返し→ワンパターンな練習
繰り返し＋説明→繰り返し説明する

くりかえし くる

クリック

四指は軽く握り、伸ばした人差指を2回程上下させる。

解 パソコンのマウスを握り、カチカチとしている様子。

使い方例
マウス＋クリック→マウスをクリックする

くる (来る) ①

人差指を立てて、指の腹を自分に向けて引く。

参 親指または人差指を立てた拳を片方の手の平に乗せて手前に引くと「おいでになる」「いらっしゃる」等、丁寧な意味になる。

使い方例
先生＋来る①?→先生は来ますか?
来る①＋いつ?→いつ、来る?

くる (来る) ②

前に向けた人差指を自分の方に振る。

解 「来る①」と同様に「来る」ことを表しているが、「そのうち～なる」「～になるに決まっている」等、未来を予想する場合にも使う。

使い方例
病気＋来る②➡そのうち病気になる
太る＋来る②➡太るに決まっている

グループ

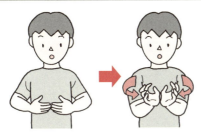

両手の平を自分に向け指先を付ける。

指先を離し手前に円を描きながら引き手首を付ける。

同 団体・チーム・クラス・組

使い方例
グループ＋活動➡団体行動
花＋グループ➡花組

くるしい (苦しい) ①

指を曲げた手を体に付けたまま回す。

解 苦しい表情を伴って表す。
同 つらい

使い方例
生活＋苦しい①➡生活苦
眠れない＋病気＋苦しい①➡不眠症で苦しむ

くるしい〈苦しい〉②

<苦しい②>
拳を作り、指側で胸を叩く。

<苦しい③>
拳を作り、親指側で胸を叩く。

解 苦しい表情でほおをふくらませて表すことが多い。
同 息苦しい

使い方例
見る①＋苦しい②
➡見苦しい
食べる＋越える＋苦しい②➡食べ過ぎで苦しい

くるま〈車〉

両手を軽く握り、車のハンドルを動かすようにする。

同 運転・ドライブ
参 ハンドルの形を大きくすると「**トラック**」になる。

使い方例
車＋男➡**運転手**
車＋教わる＋場所
➡自動車教習所
車＋証拠➡**運転免許証**

くるまいす〈車いす〉

両手の人差指を体の脇に置き、車輪のように回転させる。

解 車いすの車輪を表している。

使い方例
車いす＋テニス➡
車いすテニス
車いす＋トイレ➡
車いす用トイレ

クレジット

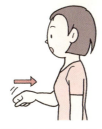

親指と人差指でカードを持って読み取り機を通すように手前に引く。

使い方例
クレジット＋カード➡ **クレジットカード**

くわえる（加える）

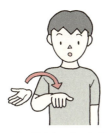

手の平を上に向けた手を手の平が下に向くように反転させる。

同 設置

使い方例
制度＋加える➡制度の導入
法律＋加える➡法律の制定

くわしい（詳しい）

親指と人差指を付けた指先を合わせ、手の平が下を向くように2回手首をひねる。

同 細かい

使い方例
内容＋詳しい＋説明➡詳しい説明をする

け

けいか
➡
けいかく

【相手から見た形】　【自分から見た形】

親指以外は付けて上に伸ばし、親指は握る。

けいか（経過）

指先を片方の腕に付け、手首の辺りまでなでるように下ろす。

同 過程

使い方例

指文字「り」＋経過＋紙①➡履歴書
経過＋報告➡経過報告

けいかく（計画）

下向きの手の平の小指側に片方の手を当て、指先の方向に2回動かす。

同 予定・(〜する)つもり

参 人差指だけを当てて動かす表現もある。

使い方例

旅行＋計画➡旅行計画
明日＋病院＋行く＋計画➡明日病院に行くつもり

160

けいけん（経験）

両手の指先が触れ合うように交互に打ち付ける。

同 慣れる・ベテラン

使い方例
経験＋人②➡経験者
車＋経験＋男➡ベテラン運転手

けいこく（警告）

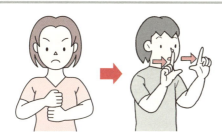

＜気を付ける＞
両手を胸の前で上下に置き、握りながら胸に付ける。

＜報告＞
両手の伸ばした人差指と親指を、口の前から出す。

解 「気を付ける」と「報告」の複合語。「気を付ける」は厳しい表情を伴う。

使い方例
警告＋受ける➡警告を受ける

けいさつ（警察）

親指と曲げた人差指で弧を作り、親指を頭に付ける。

解 警察官の帽子のバッジ・マークを表している。

使い方例
警察＋場所➡警察署
警察＋男➡警察官

げいじゅつ (芸術)

立てた親指の腹を片方の手の平に2回こすり付ける。

解 油絵を描く様子。

使い方例
芸術＋大学→芸術大学
芸術＋祝う→芸術祭

けいたいでんわ (携帯電話)

人差指を立てた手を耳に当てる。

解 電話をかけている様子。

使い方例
携帯電話＋メール→携帯メール
携帯電話＋数→携帯番号

けいやく (契約)

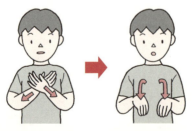

上に向けた両手の平を交差させ、すぼめながら左右に引く。

指先を付けた両手を下に向け、少し持ち上げ、判を押すように下ろす。

同 取り引き

使い方例
契約＋紙①→契約書
契約＋お金→契約金

ケーキ

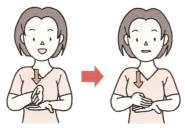

上向きの手の平に片方の手の指先を前方に向けて垂直に下ろす。

指先を斜め横に向け同様に垂直に下ろす。

解 ケーキを切り分ける様子。

使い方例

ケーキ＋商売➡ケーキ屋
苺＋ケーキ➡苺のショートケーキ

けが (怪我)

両手の人差指を伸ばし交互にほおに当て、あごに向かって引く。

同 傷

参 具体的に体の「傷」を表す場合は、その部位で人差指を引いて表す。

使い方例

交通事故＋怪我＋とても＋私（指差し）➡交通事故で大怪我を負った
怪我＋軽い➡**軽傷**

けっか (結果)

両手の親指と人差指を付けたまま、「水引き」の形に動かす。

同 結局

参 下から上に向かって結ぶ形に動かす表現もある。

使い方例

調べる＋結果➡検査結果
議論＋結果➡議論の結果

けっこん (結婚)

親指を立てた手と小指を立てた手を左右から寄せて胸の前で付ける。

解 親指は男性、小指は女性を表している。

使い方例
結婚＋大会➡結婚式
結婚＋約束➡**婚約**
結婚＋宴会➡結婚披露宴
結婚＋まだ➡**未婚**

けっせき (欠席)

人差指と中指を曲げ、片方の手に乗せてから手首を返して離す。

同 不参加

使い方例
欠席＋ない①➡無欠席
相談＋欠席➡会議を欠席する
欠席＋多い①➡不参加が多い

ゲリラごうう (ゲリラ豪雨)

＜突然＞
親指と人差指で作った輪を中央で付け、左右に離しながら指を開く。

＜豪雨＞
指先を下に向けた両手を同時に激しく上下させる。

解 「突然」と「豪雨」の複合語。「豪雨」は雨が激しく降る様子を表すので、「すごい」という表情を伴い、「雨」よりも両手を激しく上下させる。

使い方例
ゲリラ豪雨＋来る②➡ゲリラ豪雨が降ってきた

けんか

両手の人差指を立て指先を数回打ち付ける。

解 人差指を刀に見立てて、ちゃんばらをする様子。
同 争う・戦う
参 険しい表情で人差指を強く打ち付けると「大げんか」になる。

使い方例
夫婦＋けんか➡夫婦げんか
けんか＋止める➡けんかはやめなさい！

げんかい (限界)

自分に向けた手の平に片方の手の指先を付ける。

同 制限

使い方例
体＋力＋限界➡体力の限界
速い＋限界＋40➡制限速度40キロ

げんき (元気)

両手の拳を下に向け同時に軽く下に2回動かす。

解 拳は力強く動かす。
同 頑張る

使い方例
体＋元気➡健康
元気＋固い①＋あなた (指差し)➡いつも元気だね
もっと＋元気＋頼む➡もっと頑張って下さい

165

けんきゅう（研究）

両手の拳を胸の前で交差させ、そのまま手首を2回ねじる。

同 工夫

使い方例
研究＋勉強➡研究授業
研究＋教わる➡**研修**
研究＋必要➡工夫が必要

げんご（言語）

四指を立て、人差指側をあごに付け、前に2回出す。

解 手は指文字の「け」にする。
参 立てた人差指を口元から前に数回出す表現もある。

使い方例
比べる＋言語＋勉強➡比較言語学
手話＋言語＋言う②➡手話は言語である

けんちく（建築）

両手の指を開き、揺らしながら斜め上に動かし指先を組み合わせる。

解 組み上がっていく様子。

使い方例
建築＋基本＋法律➡建築基準法
建築＋士➡建築士

げんぱつ（原発）

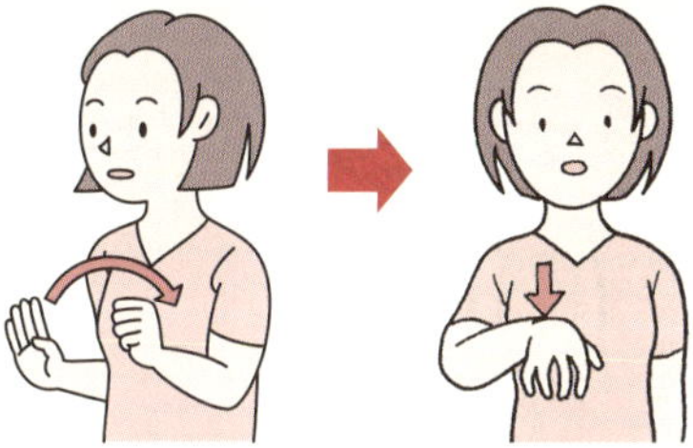

<原子力>
拳の前に、親指を曲げた手の平を置き、そのまま後ろに回す。

<場所>
指を軽く曲げた手を下向きにし、置くように少し下げる。

[解]「原子力」と「場所」の複合語。原子力発電所のこと。

使い方例
原発＋再び＋エンジン➡原発の再稼働
原発＋壊す➡原発事故

げんぽう（憲法）

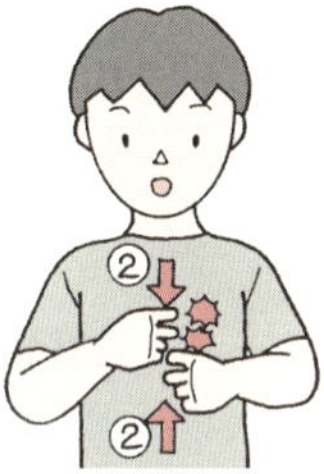

曲げた人差指と中指を縦に2回打ち付ける。

使い方例
日本＋憲法➡日本国憲法
憲法＋代々＋9＋条件➡憲法第9条
憲法＋記念＋日➡憲法記念日

げんめつ（幻滅）

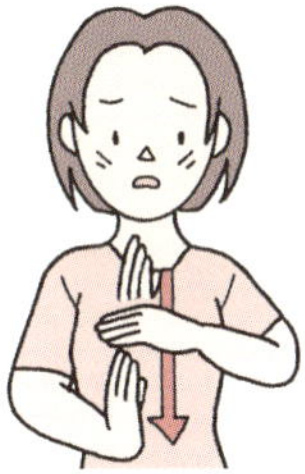

下向きの手の平の手前に指先を上に向けた腕を付け、垂直に下げる。

[同]興ざめ・しらける・期待外れ

使い方例
芝居＋下手＋幻滅➡下手な芝居でしらけた
競う＋突然＋取り消す＋幻滅➡試験が突然なくなって拍子抜けした

こ

こい → ごうい

【相手から見た形】 【自分から見た形】

指を伸ばした親指以外の四指を折る。

こい（濃い）

両手の平を自分に向け力を入れて短く手前に引く。

同 鮮やか・はっきり・映える

参 ゆっくり動かすと「色付く」になる。

使い方例

色＋濃い➡色が濃い

新しい＋テレビ＋色＋濃い＋良い➡新しいテレビは色が鮮やかでいい

ごうい（合意）

両手の拳を向かい合わせ、同時に手首を内側に折る。

同 可決・確認

使い方例

離婚＋合意➡離婚に合意する

法律＋案＋合意＋決める②➡法案が可決した

168

こうえん〈講演〉

下向きの手の平の指先に片方の手のひじを付け、前後に振る。

🔵 演説・講習・レクチャー

参 小刻みに長く表すと「話が長い」になる。

使い方例
講演＋会➡講習会
講演＋指文字「し」➡講師
講演＋場所➡**役所**
講演＋指示➡**政治**

こうか〈効果〉

前方に向けた手の平に片方の拳の親指側を付け、拳だけ前に出す。

🔵 効く

使い方例
効果＋合う①➡効果的
効果＋ない③➡効果がない
これ（指差し）＋薬＋効果➡この薬は効く

こうかい〈後悔〉

手の平の小指側を首の辺りに付ける。

解 気持ちを表す表現で、文末に付けることが多い。

🔵 しまった・できない・どうしようもない

使い方例
弁当＋忘れる＋後悔➡弁当を忘れてしまった
未来＋後悔＋来る②➡きっと後悔するよ

こうがい（公害）

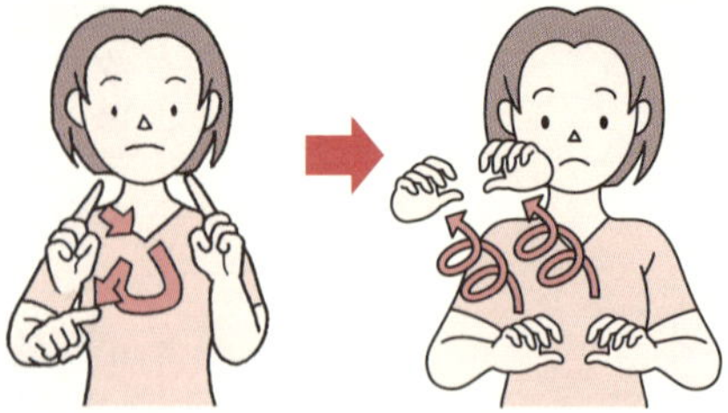

<公①>
両手人差指を「ハ」の字にし、片方で「ム」を空書する。

軽く指を曲げた両手の平を前方に向け、回しながら斜め上に上げる。

[解]「公①」と煙がもくもくと出ている様子を表す単語の複合語。

使い方例
公害＋病気➡公害病
公害＋問題➡公害問題

ごうかく（合格）

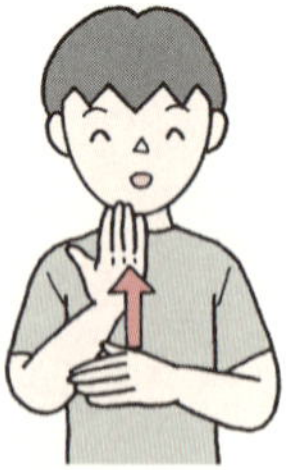

下向きの手の平の手前に指先を上に向けた手を置き垂直に上げる。

[解]合格ラインを越えた様子。
[同]**当選・受かる**
[反]落ちる

使い方例
競う＋合格➡試験に受かる
合格＋決める①➡当選

こうさてん（交差点）

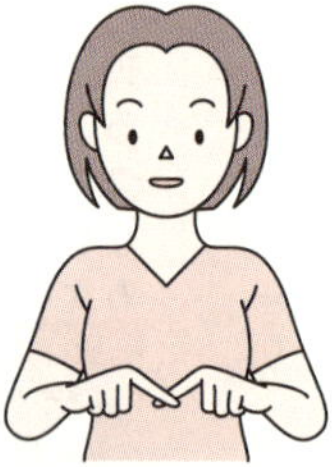

両手の人差指を伸ばし、交差させる。

[解]道が交わる様子。

使い方例
そこ（指差し）＋交差点＋危ない➡この交差点は危ない

こうさん (降参)

両手の平を合わせ、そのまま肩の上に動かす。

同 参った・ぞっとする・恐れおののく

使い方例

道＋夜＋歩く＋降参➡こんな真っ暗な道を行くなんてぞっとする
講演＋つまらない＋長い＋降参➡話が長くて参った

こうしょう (交渉)

人差指の指先を向かい合わせ、指先が付かない程度に2回近付ける。

同 打ち合わせ

使い方例

交渉＋だめになる➡交渉決裂
交渉＋必要➡交渉が欠かせない

こうじょう (工場)

親指・人差指・中指を立て指先を開き、前に向け垂直に交互に円を描く。

解 機械が動いている様子。

使い方例

工場＋探す➡工場見学
車＋工場➡自動車工場
工場＋〜長➡工場長

こうそくどうろ (高速道路)

親指と軽く曲げた人差し指を上に向け、頭の横で前方に2回動かす。

解 高架の高速道路の様子。

使い方例

高速道路＋お金＋場所➡高速料金所

こうちゃ (紅茶)

親指と人差し指を付け、軽く握った手の横で上下させる。

解 ティーバッグを上下させている動き。

使い方例

寒い＋紅茶➡アイスティー
牛乳＋紅茶➡ミルクティー

こうつうじこ (交通事故)

両手の指先を向かい合わせ近付け、ぶつけた後、はね上げる。

解 車同士がぶつかった様子。

使い方例

交通事故＋怪我＋私（指差し）➡交通事故で怪我を負った
交通事故＋いいえ＋注意＋頼む➡事故を起こさないように注意して下さい

こうはい（後輩）

下向きの手の平を前に出しながら下ろす。

同 年下・目下

使い方例
会社＋後輩➡職場の後輩
勉強＋後輩➡学校の後輩

こうふん（興奮）

指先を付けた両手を顔の横で軽くひねりながら上げていく。

解 目を見開いて表すことが多い。
同 高ぶる

使い方例
サッカー＋試合＋見る②＋興奮➡サッカーの試合を見て興奮した
興奮＋〜中➡興奮している

こうほ（候補）

親指を離し四指を少し曲げた手を反対側の肩に付け、腰に向け斜めに下ろす。

解 候補者のたすきを表す。

使い方例
候補＋立つ➡立候補
日本＋代表＋選手＋候補➡日本代表選手候補
会＋〜長＋候補➡会長候補

こうりゅう（交流）

両手の平を上に向け交互に水平に円を描く。

◉ 付き合う・交際

使い方例
グループ＋交流➡グループ交際
交流＋会➡交流会

こえ（声）

親指と人差指で作った輪を首に付けてから前に出す。

解 のどから声が出る様子。
◉ 音声
参 強く前に出すと「叫ぶ」になる。

使い方例
声＋聞く➡声を聞く
声＋言語➡音声言語

こえる（越える）

手の甲に片方の手を垂直に乗せ、甲を乗り越えるように前に出す。

◉ 過ぎる

使い方例
仕事＋越える➡残業
約束＋時間＋越える➡約束の時間を過ぎている
勉強＋時間＋越える➡学校に遅刻した

コーヒー

親指と人差指を付け、軽く握った手の横で回す。

解 スプーンでかき混ぜる動き。

使い方例
コーヒー＋場所➡**喫茶店**
寒い＋コーヒー➡**アイスコーヒー**
インターネット＋コーヒー➡**インターネットカフェ**

こじん（個人）

親指と人差指を付け、両手の指先を付けて横に開いてから斜めに下ろす。

同 プライバシー

使い方例
個人＋紹介➡**自己紹介**
個人＋立つ＋高校➡**私立高校**

こじんじょうほう（個人情報）

＜個人＞
親指と人差指を付け、両手の指先を付けて横に開いてから斜めに下ろす。

＜情報＞
頭の脇に置いた両手を指先を閉じながら耳元に寄せる動作を2回行う。

解 「個人」と「情報」の複合語。

使い方例
個人情報＋守る＋法律➡**個人情報保護法**
個人情報＋世話＋気を付ける➡**個人情報の取り扱いに注意して!**

ごぜん (午前)

人差指と中指を立て、顔の前に置いてから指の背側に倒す。

<午後>
人差指と中指を立て、顔の前に置いてから指の腹側に倒す。
【反対語】

解 午前中の時間を表す場合、例えば「午前9時」は「朝」+「9」と表すことが多い。

使い方例
受付+時間+午前+〜だけ➡受付時間は午前中のみです

こっかい (国会)

指先をそろえて曲げ伸ばししながら段々と斜め上に動かす。

解 国会議事堂の形を表す。

使い方例
国会+本+建物➡国会図書館
国会+指文字「ぎ」+委員➡国会議員
国会+法律➡国会法
国会+宣伝➡国会中継

こと (事)

指先をそろえ指の付け根から曲げた両手を上下に置く。

解 カギかっこ(「 」)の形を表す。

使い方例
それ(指差し)+決める①+事➡もう決まったこと
それ(指差し)+良い+事➡それは良いことね

こども（子供）

手の平を下に向け、なでるように小さく円を描く。

解 子供の頭をなでる様子。

参 下向きの手の平を軽く置くようにしながら小指側に動かす表現もある。

使い方例
子供＋好き➡子供好き
子供＋服➡子供服

ことわる（断る）

手の平を前方に向けた手に片方の手の指先を付け前に押し出す。

＜断られる＞
前に向けて伸ばした指先に前方から手の平を当て、ともに引く。
【反対の動き】

解 頼みを押し返す様子。

同 防ぐ・拒否

使い方例
風邪＋断る➡風邪予防
わがまま＋断る➡わがままな人とは付き合えない

コピー

手の平を下に向け、片方の指先を付け、すぼめながら下ろす。

解 コピー機が下に写し取っていく様子。

同 録画

使い方例
コピー＋機械➡コピー機
コピー＋頼む➡コピーをお願いします
コピー＋約束➡録画予約

ごまかす

親指と中指・薬指を付け指先を前方に向け回す。

<ごまかされる>
親指と中指・薬指を付け指先を自分に向け回す。
【反対の動き】

解 手は指文字「き」にする。
同 騙す・詐欺

使い方例
ごまかす＋注意➡詐欺に注意
ごまかす＋禁止➡ごまかすな!
計算＋ごまかす➡計算をごまかす

こまる（困る）

<困る①>
指を軽く曲げた手を頭の横に置き、軽く前後に動かす。

<困る②>
顔に向けた手の平の指先を額に数回付ける。

解 頭をかく様子。まゆをひそめる表情を伴う。

使い方例
傘＋ない③＋困る➡傘がなくて困った
運営＋合う①＋困る＋私(指差し)➡経済的に困っている

コミュニケーション

親指を離し軽く曲げた両手をかみ合わせるように置き交互に前後に動かす。

<話が通じない>
親指を離し軽く曲げた両手をかみ合わせるように置き下の手を前に倒す。
【似た動き】

解 アメリカ手話からの外来手話で、アルファベットの「C」を用いている。

使い方例
コミュニケーション＋愛➡コミュニケーションが大事
親＋子供＋コミュニケーション➡親子のコミュニケーション

こむ (混む)

指先を曲げ上に向けた両手を付けたまま水平に円を描く。

解 口を一文字に結び、ほおをふくらませる副詞的表情を伴う。
同 満員

使い方例
電車＋混む➡満員電車
保育園＋混む＋入る＋できない➡保育園が満員で入れない

こめ (米)

親指と人差指を付け、唇の端に付ける。

使い方例
新潟＋米➡新潟米
新しい＋米➡新米

ごめんなさい

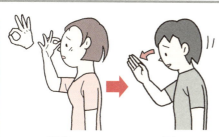

＜迷惑＞
親指と人差指を付けた指先を眉間に付ける。

＜頼む＞
その指を伸ばし、前に出す。

解 「迷惑」と「頼む」の複合語。日本語より狭義の意味で、謝罪の場合にのみ使われ、視線は下げない。
同 すみません

使い方例
時間＋遅れる＋ごめんなさい➡遅れてすみません

179

ころ (頃)

指をそろえた手の指先を前方に向け軽く左右に動かす。

同 〜くらい

使い方例
時間＋5＋頃＋行く➡5時頃行きます
今＋頃➡**最近**

ころす (殺す)

親指を立てた拳に向け親指と人差指を付けて握った手を強く向かわせる。

解 立てた親指を人に見立てている。
同 殺人

使い方例
殺す＋トラブル➡殺人事件
殺す＋場所➡殺人現場

こわい (怖い)

両手で拳を作り小刻みに震わせる。

同 怯える
参 「寒い」と似ているが、「怖い」は目を見開く副詞的表情を伴う場合が多い。

使い方例
高い①＋場所＋怖い＋病気➡高所恐怖症
地震＋怖い➡地震が怖い

こわす（壊す）

両手の拳の親指側を付けてから折るように離す。

解 折る動き。
同 故障・障害・壊れる

使い方例
壊す＋人②➡**障害者**
壊す＋車➡故障車
思う＋壊す➡どうかしている
雰囲気＋壊す➡雰囲気を損ねる

コンビニ

人差指と中指を立てた手と四指を立てた手で同時に円を描く。

解 24時間営業している様子から。

使い方例
コンビニ＋行く➡コンビニに行く
コンビニ＋仮に＋仕事＋私（指差し）➡コンビニでアルバイトをする

コンピューター

両手の人差指を前方に向け同時に円を描く。

解 磁気テープが回っている様子。

使い方例
コンピューター＋関係➡コンピューター関係
コンピューター＋虫➡コンピューターウイルス

【相手から見た形】　【自分から見た形】

全ての指を握り、拳を作る。

さ（差）

両手の平を下向きにして並べ、上下に離す。

＜差をなくす＞
両手を下向きにした手を上下に置き、下の手を上の手に合わせる。
【反対語】

解 両手の高さの間隔が差の大小を示す。
同 差別
参 片手をほんの少しだけ下げると「僅差」、かなり大きく下げると「大差」になる。

使い方例
差＋禁止→差別禁止
差＋とても→差が大きい

サークル

指先を前に向けた手の平に、水平に円を描いた拳の親指側を当てる。

参 「協会」の手話でサークルを表すこともできる。

使い方例
サークル＋活動→サークル活動
サークル＋委員→サークル会員

さいあく（最悪）

親指を立てた拳を勢いよく下ろす。

参 顔をしかめる表情で力を抜いて表現すると「**さえない**」などの軽い意味になる。

使い方例
食べる＋最悪➡話にならないひどい味
服＋最悪➡さえない服

さいがい（災害）

親指と小指を立てた手の上で、人差し指・中指・薬指で「く」の字を描く。

解 漢字の「災」を表す。

使い方例
断る＋災害＋練習➡**防災**訓練
地震＋災害➡**震災**

さいご（最後）

上向きにした手の平に、片方の手を上から下ろし指先を当てる。

解 これ以上後がない様子。
同 ラスト・最低・底
反 最高

使い方例
最後＋報告➡最終報告
成績＋最後➡最低の成績

さいこう（最高）

下向きにした手の平に、片方の手を下から上げて指先を当てる。

- 同 **トップ**
- 参 これ以上ない、という「**限界**」の意味もある（使い方例の※参照）。
- 反 最後

使い方例

最高＋気持ち良い➡気分は最高!
食べる＋最高※➡もう食べられない

ざいさん（財産）

手の平の上に拳を置く。

- 解 お金の入った袋を持っている様子。
- 同 資金

使い方例

残り＋財産➡**遺産**
財産＋任せる➡**相続**
財産＋指文字「む」＋省➡**財務省**

さいばん（裁判）

両手の親指を立てて、胸の位置から前に下ろす。

- 同 **法**

使い方例

最高＋裁判＋場所➡最高裁判所
裁判＋男➡**裁判官**
裁判＋助ける＋士➡**弁護士**

さいふ (財布)

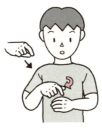

手の平を自分に向けて、片方の親指と人差指でひねる動作をする。

解 がま口を開ける様子。
参 財布の形状により表現の仕方が異なるため、他にも複数の手話がある。

使い方例
財布＋なくす➡財布をなくす
財布＋空っぽ➡財布はカラだ

ざいりょう (材料)

両拳を上下に重ね、上の拳で下の拳を2回叩く。

使い方例
食べる＋材料➡食材
人①＋材料➡人材
研究＋材料➡研究材料

さがす (探す)

親指と人差指で輪を作り、目の辺りで数回円を描く。

解 目的物を探している様子。
同 観光・見学・捜索

使い方例
探す＋旅行➡観光旅行
寺＋探す➡お寺巡り

さかな (魚)

指先を横に向けた手を振りながら横に動かす。

解 魚が泳ぐ様子。

使い方例
魚＋釣り➡**魚釣り**
魚＋煮る➡**焼き魚**
魚＋建物➡**水族館**

さくら (桜)

両手の指を軽く曲げて向かい合わせ、手首を2回打ち付ける。

解 手を花びらに見立てている。互い違いになるように手首を打ち付ける。

使い方例
桜＋見る②➡**お花見**
桜＋風➡**桜吹雪**

さけ (酒)

<酒①>
自分に向けた手の平の親指以外の四指をあごと額に当てる。

<酒②>
人差指と中指を伸ばしあごと額に当てる。

同 日本酒・アルコール

使い方例
酒①＋商売➡**酒屋**
酒①＋種類＋好き＋何?➡どんなお酒が好き?

さげる（下げる）

両手の人差指を立て、上から下へ斜めに動かす。

同 セール・控える

使い方例
給料＋下げる→給料が下がった
半分＋下げる→半額セール
油＋下げる＋頼む→油を控えめにして下さい

サッカー

親指と人差指で輪を作り、片方の中指でそれを2回弾く。

解 ボールを蹴る動き。

使い方例
サッカー＋選手→サッカー選手

さびしい（寂しい）

四指をそろえて親指と離した状態から、胸に付けて閉じる。

同 しょんぼり
参 早く表すと不満の意味が、ゆっくり表すとあきらめの意味が加わる。

使い方例
独り＋寂しい→一人で寂しい
寂しい＋がっかりする→失望する

サボる

指を軽く曲げた手に上向きの手の平を入れて指をすぼめながら下げる。

解 いつの間にかいなくなっている、という意味。
同 逃げる

使い方例
勉強＋サボる→授業をサボる
サボる＋なくす→失踪

さむい（寒い）

両手で拳を作り、小刻みに震わせる。

解 寒くて震える様子。「怖い」と似た手話だが、目を細める副詞的表情を伴う。
同 アイス・冬

使い方例
寒い＋嫌い→冬は嫌い
寒い＋コーヒー→**アイスコーヒー**
寒い＋エアコン→**冷房**

さようなら

片手を広げ、軽く左右に振る。

同 バイバイ

使い方例
さようなら＋宴会→送別会

さんか (参加)

指を軽く開いた手の平の上に、人差指を立てた手の甲を乗せる。

解 指を人に見立てて、人の中に入っていく様子。
同 出席

使い方例
参加＋自由→自由参加
参加＋数→参加人数
みんな＋参加→全員参加

さんこう (参考)

人差指・中指・薬指を立てて、薬指だけをこめかみ辺りに2回当てる。

参 似たような表現で、五本指を立てて、こめかみに当てると「**教養**」になる。

使い方例
参考＋本→参考文献
説明＋参考＋頼む→話を参考にして下さい

ざんねん (残念)

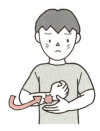

拳を片方の手の平に打ち付ける。

同 惜しい
参 日本語より軽い意味で使う。意味を強調させるときには目をつぶる。

使い方例
試合＋負ける＋残念→試合に負けて残念だ
男＋死ぬ＋残念→惜しい人を亡くした

し

【相手から見た形】  【自分から見た形】

親指・人差指・中指を離して伸ばし、手の甲を前に向ける。

し（市）

親指・人差指・中指を伸ばした手を体の前に置く。

🔵解 手は、指文字の「し」を表す。

使い方例
大阪＋市➡大阪市
市＋内容➡市内

し（士）

親指・人差指・中指を伸ばした手を反対側の肩に付ける。

🔵解 資格の名称に用いるときに限って使う。

使い方例
手話＋通訳＋士
➡手話通訳士
世話＋士➡保育士

しあい (試合)

親指を立てた両拳を左右から上に上げ、中央で付ける。

同 勝負・対決

参 両手の親指を立てた拳を前後に並べ、前に倒すと「**勝つ**」、自分側に倒すと「**負ける**」になる。

使い方例
試合＋場所➡試合会場
試合＋相手➡対戦相手

しあわせ (幸せ)

手を開いてあごに当て、下向きにすぼめる動きを2回行う。

同 幸福・福・うらやましい
反 不便

使い方例
幸せ（手をすぼめる動作は1回）＋指文字「し」➡**福祉**
夫＋あなた（指差し）＋優しい＋幸せ
➡優しいご主人でいいなあ

JR

親指と人差指でL字型を作り、中指を人差指に重ねて体の前に置く。

解 アルファベットの「J」と「R」を組み合わせた形。

使い方例
JR＋東＋日本➡JR東日本
JR＋北海道➡JR北海道

しお (塩)

軽く指を曲げた手を口の前で左右に2回振る。

同 塩分

参 この他に、小指で歯を指す、食卓塩を振り掛ける様子など複数の表現がある。

使い方例
塩+水→塩水
塩+味→塩味
塩+煮る→塩ゆで

しかい (司会)

親指と人差指の指先を付け横から下に直角を描く。

解 漢字の「司」の外側の形を表す。
同 司 (つかさ)

使い方例
上+司会→上司
司会+法律→司法

しかく (資格)

親指と人差指を伸ばし、肩に付けて下げる。

解 制服の肩章を表す。

使い方例
資格+競う→資格試験
資格+取る→資格取得
資格+名前+何?→何の資格?

しかし

前方に向けた手の平を自分の方にひっくり返す。

同 でも・だが

使い方例

行く①+〜した+しかし+休み➡行ったが休みだった
競う+難しい+しかし+合格➡難しい試験だったのに合格した

しかたがない（仕方がない）

手の平を上に向けた手を反対側の肩に付け、斜めに下ろす。

同 やむを得ない・犠牲

参 手の平を上に向けた手を反対側の肩に2、3回当てる表現もある。

使い方例

仕方がない+責任➡やむを得ず引き受ける
仕方がない+やる➡しょうがなくやる

しかめっつら

<しかめっつら①>
前に向けた手の平を顔に寄せながら力を入れて指を曲げる。

<しかめっつら②>
自分に向けた手の平の指を力を入れて曲げる。

解 顔をしかめる表情を伴う。

同 強面・無愛想

使い方例

男+いつも+しかめっつら➡彼はいつも**不機嫌**だ
顔+しかめっつら+しかし+気持ち+優しい➡顔は怖いけど心は優しい

しかる (叱る)

下に向け軽く指を曲げた手を、親指を立てた手の上に数回下ろす。

<叱られる>
下に向け軽く指を曲げた手を、傾けた頭の上に数回下ろす。
【反対の動き】

参 目を大きくした副詞的表情で強く短く手を下ろすと「一喝する」「大目玉を食らわす」、鼻の頭にしわを寄せて数回動かすと「ガミガミ言う」になる。

使い方例
だらしない＋叱る→
ダラダラした態度を叱る

じかん (時間)

<時間①>
人差指で、片方の手首の甲側をつつく。

<時間②>
人差指で、片方の手首の甲側で数回円を描く。

解 腕時計を指す様子。
同 時計・〜時
参 手首の甲側で、人差指で丸を描くように動かすと「腕時計」になる。

使い方例
時間＋5→5時
時間＋表→時刻表
時間＋いくつ①→
何時？

しき (式)

手の平を前に向けた両手を並べ、親指を残した四指を折る。

解 指を人に見立てて、人が横に並んでおじぎをする様子を表す。
同 礼・式典

使い方例
結婚＋式→結婚式
式＋進める＋責任
→式典の進行を担当する

しくはっく（四苦八苦）

親指と人差指を付けた両手をこめかみに当て交互に上下させる。

解 額に汗する様子。
同 手こずる・悪戦苦闘

使い方例
仕事＋難しい＋四苦八苦➡難しい仕事に苦労する

しごと（仕事）

両手の平を上に向け、外から内側に数回寄せる。

同 働く・作業・事業・職業

使い方例
例えば＋仕事➡アルバイト
仕事＋首になる①➡失業
仕事＋替わる➡転職
仕事＋入る➡就職

しじ（指示）

下向きに伸ばした両手の人差指を、斜め前に交互に動かす。

同 指図・仕切る

使い方例
指示＋男➡監督
省＋指示➡政治
みんな＋指示➡指揮する

しずか (静か)

人差指を唇に当てる。

両手を下に向けて重ね、左右に離す。

同 沈静

参 最初の動作だけで「静か」「秘密」の意味もある。「秘密」参照。

使い方例

静か＋わかる＋指差し➡静かにしなさい

誰＋ない④＋静か＋どうやって➡誰もいないなんてどういうこと!?

しぜん (自然)

人差指をすくうように上に動かす。

同 自動

使い方例

東京＋自然＋わずか➡東京は自然が乏しい

自然＋戸➡自動ドア

自然＋方法➡自動式

見栄＋いいえ＋自然＋良い➡カッコつけるより自然体が良い

〜した

両手の手の平を前に向けて並べ、手首を前に折る。

解 文末に動詞の後に付けることで、過去形を表す。「終わり」と違い、この語だけで「〜し終わった」の意味はない。

使い方例

やる＋〜した➡やった

見る②＋〜した➡見た

した (下)

親指と人差指を伸ばし手の平を自分に向けた手を下ろす。

解 漢字の「下」を表す。

使い方例
下+田➡下田
上+下➡上下
下+見る②➡下見

したがう (従う)

<従う①>
両手の親指を立て前後に置き、両手とも斜め前に出す。

<従う②>
両手の人差指を立て前後に置き、両手とも斜め前に出す。

解 親指を人に見立てて、付き従っている様子。
同 師事する・仕える

使い方例
説明+同じ+従う
➡説明通りに従う
教える+従う➡先生に師事する

したしい (親しい)

両手を合わせて組み、小さく回す。

同 親友・親密・友達・味方

使い方例
親しい+会➡親睦会
あなた+テニス+好き+私+同じ+親しい➡あなたもテニス好きだとは気が合う

197

しつこい

両手の指先をすぼめ、交互に数回上に乗せる。

同 くどい
参 意味を強調する場合は繰り返す動作の回数を増やす。

使い方例
来る①＋来る①＋しつこい＋男➡また来た、しつこい人だ
説明＋しつこい＋あれ（指差し）➡何度も同じ話ばかりでくどい

しっぱい（失敗）

拳を開きながら、甲を片方の手の平に打ち付ける。

同 しまった・ミス

使い方例
競う＋失敗＋意味＋遊ぶ➡遊んでばかりで試験に落ちた
ばれる＋失敗➡ばれちゃった

しつもん（質問）

手の平を顔の横から前に下ろす。

＜質問される＞
指先を自分に向けた上向きの手の平を、そのまま体に向かって引く。
【反対の動き】

解 基本的には「〜ですか」のように疑問文の最後には使わない。
同 尋ねる・問う

使い方例
質問＋私（指差し）➡質問があります
質問＋内容➡質問内容

しつよう (執拗)

両手を向かい合わせ、人差指を曲げ伸ばししながら前に進める。

🟰 詮索・探る・妬む・根に持つ

使い方例

女＋質問＋質問＋質問＋執拗➡彼女をしつこく問い詰めた

過去＋執拗＋あれ（指差し）➡彼は昔のことを根に持っている

しつれい (失礼) ①

両手の四指の背を合わせて、前方に弾くように左右に離す。

🟢 丁寧な表現。目上の人に使う。

参 両手の平を自分に向けて弾くと「**失礼なことをされる**」になる。

使い方例

失礼①＋まず＋帰る➡お先に失礼します

しつれい (失礼) ②

握った両手の小指側を付け、片方だけ前に出しながら指を開く。

🟢 目上の人には使わない。

使い方例

失礼②＋いくつ②?➡失礼ですがおいくつですか?

失礼②＋生まれる＋どこ?➡失礼ですがお生まれはどちら?

じてんしゃ（自転車）

両手の拳を、左右で交互に数回回す。

解 自転車をこぐ動き。

使い方例
自転車＋できない
➡自転車に乗れない
自転車＋直す➡自転車の修理

じどうかいさつき（自動改札機）

 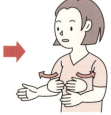

軽く指を丸めた下向きの手を下ろす。

指を伸ばした両手の指先を付けて、前に開く。

解 駅の自動改札機を通るときの様子。

使い方例
自動改札機＋歩く➡自動改札機を通る
この（指差し）＋駅＋ない②＋自動改札機➡この駅には自動改札機がない

しな（品）

親指と人差指で輪を作り、鋭角を描く。

解 漢字の「品」を表す。
同 品（ひん）

使い方例
品＋川➡品川
上＋品➡**上品**
下＋品➡**下品**
使う＋品➡消耗品

しぬ (死ぬ)

両手の平を合わせて横に倒す。

同 死亡

参 実際の死だけでなく比喩としても使う（使い方例の※参照）。

使い方例

私＋猫＋死ぬ➡ペットの猫が死んだ
昨日＋疲れる＋体＋死ぬ※（口型は「しぼう」）➡昨日は疲労困憊した

しばい (芝居)

両拳を互い違いの向きにして顔の横に置き、手首をひねる。

同 演劇・公演

使い方例

芝居＋技術➡演技
芝居＋場所➡劇場
芝居＋チケット＋買う➡劇のチケットを買う
芝居＋テーマ➡演目

じぶん (自分)

体に付けた人差指を前に弾く。

同 自己・ひとりで

使い方例

自分＋立つ➡自立・独立
自分＋できる➡ひとりでできる
自分＋あなた（指差し）➡あなたはどう？

201

しま（島）

指を曲げた手を取り囲むように、片方の手を前から手前に動かす。

解 海に浮かぶ島の様子。

使い方例
島＋指文字の「ね」➡島根
中＋島➡中島

じまく（字幕）

親指と人差指を曲げた手を、片方の手の甲に2回付ける。

解 映像の下部に付けられた字幕の様子。

使い方例
字幕＋テレビ＋増える➡字幕付き番組が増えた
字幕＋早い＋聞き流す➡字幕が速くて読みこなせない

じむ（事務）

下向きの手の平の上に片方の手を重ねて、書くしぐさをする。

解 机で書き物をする様子。

使い方例
事務＋委員➡事務員
事務＋仕事➡事務職
事務＋場所➡事務所

ジメジメする

両手の指先を交互に付け離しする。

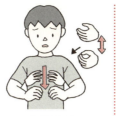

<体がぬれる>
両手を体に付け、指先を付け離しながら下ろす。
【似た動き】

解 ベタベタする様子。
同 沼

使い方例
6月＋部屋＋ジメジメする➡6月は部屋がジメジメする

しめる（閉める）

両手の平を向かい合わせ、中央で親指が付くように閉じる。

同 閉じる
参 披露宴やパーティーなどが「終わり」という意味でも使う。

使い方例
商売＋閉める➡店を閉める
宴会＋閉める➡宴会をお開き（終わり)にする

しゃかい（社会）

親指と小指を立てて手前に円を描くように動かし、親指を付ける。

解 親指と小指を人に見立てている。
同 社会科・世の中・世間

使い方例
社会＋参加➡社会参加
社会＋問題➡社会問題
社会＋状態➡世の中の様子

しゃがせまい（視野が狭い）

向かい合わせた両手を、目を覆うように手首を折る。

同 世間知らず・疎い

参 物理的に見える範囲が狭いという意味よりも「**情報不足**」「**社会性がない**」などの意味で使うことが多い。

使い方例
彼女＋若い＋視野が狭い➡彼女は若くて世間知らず

しゃしん（写真）

指を曲げて作った筒の前に、自分に向けた手の平を上から下ろす。

解 シャッターが下りる様子。

使い方例
写真＋マニア➡写真マニア
写真＋商売➡写真館
写真＋本➡写真集
写真＋男➡**カメラマン**

シャツ

両手の親指と人差指を開いてえり元に付け、下ろしながら指を閉じる。

解 ワイシャツのえりの部分を表す。

使い方例
シャツ＋買う➡シャツを買う
シャツ＋洗濯➡シャツを洗う
シャツ＋白➡白いシャツ

しやをひろげる（視野を広げる）

指先を合わせて目隠しした両手を外側に開く。

同 視野が広い・物知り・情報が豊富・見識を広める

使い方例
あなた＋視野を広げる➡あなたは博学ですね
北海道＋視野を広げる➡これが北海道なのね

じゆう（自由）

ひじを張り、両手の拳を交互に数回上下させる。

同 フリー

使い方例
参加＋自由➡自由参加
自由＋通訳＋人②➡フリーの通訳者

じゅうたい（渋滞）

親指と他の四指を離した両手を前後に並べ、片手を後方へ動かす。

解 車が縦に連なっている様子。
参 車の並び方等を表現する際には、この手話で「車」になる。

使い方例
渋滞＋想像➡渋滞予測
渋滞＋情報➡渋滞情報

しゅうちゅう（集中）

両手を顔の前で握りながら下に動かし、拳にして縦に重ねる。

同 夢中・はまる・没頭する・凝っている

使い方例
集中＋力➡集中力
野球＋集中➡野球に夢中だ
男＋車＋集中➡彼は車にのめり込んでいる

じゅうぶん（十分）

親指と人差指を付けた手で、十字を描く。

解「充分」とほぼ同じ意味合いだが、こちらの方が若干、軽い意味になる。

使い方例
十分＋世話＋できない＋私（指差し）➡大したお構いもできませんで

じゅうぶん（充分）

手を軽く握りながら鼻に付けてうなずく。

解 息を漏らさない様子。
同 ぴったり・みっちり

使い方例
全部＋充分➡完璧
充分＋閉める➡ピタッと閉める

しゅくさいじつ（祝祭日）

両手の甲を前に向けて親指を組み、四指を前後に動かす。

解 国旗を十字に組み合わせている様子。
同 祝日・祭日・旗日

使い方例
6月＋祝祭日＋ない ③ → 6月は祝日がない

しゅしょう（首相）

<首>
片手を首に当てる。

<〜長>
親指を立てて上げる。

同 総理大臣
参 「首」＋指文字「と」で「首都」になる。

使い方例
首相＋建物 → 首相官邸
首相＋責任＋間 → 首相の任期

しゅっぱつ（出発）

手の平の上に、片方の手の平の小指側を乗せて前に出す。

解 上の手は乗り物等を表す。
同 スタート・〜発

使い方例
出発＋場所 → 出発地
朝＋時間＋8＋出発 → 午前8時発
まず＋出発 → 始発

しゅふ（主婦）

両手で屋根の形を作り、片方の手を離し小指を立てて下ろす。

解 小指は女性の意味。

使い方例
主婦＋忙しい➡主婦は忙しい

しゅみ（趣味）

手をほおの横で握りながら斜め前に動かす。

解 日本語より広い意味で使う（使い方例の※参照）。
同 好み

使い方例
趣味＋テニス➡テニスが趣味です
趣味＋多い②➡多趣味
食べる＋趣味※＋何?➡好物は何?

しゅるい（種類）

手の平の上に、指先を前にした手を縦に置き、3方向に動かす。

同 コース・分野・～種・分類

使い方例
野菜＋種類＋多い②➡野菜の種類は豊富だ
仕事＋種類➡職種
種類＋会➡分科会

しゅわ (手話)

人差指を伸ばした両手を向かい合わせ、交互に数回回す。

参 五本指を伸ばし、同じ動きで表現する場合もある。

使い方例

手話+通訳➡**手話通訳**
韓国+手話+日本+手話+似ている➡韓国手話は日本手話と似ている

しゅんじに (瞬時に)

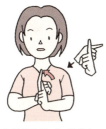

人差指を伸ばし手首を交差し、横にした手を縦にした手にそろえる。

解 時計の針が重なる様子。
同 **インスタント・一瞬・あっという間**

使い方例

なくす+瞬時に➡一瞬のうちに消えた
瞬時に+ラーメン➡インスタントラーメン

しょう (省)

肩の前で両手を合わせて互い違いにずらす。

同 県

使い方例

省+指示➡**政治**
省+指文字「ふ」➡**政府**
神+川+省➡神奈川県

しょうかい (紹介)

親指を立てた手を口元で左右に2回動かす。

🔄 案内
参 「**通訳**」の意味で使うこともある。

使い方例
仕事＋紹介＋場所➡職業安定所
情報＋紹介＋場所➡インフォメーションセンター
自分/個人＋紹介➡自己紹介

しょうがつ (正月)

人差指を伸ばした両手を上下に置き、手首を手前にひねる。

解 1月1日の意味。
🔄 元旦

使い方例
正月＋祝う➡明けましておめでとうございます
正月＋郵便➡年賀状
正月＋神➡初詣

じょうけん (条件)

指先を向かい合わせてそろえた両手の指を開きながら下ろす。

解 両手の指で一つずつ、事柄を合わせていく様子。
🔄 照らし合わせる・条

使い方例
条件＋約束➡条約
憲法＋代々＋9＋条件➡憲法第9条
悪い＋条件➡悪条件

しょうこ (証拠)

手の平の上に、指を軽く曲げて下向きにした片方の手を乗せる。

解 手の平は文章が書いてある紙などを表している。
同 証明・免許

使い方例
はっきり＋証拠＋ない③➡確たる証拠がない
内容＋証拠＋郵便➡内容証明書
車＋証拠➡運転免許証

しょうしんしょうめい (正真正銘)

<正真正銘①>
手の甲を前に向けた手の平と甲を、片方の手で順に叩く。

<正真正銘②>
手の甲を前に向けた手の平と甲を、人差指で順に叩く。

解 外見も内面も同じという意味。
同 裏表がない・ありのまま

使い方例
正真正銘＋説明＋頼む➡ありのまま話して下さい
正真正銘＋違う➡本当は違う

じょうず (上手)

手の平で、片方の手首から指先にかけてなでる。

解 口型「お」を伴うことが多い。
同 うまい

使い方例
女＋料理＋上手➡彼女は料理がうまい
練習＋練習＋上手＋来る②➡練習すればきっとうまくなるよ

じょうたい（状態）

両手の平を前に向けて、指先を上にし、交互に上下させる。

⊜ 状況・様子・場面・光景

使い方例
状態＋おかしい→変な状況
通訳＋状態→通訳場面

じょうだん（冗談）

両手の人差指を両ほおに近付けて、手を離しながら2回振る。

⊜ ユーモア・ジョーク

使い方例
冗談＋好き→冗談好き
冗談＋多い②→冗談ばかり
冗談＋うまい→ジョークがうまい

しょうばい（商売）

両手の親指と人差指で作った輪を、交互に前後させる。

㊟ お金のやり取りをする様子。
⊜ 営業・店・買い物・売買

使い方例
商売＋建物→デパート
商売＋品→商品
商売＋競う→商売敵
商売＋行く→買い物に出かける

しょうぼう (消防)

両手の指を軽く曲げて前後に並べ数回左右に振る。

解 ホースで水をまく様子。
同 消火

使い方例
消防＋場所➡**消防署**
消防＋男➡**消防士**

じょうほう (情報)

頭の脇に置いた両手を指先を閉じながら耳元に寄せる動作を2回行う。

参 指先を閉じる動きを交互に行う場合もある。

使い方例
情報＋視野を広げる➡**情報通**
情報＋守る➡**情報保障**
情報＋ない③➡**情報がない**

しょうもう (消耗)

両手の人差指と中指を伸ばして重ね、そのまま下ろす。

解 溜まっていたものが減っていく様子。
同 減る
反 溜める

使い方例
力＋消耗➡**力尽きる**
思う＋消耗➡**能力を使い果す**

213

しょうゆ (醤油)

親指と小指を立てて、小指を下向きにして水平に円を描く。

解 醤油をかける動き。

使い方例
醤油＋足りない→醤油が足りない
醤油＋味→醤油味

しょうわ (昭和)

親指と人差指を曲げて首に付ける。

使い方例
昭和＋天皇→昭和天皇
昭和＋50→昭和50年

ショック

両手の指を背中合わせにして手前に動かし胸に突き刺す。

解 心臓にグサリとくる様子。
同 衝撃

使い方例
男＋結婚＋聞いていない＋ショック→彼の結婚を知らなかった。ショックだわ!
ニュース＋ショック→衝撃的なニュース

しょもつ (書物)

手の平の上で、軽く指を曲げた片方の手を手前に短く滑らせる。

解 専門書や難解な書き物を意味する。

使い方例

書物＋力➡**著作権**
書物＋わからない②③➡難しすぎて読めない

しらないひと (知らない人)

指の背をほおに付けた手を、手首を軸に返す。

解 誰なのかを質問されて「知らない」と答えるときにも使う。
同 赤の他人

使い方例

知らない人＋多い②➡知らない顔ばかりだ

しらべる (調べる)

人差指と中指を曲げて目の前に置き、左右に数回動かす。

同 測る・検査・調査・検索・審査・点検

使い方例

体＋調べる➡身体検査
手話＋調べる＋競う➡手話**検定**試験
インターネット＋調べる➡ネット検索

しりょう (資料)

② 手の平の上で、親指・人差指・中指を伸ばした手を2回、前に動かす。

🔵解 上の手は指文字の「し」を表す。

🔵参 親指と人差指だけを伸ばした手を同様に動かすと「**レポート**」になる。

使い方例
資料＋本➡資料集
資料＋集める➡資料収集

しろうと (素人)

伸ばした人差指を片方の手首の上に置き、手前に引く。

🔵解 袖章のラインが1本しかない様子。
🔵同 **アマチュア・未熟者**

使い方例
素人＋写真＋男➡アマチュアカメラマン

しんかんせん (新幹線)

軽く指を丸めた手を口元に置き、前に出す。

🔵解 初代新幹線の丸い先頭部分を表す。

使い方例
新幹線＋乗る➡新幹線に乗る
新幹線＋好き➡新幹線が好き

シングル

<個人>
親指と人差指を付け、両手の指先を付けて横に開いてから斜めに下ろす。

<部屋>
自分に向けた両手の平を前後に置き、左右に開いて向かい合わせる。

解「個人」と「部屋」の複合語。シングルルームのこと。

使い方例

あそこ（指差し）＋ホテル＋シングル＋狭い→あそこのホテルのシングルは狭い

シングル＋約束＋終わり→シングルを予約した

しんじられない（信じられない）

胸の前で握った拳を開きながら左右に揺らす。

解 容易には信じ難いことが起こり驚いた場合等、日本語より狭い意味で使う。

同 まさか

使い方例

競う＋合格＋信じられない→合格なんて信じられない

離婚＋信じられない→まさか離婚なんて

しんじる（信じる）

開いた手の平を握りながら胸元に持ってくる。

同 自信・信用

参「信じる」＋「いいえ」で「信じない」になる。

使い方例

信じる＋銀行→信用金庫

スキー＋信じる＋私（指差し）→スキーには自信がある

じんせい (人生)

親指と小指を立てた手を体に付けて円を描く。

使い方例
人生＋あっという間➡人生は短い
人生＋相談➡人生相談

しんぱい (心配)

指を軽く曲げた両手を上下に体に付けて、体ごと小刻みに揺らす。

◎ 案じる・不安・気掛かり
参 指先を胸に当てる表現もある。

使い方例
心配＋性質➡心配性
心配＋不要➡心配無用
心配＋越える➡心配し過ぎ

しんぶん (新聞)

拳を作り、ひじを立てて手首を2回回す。

参 新聞を広げる様子で表すこともできる。

使い方例
新聞＋商売➡新聞屋
夕方＋新聞➡夕刊

【相手から見た形】 **【自分から見た形】**

親指・人差指・中指を離して伸ばし、人差指・中指は下に向ける。

す　すいどう → すいみん

すいどう（水道）

指を軽く曲げて2回ひねる。

解 水道の栓を回す動き。
同 蛇口・水

使い方例
水道＋局 ➡ 水道局
水道＋壊す ➡ 水道が壊れる

すいみん（睡眠）

頭を斜めに傾けながら目の位置で両手の親指と四指を付ける。

解 目をつぶる様子。
同 眠る

使い方例
睡眠＋足りない ➡ 寝不足
睡眠＋時間 ➡ 睡眠時間

スーパーマーケット

軽く曲げた腕の内側に、片方の手で物を入れる動きを2回行う。

解 買い物かごに商品を入れる様子。

使い方例

スーパーマーケット＋紙②➡スーパーマーケットのチラシ

スカート

両手の人差指で台形を描く。

参 具体的にスカートを表す場合はその形状に合わせて形を描く。

使い方例

商売＋建物＋行く＋意味＋スカート＋買う➡スカートを買いにデパートへ行く

すき（好き）

親指と人差指を伸ばしてあごに付け、下ろしながら指先を閉じる。

同 〜したい・欲しい・希望

参 「〜したい」「欲しい」の意味で使う場合、口型は「きぼう」が多い。

使い方例

電車＋好き➡電車が好き
参加＋好き（口型は「きぼう」）➡参加したい

すぎ (杉)

人差指・中指・薬指を伸ばし、指が斜め下に動くように手首を曲げる。

解 三本指は漢字の「杉」のつくりの部分を表す。

同 影・形

使い方例
杉＋山➡杉山
杉＋田➡杉田

スキー

上向きの手の平の人差指を軽く曲げ、同時に前に出す。

解 スキー板の形を表す。

使い方例
スキー＋場所➡スキー場
スキー＋教える➡スキーのコーチ

すくない (少ない) ①

親指の先で人差指の先を弾く。

同 ちょっと・少し・少々

使い方例
少ない①＋話す②＋頼む➡ちょっと話があります
少ない①＋来る①＋頼む➡ちょっと来て下さい

すくない (少ない) ②

親指と人差し指を伸ばして、手を下に動かしながら指先を近付ける。

解 量的にわずかであることを意味する。指先は付けない。
同 ちょっと・少し・微量

使い方例
甘い＋少ない②＋頼む➡砂糖は少しにして下さい
飲む①＋少ない②＋私（指差し）➡お酒は少ししか飲めません

スクロール

手の平の上で、人差し指を出した拳を横向きのまま前に出す。

解 端末等の画面をスクロールしている様子。

使い方例
上＋スクロール➡上にスクロールする

すごい

指を開き軽く曲げた手をこめかみの辺りで力を入れてひねる。

同 けた外れ・ものすごい
参 目を見開いた副詞的表情で、口型は「お」を使うことが多い。

使い方例
すごい＋大きい➡並外れて大きい
上手＋すごい➡非常に巧い

すし（寿司）

人差指と中指を伸ばした手を、軽く曲げた手の平に2回当てる。

[解] 寿司を握る動き。

使い方例

寿司＋商売➡寿司屋
寿司＋最高＋悪くない＋私（指差し）➡お寿司が一番好き

すずしい（涼しい）

指を開いた両手を顔の脇に置き、前後に数回、動かす。

[解] 口をすぼめる副詞的表情を伴う。
[同] **秋**（口型「あき」を伴う）

使い方例

涼しい＋気持ち良い➡涼しくて気持ちがいい
未来＋涼しい＋温泉＋行く＋好き➡秋に温泉に行きたい

すすめる（進める）

親指を上にし、四指を軽く曲げた両手を前に動かす。

[同] **進行・進展・前進・推進**

使い方例

進める＋責任➡進行役
進める＋スムーズ➡スムーズな進行

スタート

両手の親指と人差指を付けて脇に置き指先を離しながら後ろへ動かす。

解 陸上競技などでスタートを切る様子。乗り物が発車（スタート）する時には使わない。

使い方例
新しい＋生活＋スタート➡新生活がスタートした

すっきり

両手の指先を合わせるように額に置き、後ろに払うように動かす。

解 口型は「ぱ」「ぴ」を伴うことが多い。
同 さっぱり

使い方例
風呂＋終わり＋すっきり➡お風呂に入ってさっぱりした
悩む＋済ませる＋すっきり➡悩みを払しょくする

すっぱい（酸っぱい）

指先をすぼめて口元に置き、開きながら斜め前に下ろす。

解 目を細め、口をすぼめる副詞的表情を伴う。

使い方例
苺＋酸っぱい➡酸っぱい苺
酸っぱい＋苦手➡酸っぱいものは苦手

すてる（捨てる）

軽く握った手を開きながら斜め下に動かす。

[解]物を捨てる動き。

使い方例

捨てる＋構わない➡捨てていいよ
捨てる＋禁止➡捨てちゃだめ

ストーカー

人差指を立てた拳に向けて、片方の同様の拳を蛇行させながら近づける。

[解]人を追いかけている様子。悪そうな表情を伴う。

使い方例

ストーカー＋怖い➡ストーカーが怖い
昨日＋ストーカー＋迷惑①➡昨日、ストーカーに遭った

ストレス

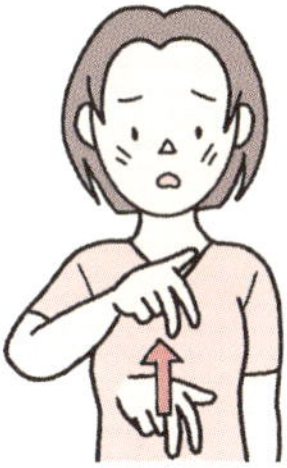

親指・人差指・中指を伸ばした手を腹からのど元まで上げる。

[解]指文字「す」をストレスとみなし、それが溜まっていく動き。

使い方例

ストレス＋なくなる/すっきり➡ストレス解消
ストレス＋病気＋来る②➡ストレスを溜めると病気になる

スパゲッティ

人差指・中指・薬指を伸ばした手を斜め下に向けて数回ひねる。

解 指をフォークに見立てて、麺をからませる動き。
同 パスタ

使い方例

スパゲッティ＋行く➡スパゲッティを食べに行こう
スパゲッティ＋作る＋簡単➡スパゲッティは簡単にできる

すばらしい（素晴らしい）

親指を除く四指を伸ばして鼻の下に置き、ひじの方に水平に動かす。

解 口型は「お」を伴うことが多い。
同 偉い・立派・高級・素敵

使い方例

講演＋素晴らしい➡素晴らしい講演
素晴らしい＋人①➡偉い人
スカート＋素晴らしい➡素敵なスカート

スマートフォン

手の平の上で、人差指を出した拳を横に動かす。

解 通常、アンドロイド端末の意味。
参 アルファベットの「I」（胸に付ける）＋「スマートフォン」で「アイフォン」（口型「アイフォン」）になる。

使い方例

あなた＋スマートフォン＋持つ?➡あなたはスマートフォンを持っている?

すませる (済ませる)

手の平の上に、片方の手の人差指でバツ印を描く。

◉ 解決・処理・(問題などを)始末する・片付ける

使い方例
問題＋済ませる➡問題解決
情報＋済ませる➡情報処理
仕事＋済ませる➡仕事を片付ける

スムーズ

親指を除く四指を伸ばしてそろえ、人差指をほおに付け、斜めに下ろす。

㊐ 口型は「お」「う」を伴うことが多い。
◉ 円滑・順調

使い方例
機械＋スムーズ➡機械が問題なく動いている
運営＋スムーズ➡経営は順調だ

すもう (相撲)

両手の拳の小指側を交互に脇に付ける。

㊐ 立ち合いで土俵に手を付く様子。
◉ 力士

使い方例
相撲＋大会➡相撲大会
相撲＋見る②➡相撲観戦

ずるい

伸ばした指の背を反対側のほおに付けて2回こする。

同 卑怯

参 人差指と中指の2本で表現する場合もある。

使い方例

掃除＋サボる＋ずるい➡掃除をサボるなんて、ずるい

するどい（鋭い）

立てた人差指を、片方の親指と人差指でつまみ、斜め上に動かす。

解 鋭く尖っている様子。
同 敏感・繊細

使い方例

思う＋鋭い➡勘が良い/頭が切れる
性質＋鋭い➡繊細な性格
精神＋鋭い➡神経質

すわる（座る）

自分に向けた手の平の上に、人差指と中指を曲げた手を乗せる。

同 いす・出席・席・シート・(乗り物に)乗る

参 下の手を二本指で表すこともある。

使い方例

是非＋座る➡指定席
座る＋充分➡満席
相談＋座る➡会議に出席する

せ

【相手から見た形】　【自分から見た形】

中指を伸ばし上に向け、他指は握る。

せ
せいかつ ➡ ぜいきん

せいかつ（生活）

両手の親指と人差指を伸ばし横に動かしながら一緒に円を描く。

🔄 暮らす・過ごす

使い方例

新しい＋生活➡新生活
年＋お金＋生活➡年金生活
過去＋ドイツ＋場所＋生活＋私（指差し）➡昔、ドイツで暮らしていました

ぜいきん（税金）

親指と人差指で輪を作り、指先を開きながら手首をひねる。

解 手の平が上に向くように手首をひねる。
参 手首をひねった後、手の甲を片方の手の平に打ち付けると「罰金」になる。

使い方例

使う＋税金➡消費税
給料＋税金➡**所得税**

229

せいこう（成成功）

鼻先に作った拳を、手の平の上に山なりに下ろして打ち付ける。

◉ 完成

使い方例
結婚＋成功＋やっと➡とうとう結婚できた
新しい＋建物＋成功➡新しいビルが完成した

せいしき（正式）

親指と人差指を付けた両手で、中央から体に沿って逆三角形を描く。

◉ 格調高い・公式・堅苦しい

使い方例
正式＋場所➡正式な場
正式＋宴会➡格式のあるパーティー

せいしつ（性質）

人差指を手首の辺りに付け、すくい取るように2回動かす。

◉ 性格・癖・〜症・〜質・〜性

使い方例
男＋性質＋強い＋言う②➡彼は癖が強いやつだ
あがる＋性質➡あがり症
精神＋性質➡神経質
個人＋性質➡個性

せいしん（精神）

<思う>
伸ばした人差指の先をこめかみ辺りに付ける。

<神>
両手を合わせて2回叩く。

解 「思う」と「神」の複合語。
同 神経

使い方例
精神＋病気➡精神病

せいせき（成績）

両手の人差指を立て、片方の手を上下させながら横に離していく。

解 グラフの様子。

使い方例
成績＋本➡通知表
成績＋賢い➡成績優秀
成績＋良い➡好成績

せいど（制度）

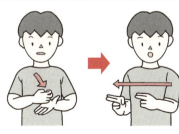
手の平の上に、片方の人差指と中指を曲げて打ち付ける。

両手の人差指と中指を前に伸ばして並べ、横に動かす。

同 〜制

使い方例
社会＋制度➡社会制度
手話＋通訳＋制度➡手話通訳制度
体＋制度➡身分制度
天皇＋制度➡天皇制

せいり (生理)

<生理①>
人差指と中指を伸ばしてほおに当てて下になぞる。

<生理②>
人差指と中指を伸ばし、片方の二の腕を横になぞる。

使い方例
生理＋休み➡生理休暇
生理＋痛い➡生理痛
生理＋遅い➡生理が遅れる

せかい (世界)

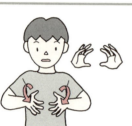

両手の指を軽く曲げて向かい合わせ、前にぐるっと回転させる。

解 地球の形から。
同 地球・国際・海外・外国・グローバル・理事

使い方例
世界＋ろう＋人々＋相談➡世界ろう者会議
世界＋財産➡世界遺産
世界＋飛行機➡海外旅行

せきにん (責任)

指を軽く曲げて手の平を自分に向けた手を肩に付ける。

同 担当・〜官・担任・係・担い手
参 指を曲げて手の平を自分に向けた手を肩に付けてから、肩と一緒に下げると「負担」になる。

使い方例
責任＋男➡責任者/担当者
グループ＋責任➡クラス担任

せっきょく (積極)

親指と人差指を付け、反対側の脇に当て、指を離しながら前に出す。

<消極>
親指と他四指を開いて身体の前に置き、引きながら指を合わせる。
【反対語】

同 気が進む

使い方例
積極＋合う①→積極的
積極＋やる→進んで・意欲的に行う

ぜっく (絶句)

広げた手を握りながら手前に引き、口に付ける。

解 言葉を失う、息をのむ様子。
同 閉口する・ぐうの音も出ない・呆れて物も言えない

使い方例
状態＋とても＋絶句→ひどい状況に絶句した

セックス

両手の人差指と中指を伸ばし、そろえて交差させて軽く上下に動かす。

上から見たとき

使い方例
セックス＋経験＋ない①→セックスは未経験です

せっけん (石けん)

軽く曲げた手の平を、片方の手の平に乗せて前後に動かす。

解 石けんをこする動き。

使い方例
顔＋専門＋石けん➡洗顔石けん
風呂＋行く＋石けん＋忘れる➡風呂に行くのに石けんを忘れた

せつめい (説明)

手の平を、片方の手の平の小指側の先で数回叩く。

同 話・語る・解説・〜論
参 口を一文字に結ぶ副詞的表情を伴い、手の動きを強めにして繰り返すと「**説得**」になる。

使い方例
説明＋難しい➡説明しにくい
説明＋本➡解説書

せつやく (節約)

自分に向けた手の平に、曲げた人差指を付けて両手とも手前に引く。

後ろから見たとき

同 控える・節制
参 金銭的な利益や物を得た場合の「**得**」という意味でも使う。

使い方例
節約＋上手➡節約上手
使う＋節約➡支出を控える
これ（指差し）＋買う＋節約➡お買い得

せつりつ（設立）

両手の指先を合わせて三角を作り、手前に立てる。

◉ 創立・建つ

使い方例

新しい＋設立＋アパート➡新築のアパート
大きい＋工場＋設立➡大きな工場が建つ
設立＋記念＋宴会➡創立記念パーティー

ぜひ（是非）

両手の指を曲げて上下にしっかりと組み合わせる。

◉ 必ず・きっと・定〜・絶対

使い方例

是非＋座る➡**指定席**
是非＋食べる➡**定食**
是非＋調べる➡定期検査

せびろ（背広）

両手の親指を立てて、背広のえりをなぞるように動かす。

◉ 紳士服

使い方例

きちんと＋背広＋ネクタイ➡正装
背広＋ネクタイ➡平服
背広＋専門＋商売➡紳士服専門店

せまい (狭い)

両手の平を向かい合わせて左右に置き、中央に近付けていく。

解 手の平が付くまでは合わせない。
同 窮屈

使い方例
道＋狭い➡狭い道
部屋＋狭い➡窮屈な部屋

せわ (世話)

両手を向かい合わせ、親指側を少し開き、交互に数回上下させる。

同 扱う・サービス・看護・介抱・接待・育てる・保育

使い方例
赤ちゃん＋世話➡赤ちゃんの世話
おじいさん＋世話➡老人介護
世話＋仕事➡サービス業

せんきょ (選挙)

両手の親指を除く四指を下に向け、交互に下げる。

解 投票する動き。
同 投票

使い方例
選挙＋講演➡選挙演説
選挙＋約束を破る➡選挙違反
選挙＋力➡選挙権
選挙＋落ちる➡落選

せんしゅ (選手)

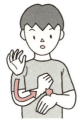

手首の辺りで、片方の手を握りながら、ひじの方に少し上げる。

使い方例

サッカー＋選手➡サッカー選手
選手＋グループ➡選手団
選手＋村➡選手村

センス

自分に向けた手の平を上下に重ね、2回、付け合わせる。

解 顔と服装、または上半身と下半身の服装を照らし合わせている様子。
参 両手を左右にずらすように引くと「**ちぐはぐな服装**」になる。

使い方例

センス＋良い➡センスが良い

せんそう (戦争)

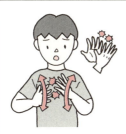

指を開いた両手を向かい合わせ、指先を前後に数回触れ合わせる。

使い方例

戦争＋反対➡反戦
戦争＋負ける➡敗戦
戦争＋場所➡戦場

せんたく (洗濯)

広げた手の指を下に向けて数回かき回す動きをする。

解 洗濯槽が回っている動き。
同 洗濯機
参 洗濯物を手で洗う様子を表すもの等、他の表現もある。

使い方例
今＋洗濯＋楽➡洗濯は楽になった
新しい＋洗濯➡新しい洗濯機

せんでん (宣伝)

軽く握った両手を開いたり握ったりしながら前後に数回動かす。

同 呼び掛ける・ＰＲ・言いふらす・放送

使い方例
テレビ＋宣伝➡テレビの宣伝
参加＋宣伝＋頼む➡参加を呼び掛けて下さい
野球＋宣伝➡野球中継

せんぱい (先輩)

指先を横に向けて軽く指を曲げた手を少し弧を描きながら上げる。

同 目上

使い方例
先輩＋尊敬＋私（指差し）➡先輩を尊敬している
先輩＋対する＋礼儀＋必要➡目上の人には礼を尽くしなさい

ぜんぶ（全部）

両手を離しながら円を描き、小指側を付ける。

同 完全・全て・全く・全体

使い方例

仕事＋全部＋終わり➡仕事が全部終わった
全部＋合う①➡全体的
意見＋全部＋同じ➡全く同じ意見です

せんもん（専門）

人差指と中指を伸ばし、外側から内側にすくうように上げる。

同 専従・もっぱら・〜ばかり・専用

使い方例

専門＋学校➡専門学校
専門＋貫く➡専攻／専門コース
専門＋家➡専門家
ラーメン＋専門＋私（指差し）➡もっぱらラーメンばかり食べている

せんりゃく（戦略）

両手の指先を開いて向かい合わせ、交互に前後に数回動かす。

同 作戦・戦略（作戦）を練る

使い方例

戦略＋合う①＋想像➡戦略的構想
戦略＋相談➡作戦会議

そ

そう ➡ そうじ

【相手から見た形】　【自分から見た形】

人差指を伸ばし前方斜め下に向け、他指は握る。

そう

親指と人差指を前方で数回付ける。

解 肯定する意味の相づち、返事。
同 同じ
参 「〜でしょう」「〜ね」等、同意を求めるときに使うこともある。

使い方例
そう＋私＋一緒＋行く➡そうだね、私も行く
わかる＋そう➡わかるでしょう?

そうじ（掃除）

＜掃除①＞
軽く握った両手を、前後に並べて斜め下に動かす。

＜掃除②＞
軽く握った両手を、上下に並べて横斜め下に動かす。

解 掃除をしている動き。
同 掃除機・モップ

使い方例
掃除＋係➡掃除当番/清掃係
掃除＋サボる➡掃除をサボる

そうしき (葬式)

手の平を下に向けて何かをつまむ動きをした後、手を額に付ける。

解 仏式の葬儀で焼香をする様子。
同 葬儀・焼香

使い方例
葬式＋会社➡葬儀社
葬式＋場所➡葬儀場

そうぞう (想像)

指を軽く曲げた手をこめかみの辺りから斜め上に上げる。

同 感想・たぶん・〜だろう・構想

使い方例
本＋読む＋想像＋文➡読書感想文
来る①②＋想像➡たぶん、来るよ
明日＋晴れ＋想像➡明日は晴れるだろう

そうだん (相談)

両手の親指を立てて、指の背を2回、打ち合わせる。

解 親指を人に見立てている。
同 会議・打ち合わせ・ミーティング

使い方例
法律＋相談➡法律相談
相談＋座る➡会議に出る
仕事＋相談➡仕事の打ち合わせ

そしき (組織)

両手の指先を下にして並べ、少し左右に離してから下ろす。

解 組織図を表している。

同 体制

使い方例
会社＋組織→会社組織
組織＋固い①→体制強化

そだてる (育てる)

立てた親指を、手の平を上に向けた手の指先でつつきながら上げる。

同 養成・育成・飼う・栽培する

使い方例
子供＋育てる＋中→子育て中
猫＋育てる→猫を飼う
花＋育てる→花の栽培
育てる＋貫く→養成コース

そつぎょう (卒業)

両手の拳を向かい合わせて左右に置き、そのまま上げる。

解 卒業証書を受け取る様子。

使い方例
卒業＋大会→卒業式
卒業＋学生→卒業生
卒業＋旅行→修学旅行

そっくり

<そっくり①>
指を軽く曲げ前に向けた手の平を斜め上から中央に動かす。

<そっくり②>
指を軽く曲げ前に向けた両手の平を斜め上から中央に動かす。

同 瓜二つ

使い方例
あなた+父+そっくり→あなたはお父さんにそっくりですね
そっくり+絵→**写生**
これ(指差し)+味+レストラン+そっくり→プロの味付けみたい

そのまま

両手の平を斜め下に向けて止める。

同 ありのまま

使い方例
そのまま+待つ+頼む→そのままお待ち下さい

そら (空)

指先を上に向け、頭の前で半円を描く。

同 天気

使い方例
空+想像→天気予報
明日+空+心配→明日の天気が心配

それる (逸れる)

拳の上に人差指を伸ばした手を乗せてから斜め上に動かす。

解 話、意見、行動などが筋から離れて思いがけない方向に向かうという意味。
同 逸脱する

使い方例

説明＋逸れる➡話が脱線する
考える＋逸れる➡突飛な考え
意見＋逸れる➡とんでもない意見

そん (損)

両手の親指と人差指で輪を作り、並べて指を離しながら下ろす。

同 無駄・もったいない・デメリット

使い方例

行く＋休み＋損➡無駄足を踏む
買い物＋失敗＋損➡下手な買い物をして損をした
仕事＋時間＋損➡ばかみたいな仕事

そんけい (尊敬)

親指を立てた拳を、手の平に乗せてそのまま上げる。

同 敬う・尊重・尊い

使い方例

教える＋尊敬＋私（指差し）➡先生を尊敬する
尊敬＋気持ち＋表現➡敬意を表す

た

親指を上に伸ばし、他指は握る。

た（田）

両手の人差指・中指・薬指を伸ばし、指を交差する。

解 漢字の「田」を表す。固有名詞を表す場合に使う。
参 同じ手の形で、手を寝かせると「**水田**(田んぼ)」になる。

使い方例
田＋中➡田中
山＋田➡山田

たいかい（大会）

立てた両手の平を前後に並べ、前の手だけ前方へ少し上げる。

解 指を人に見立てて、たくさんの人がいる様子。
同 式

使い方例
ろう＋人々＋大会
➡ろう者大会
入る＋勉強＋大会➡入学式
大人＋大会➡成人式

たいくつ（退屈）

手を開いたまま中指だけをこめかみに2回当てる。

◎ 暇
参 人差指で表現することもある。

使い方例
仕事＋退屈➡退屈な仕事
待つ＋時間＋長い＋退屈➡時間を持て余す

たいしたことない（大したことない）

下向きの手の平に、人差指を伸ばした手を下から打ち付ける。

◎ くだらない・取るに足りない・つまらない・侮る・軽く見る

使い方例
テレビ＋大したことない➡くだらない番組
大したことない＋違う➡侮れない

たいしょう（大正）

親指と人差指を離した手を閉じながら斜め上に引く。

解 口ひげを表す。

使い方例
大正＋天皇➡大正天皇
大正＋（〜の）時＋間➡大正時代
大正＋〜まで➡大正末期

たいする (対する)

両手の人差指を前後に立て、向かい合わせにぶつける。

- 同 対応・対処

使い方例
- 対する＋世話➡接待
- 対する＋方法➡対応策
- 対する＋計画➡対策

だいだい (代々)

親指を立てた両手を顔の横から斜め下に交互に回しながら下げる。

- 同 第・伝統・歴代

使い方例
- 代々＋文化➡伝統文化
- 代々＋続く➡代々続いている
- 代々＋首相➡歴代総理大臣
- 代々＋40➡第40回

だいひょう (代表)

前に向けた手の平に、片方の立てた人差指を付け、その手だけ前に出す。

- 解 抜きん出ている、ダントツな様子。
- 同 トップ

使い方例
- 代表＋選手➡代表選手
- あなた＋すごい＋代表➡あなたは抜群だ

247

ダイビング

手の平の手前で、人差指と中指を交互に動かしつつ斜めに下げる。

解 人差指と中指を足に見立てて、海に潜っている様子。

使い方例
趣味＋ダイビング＋私（指差し）➡ダイビングが趣味です
ダイビング＋経験＋ツアー➡ダイビング体験ツアー

たいへん（大変）

拳で、片方の手首の甲側を2回叩く。

同 苦労・面倒・お疲れ様
参「お疲れ様」の意味で、会合の始まるとき、終わった後、別れ際にも使う。

使い方例
とても＋大変➡非常に大変
仕事＋終わり＋大変➡お仕事お疲れ様でした

たいようがのぼる（太陽が昇る）

手の平の下から、親指と人差指で作ったCの形を上げる。

＜太陽が沈む＞
手の平の上から、親指と人差指で作ったCの形を下に動かす。
【反対語】

解 親指と人差指で作ったCの形を太陽に見立てている。
同 日が昇る・夜明け・太陽

使い方例
太陽が昇る＋光➡日光/日差し

たかい（高い）①

親指を除いた四指を折り、上げる。

🟰 大きい

使い方例
あなた＋高い①➡あなたは背が高い（大きい）
高い①＋場所➡高所
高い①＋橋➡高橋

たかい（高い）②

親指と人差指で輪を作り、上げる。

📖 指の輪はお金を表す。
🟰 高価・値上がり

使い方例
高い②＋あれ（指差し）➡あれは高い
野菜＋高い②➡野菜が値上がりした
味＋高い②➡舌が肥えている

だから

両手の親指と人差指で作った輪をからませ、斜め下に出す。

🟰 ～なので・～から・それで

使い方例
できない＋だから＋止める➡無理だからやめます
だから＋何?➡つまり、どういうこと?

たき（滝）

下向きの手の平の上に、指先を下にした手を付けて下ろす。

解 水が流れ落ちる様子。

使い方例
滝＋川➡滝川
滝＋多い②➡滝沢
滝＋有名➡有名な滝

タクシー

指先を付けた親指・中指・薬指を離しながら前に出す。

解 片手を挙げて口型を「タクシー」とする表現もある。

使い方例
タクシー＋呼ぶ➡タクシーを呼ぶ
タクシー＋車＋男➡タクシードライバー

たけ（竹）

四指を曲げて片方の手の平に付ける動きを交互にしながら上げる。

解 竹の節の様子。

使い方例
竹＋田➡竹田
竹＋林➡竹林

〜だけ

手の平の上に、人差指を伸ばした手を下ろす。

同 〜のみ

使い方例

残り＋1＋〜だけ➡1つだけ残っている
私＋〜だけ＋嫌われる➡私だけのけ者にされる
できる＋〜だけ➡できるだけ

たじろぐ

手の平の上に、人差指と中指を軽く曲げて乗せ、両手とも手前に引く。

同 ひるむ・怖気づく・ビビる

使い方例

叱る＋とても＋私（指差し）＋たじろぐ➡あまりの剣幕に怖気づく

だしん (打診)

自分に向けた手の甲を、人差指と中指で叩きながら両手を回す。

＜診察を受ける＞
体に付けた手の甲側を、人差指と中指で叩きながら両手を回す。
【反対の動き】

解 「様子をうかがう」等の抽象的な意味もある。
同 診察する

使い方例

講演＋男＋打診➡講師の打診

たすける（助ける）①

親指を立てた手を、立てた片方の手で叩きながら前方に出す。

<助けられる>
親指を立てた手の甲を、横にした片方の手で叩きながら手前に引く。
【反対の動き】

[解] 口を一文字に閉じる副詞的表情を伴う。

[同] **援助・手伝う・協力・支持する・促す**

使い方例

助ける①＋私（指差し）?➡手伝いましょうか?
助ける①＋会➡後援会
助ける①＋お金➡援助金/協力金

たすける（助ける）②

親指を立てた手を、立てた片方の手でポンと軽く押す。

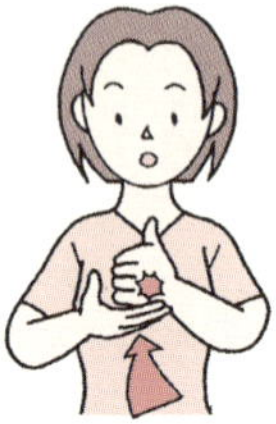

<助かる>
親指を立てた手を一度だけすくうようにポンと手前に叩く。
【反対の動き】

[解] 口型「ポン」を伴うことが多い。

[同] **助け舟を出す**

使い方例

間に合わない＋違う＋助ける②➡大変！助けなきゃ
戸惑う＋助ける②➡困っている様子に手を貸す

ただしい（正しい）

両手の親指と人差指を付け、体の中央に付けて、上下に離す。

[同] **真面目・正直・素直・真剣**

使い方例

正しい＋事➡正しいこと
性質＋正しい➡素直な/真面目な性格
正しい＋言う①➡正直に言う

ただちに (直ちに)

親指を弾きながら手を上げる。

🔄 すぐに・早く・大至急

使い方例
直ちに＋やる➡すぐにやる
直ちに＋来る①②➡すぐに来る

たたみ (畳)

手の甲の上にひじを付け、拳を回す。

使い方例
畳＋部屋➡和室
畳＋商売➡畳屋

たつ (立つ)

手の平の上に、伸ばした人差指と中指の指先を付ける。

💡 伸ばした指を足に見立てている。
🔄 〜としては
👉 指先を手の平に2回付けると「立場」になる。

使い方例
日本＋立つ➡国立
個人＋立つ➡私立
私＋立つ➡私としては〜

たっきゅう（卓球）

＜卓球①＞
指を丸めた手を片方の手の甲で前方に2回弾く。

＜卓球②＞
人差指と親指で輪を作り、手の平を斜め下に向けて横に2回動かす。

解 卓球をしている動き。
同 ピンポン

使い方例
卓球＋選手➡卓球選手
卓球＋大会➡卓球大会

たつまき（竜巻）

人差指を立てた拳を上下に置き、上の拳を回しながら斜めに上げる。

解 上の拳を上げていく際に、円をどんどん大きくしていく。

使い方例
竜巻＋警告➡竜巻警報
昨日＋竜巻＋起きる➡昨日、竜巻が起きた

たてもの（建物）

向かい合わせた手の平を同時に上げ、人差指側を中央で付ける。

同 会館・〜館・ビル・センター

参 目を細める副詞的表情を伴い、両手を高く上げてから手の平を中央で合わせると「高層ビル」になる。

使い方例
指文字「マ」＋建物➡マンション

たとえば（例えば）

親指と人差し指で輪を作り、片方の手の甲に付ける。

同 例・仮に・〜したら・仮定・もし・案

使い方例

例えば＋説明➡例え話
例えば＋契約➡仮契約
一(数字)＋例えば➡一応

たに（谷）

下向きの両手の平を左右から中央に下ろしながら人差し指を付ける。

解 山と山の間を表す。

使い方例

谷＋中➡谷中
長い＋谷＋川➡長谷川

たのしい（楽しい）

自分に向けた手の平を上下に数回交互に動かす。

同 嬉しい・喜ぶ
参 強調する場合は、目を固く閉じる副詞的表情を伴う。

使い方例

楽しい＋待つ➡期待
プレゼント＋もらう＋楽しい＋私（指差し）➡プレゼントをもらって嬉しい

たのむ (頼む)

指をそろえて手を立て、拝むように前に出す。

<頼まれる>
立てた手の小指側を自分に向けて倒す。
【反対の動き】

🔵 依頼・オファー
参 文末に付けると「～下さい」「お願いします」になる。

使い方例
頼む＋文➡依頼文
良い＋頼む➡よろしくお願いします
通訳＋頼む➡通訳をお願いします

ダブル

解 ホテルのダブルルームのこと。手はアルファベットの「W」にする。

使い方例
ダブル＋約束＋終わり➡ダブルを予約した

タブレット

親指と人差指を伸ばした手の上で、人差指を横へ動かす。

解 タブレットパソコンのこと。
参 アルファベットの「I」（胸に付ける）＋「タブレット」で「**アイパッド**（口型「アイパッド」）になる。

使い方例
あなた＋タブレット＋持つ?➡あなたはタブレットを持っている?

たべる（食べる）

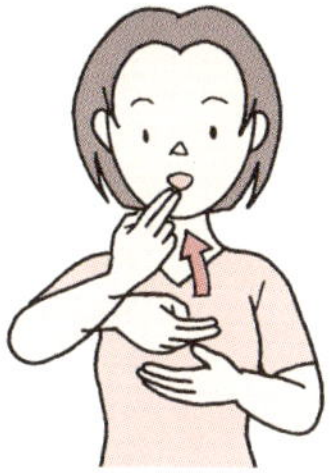

<食べる①>
手の平の上で伸ばした人差指と中指を数回すくうように口元に運ぶ。

<食べる②>
指先をつまんで口元に持っていく。

[解] 2本の指をはしに見立てて、茶碗とはしで食事している様子。

[同] **食事**

[参] 食べ方により表現が変わる。②はお菓子を食べる場合等に使う。

使い方例
食べる＋場所→食堂

たまご（卵）

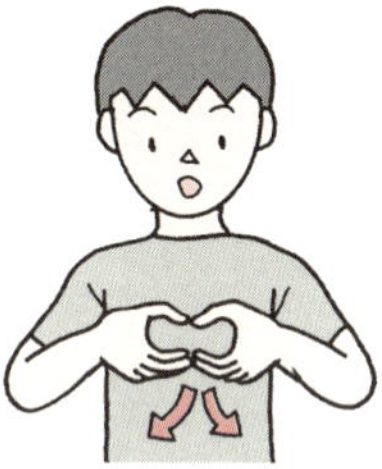

軽く指を曲げた両手の指先を合わせ、左右に開く。

[解] 卵を割る動き。

使い方例
卵＋料理→卵料理
卵＋煮る→卵焼き
煮る＋卵→ゆで卵

だまる（黙る）

自分に向けた手の平をすぼめながら口元へ持ってくる。

[同] **沈黙・無言・口を利かない・話さない**

使い方例
黙る＋必要→おしゃべり禁止

～ため

伸ばした人差指を、片方の拳の親指に当てる。

同 ～なので・だから

使い方例

合格＋～ため＋頑張る➡合格のために頑張る
買い物＋いいえ＋節約＋～ため➡節約してるから買い物はしない
～ため＋何?➡どういうこと?

ためす (試す)

手の平を横に向け立てた人差指の先を目の下に軽く2回当てる。

同 試みる
参 人差指を立てて手の平を自分に向け、指の腹を目の下に当てる表現もある。

使い方例

味＋試す➡味見
試す＋食べる➡試食
試す＋化学➡実験

だめになる

軽く握った両拳を開きながら上げる。

＜だめ＞
軽く握った手を斜め下に開く。
【似た動き】

解 口型は「パー」。全くだめという意味。
同 できない
参 片手だけで表現する場合もある。「だめ」は「今回はだめだが次がある」という意味。

使い方例

電車＋だめになる➡最終電車に乗り遅れた

ためる (溜める)

両手の人差指と中指を伸ばして重ね、上げる。

解 下から溜まっていく様子。
同 溜まる・蓄積
反 消耗

使い方例

疲れる＋溜める➡疲れが溜まる
力＋溜める➡力を溜める

たやすい

上向きの手の平に息を吹き掛けながら前に出す。

解 口型は「プ(フ)」。
同 朝飯前・楽勝・楽々・訳もない

使い方例

勝つ＋たやすい➡簡単に勝てる
合格＋たやすい➡合格なんて訳もない

たよる (頼る)

両手を上下に重ね手を握りながら斜め前に出す。

同 依存・当てにする・信頼する

使い方例

頼る＋できる➡頼りになる
頼る＋関係➡信頼関係

259

だらしない

指先を下に向けた両手を体の脇で交互に数回前後にブラブラさせる。

🔵 口型は「ダラダラ」が多い。
🔵 ダラダラ

使い方例
服＋だらしない➡だらしないかっこう

たりない (足りない)

手の平の上に人差指の先を乗せて指だけを手前に数回引く。

🔵 不足・物足りない

使い方例
人①＋数＋足りない➡人数不足
飲む①＋足りない➡飲み足りない
説明＋足りない➡説明不足

だれ (誰)

親指以外の四指を軽く曲げ指の背をほおに付ける。

使い方例
誰＋あれ(指差し)？➡あれは誰？
持つ＋誰？➡持っているのは誰？
新しい＋委員＋誰＋報告➡新しい委員を発表します

ち

【相手から見た形】　【自分から見た形】

親指・人差指・中指・薬指の先を付け、小指は立てる。

ち（血）

小指を立て他四指の先を付けた手で二の腕から手首にかけてなでる。

🅢 片方の手は指文字の「ち」にする。
🅘 血液
🅟 人差指で唇に触れ、その指で二の腕から手首にかけてなでる表現もある。

使い方例
血＋調べる➡血液検査
血＋何?➡血液型は何ですか?

ちいき（地域）

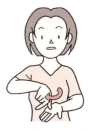

親指と人差指を伸ばした手の親指を手の平に付け、人差指を回す。

🅘 地方・地区・地元・地帯・半径

使い方例
関東＋地域➡関東地方
工場＋地域➡工業地帯
地域＋50＋m（空書）➡半径50メートル

ちいさい (小さい)

両手の指を軽く曲げ左右から向かい合わせて寄せる。

(同) 小型

使い方例
犬＋小さい➡小型犬
小さい＋仕事＋場所➡小規模作業所

ちかい (近い)

親指と人差指を付けた両手を左右から中央に引き寄せる。

(同) 近距離・近く・すぐ

使い方例
家＋近い＋駅➡最寄り駅
病院＋近い➡病院はすぐだ

ちがう (違う)

＜違う①＞
親指と人差指を立てて、内側にひねる。

＜違う②＞
両手の親指と人差指を立てて、同時に手首を互い違いにひねる。

(同) いいえ
(参) 口型「ぺ」で表現すると「～じゃない?」になる。

使い方例
説明＋違う①➡話が違う
違う①＋私＋山+田➡いいえ、私は山田です
終わり＋違う①?➡もう終わったんじゃない?

ちかてつ (地下鉄)

手の平の下で、指先を前に向け縦にした手を前方に出す。

解 下の手を電車に、上の手を地面に見立てている。

使い方例
地下鉄＋便利➡地下鉄は便利だ
地下鉄＋銀座➡地下鉄銀座線

ちから (力)

力こぶを作り、肩からひじにかけて人差指で半円を描く。

同 ～権・～力・力持ち
参 ひじから肩にかけて人差指で半円を描いて表すこともできる。

使い方例
力＋指文字「り」➡権利
力＋あなた（指差し）➡あなたは力があるね
勉強＋力➡学力

チケット

両手の人差指と親指を軽く曲げ、長方形を作る。

解 長方形のチケットを表す。
同 券

使い方例
芝居＋チケット➡演劇のチケット
入る＋チケット➡入場券
宝石＋チケット➡宝くじ

ちず (地図)

手の平の上で人差指を軽く左右に振りながら上の手だけを前に出す。

🔴解 コンパスの針の動き。
🔴同 ナビ

使い方例

日本＋地図➡日本地図
地図＋書く＋頼む➡地図を描いて下さい
地図＋有る＋大丈夫➡地図があるから大丈夫です

ちゃくにん (着任)

親指を立てた拳を、片方の手の甲に手前から乗せる。

<降りる①>
親指を立てた拳を、片方の手の甲から手前に下ろす。
【反対語】

🔴解 親指を人に見立てている。
🔴同 就任・就く

使い方例

首相＋着任➡首相就任
着任＋挨拶➡就任の挨拶

ちゅう (中)

<中①>
親指と人差指を近付けた手の上に縦にした手の小指側を乗せる。

<中②>
親指と人差指を近付けた手の上に、伸ばした人差指を乗せる。

🔴解 現在進行形またはその状態にあることを意味する。
🔴同 〜している
🔴参 「中②」は「中学校」の「中」などでも使う。

使い方例

食べる＋中➡食事中
困る＋中➡困っている

ちゅうしゃじょう（駐車場）

立てた人差指に、親指と人差指で作った半円を付ける。

解 駐車場のマーク（P）を表す。
同 パーキング

使い方例
駐車場＋どこ?→駐車場はどこですか?
駐車場＋お金→駐車料金

ちゅうしん（中心）

親指と人差指を近付けた手の上に、伸ばした人差指を乗せる。

人差指と中指を斜めに置く。

使い方例
注目する＋中心＋指差し→中心人物
自分＋中心→自己中心
東京＋中心＋新宿＋言う②→東京の中心は新宿だ

ちゅうせん（抽選）

囲った手の内側で、片方の手を回し、すぼめながら上に出す。

解 抽選箱からくじを取り出す様子。
同 福引・くじ

使い方例
抽選＋外れ→抽選に外れる
抽選＋都合＋良い→くじ運が良い

ちゅうとしっちょう（中途失聴）

<大人>
手の平を折り、向かい合わせた両手を肩の高さから同時に上げる。

両手の平を耳に当てる。

解 成人後、もしくは日本語を獲得した後に、聴力をなくした状態のこと。

使い方例
中途失聴＋難聴＋人々➡中途失聴・難聴者

ちゅうとはんぱ（中途半端）

指先を前にした手に、自分に向けた手の平を少し近付けてから下げる。

解 途中までしか進めない様子。
同 挫折・途中

使い方例
仕事＋中途半端＋帰る➡仕事の途中で帰る
中途半端＋あきらめる➡途中であきらめる

ちゅうもくする（注目する）

指を開いた両手の平を、中央に寄せながら斜めに下ろす。

<注目される>
下向きの両手の平を、体の脇から顔に近付けながら引き寄せる。
【反対の動き】

同 視線が集まる

使い方例
珍しい＋注目する➡珍しい物に関心が集まる
美しい＋人①＋注目する➡美人に視線が集まる

ちゅうもん（注文）

親指を折り、他四指をそろえて立てた手を口元に立て、斜め上に出す。

同 オーダー・発注・オプション

参 手を斜めに出す際に折った親指を元に戻す表現もある。

使い方例
注文＋時間＋10＋〜まで➡オーダーは10時までです
品＋注文➡商品発注

〜ちょう（〜長）

親指を立てて上げる。

解 親指を人に見立てて、高い位置にいる人を表す。
同 上司

使い方例
指文字「ぶ」＋〜長➡部長
指文字「か」＋〜長➡課長
係＋〜長➡**係長**

〜ちょう（〜庁）

横向きの人差指に、片方の人差指を付けて「レ」の字を描く。

解 漢字の「丁」部分を表す。

使い方例
省＋〜庁➡省庁/県庁
警察＋〜庁➡警察庁

ちょうしがくるう（調子が狂う）

両手の人差指と中指を曲げて向かい合わせ、交互に前後に動かす。

解 想定外のことに遭い、虚を突かれる様子。
口型は「ぴ」が多い。

使い方例
報告＋調子が狂う
→返事に詰まる

ちょうしゃ（聴者）

立てた両人差指を耳の横と口の下に置き、同時に前に2回出す。

解 口型は「あ」が多い。
同 聞こえる・健聴者

使い方例
私＋聴者→私は聴者です

ちょうせつ（調節）

親指と人差指を付け上に向けた両拳を交互に数回前後に動かす。

解 両手で物を操作している動き。
同 調整・操作・コーディネート

使い方例
いつ＋調節→日程調整
意見＋調節→意見調整

ちょうせん (挑戦)

親指を立て、少し上に置いた前の手に後ろの手を上げながら付ける。

類 挑む・チャレンジ・トライ

使い方例

初めて＋挑戦➡初挑戦
挑戦＋相手➡挑戦相手
競う＋挑戦➡試験に挑む

ちょうど (丁度)

手の平を向かい合わせ、同時に軽く上下に2回振る。

類 ぴったり

使い方例

来る①＋丁度➡丁度良いときに来た
服＋丁度➡この服、ぴったりだ

ちょきん (貯金)

手の平の上に拳を置いて上げる。

解 お金が貯まっていく様子。
類 貯める・貯蓄

使い方例

普通＋貯金➡普通預金
貯金＋残り＋いくつ①➡残高

【相手から見た形】　【自分から見た形】

親指・人差指・中指の先を付け、他指は立てる。

ツアー

人差指に、片方の親指と人差指を付け指を閉じながら横に動かす。

解 ガイドの持つ三角形の旗を表す。

使い方例

世界＋飛行機＋ツアー➡海外ツアー
ツアー＋計画➡ツアーを企画する
ツアー＋責任＋男➡ツアー添乗員

ツイッター

他指は立て、親指・人差指・中指の先を付けた指先を数回開閉する。

解 鳥がつぶやく様子。手は指文字の「つ」にする。

使い方例

ツイッター＋始まる➡ツイッターを始めた

ついでに

すぼめた両手を左右から寄せ、指先を付ける。

同 合わせて・〜付き・同時に・重なる

使い方例
買い物＋ついでに
→買い物ついでに
条件＋ついでに→
条件付き
相談＋行事＋ついでに→会議と行事が重なっている

ツイン

人差指と中指を伸ばした両手を上向きにして並べる。

解 ホテルのツインルームのこと。ベッドが2つ並んでいる様子。

使い方例
この（指差し）＋ホテル＋ツイン＋広い→このホテルのツインは広い

つうじない（通じない）

手の甲を前に向けて人差指を向かい合わせ交互に数回前後に動かす。

同 合わない・話が通らない・つながらない

使い方例
説明＋通じない→話が通じない
意見＋通じない→意見がかみ合わない
電話＋通じない→電話がつながらない

271

つうじる (通じる)

手の甲を前に向けて人差指を左右から寄せて、指先を近付ける。

同 一致・つながる・通信・アクセス

使い方例
手話＋通じる➡手話が通じる
意見＋通じる➡意見の一致
電気＋通じる➡電気が通る

つうやく (通訳)

人差指を立てた手を、口元で左右に2回往復させる。

参「紹介」の手話で「通訳」を意味することもある。

使い方例
手話＋通訳＋人②➡手話通訳者

つかう (使う)

手の平の上に、親指と人差指で作った輪を乗せて数回、前に出す。

解 輪はお金を表す。
同 利用・買い物・消費・活用
参「思う」+「使う」で「気を遣う」のようにお金以外の場合にも使う。

使い方例
使う＋まだ➡未使用
使う＋方法➡活用法/使い方

つかむ

開いた手を前に出しながら握る。

同 把握・握る・捕まえる

参 物理的な場合だけでなく、話の内容、考えなどを把握する場合にも使う。

使い方例

悪い＋男＋つかむ
➡犯人を捕まえる
状態＋つかむ➡状況把握

つかれる（疲れる）

開いた両手を胸に付け、指を下に向けながら下ろす。

解 疲れた表情を伴う。

同 疲労

使い方例

疲れる＋溜める➡疲れが溜まる
疲れる＋違う＋あなた（指差し）?➡疲れてるんじゃない?
疲れる＋体＋死ぬ（口型「しぼう」）➡疲労困憊

つき（月）

親指と人差指を付け、離しながら下ろす。

同 月曜日

参 上の方で表すと、天体の「月」になる。親指と人差指を付けたり離したりしながら下ろし、最後に付ける表現もある。

使い方例

いつも＋月➡**毎月**
月＋給料➡月給

つぎ (次)

人差指を伸ばし、手の平が上を向くように手首を外側にひねる。

解 最初は手の平を下に向けておく。
同 隣

使い方例
次+私（指差し）
→次は私の番です
次+家→隣家
次+座る→隣の席

つきあい (付き合い)

立てた人差指を付け、横に移動しながら交互に数回前後に動かす。

解 一線を画した世間的な付き合いを意味する。

使い方例
会社+付き合い→会社付き合い
付き合い+顔が広い→付き合いが広い

つくえ (机)

下向きの手の平を並べ左右に離し、向かい合わせて同時に下げる。

解 机の形を表す。
同 テーブル・台

使い方例
勉強+机→勉強机
芝居+机→舞台

つくる (作る)

両拳を縦に重ねて数回付ける。

解 作業する動き。
同 製作・工事・仕事・〜製

使い方例
弁当＋作る➡弁当作り
作る＋場所➡製作所
日本＋作る➡日本製

つごう (都合)

手の平の上に拳を乗せて数回、回す。

同 運・機会・偶然・たまたま・タイミング

使い方例
都合＋会う➡たまたま会う
体＋都合➡体調
都合＋悪い➡都合が悪い

つち (土)

指先を下に向けて、こすり合わせる。

解 土を手でつまんだときの動き。
同 砂・土曜日
参 両手を中央に並べて「土」の表現をしながら左右に離すと「土地」になる。

使い方例
土＋場所➡砂場
土＋田➡土田・砂田

つづく (続く)

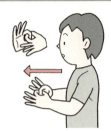

両手の親指と人差指で作った輪をからませて、前に出す。

<連続>
両手の親指と人差指で作った輪をつなげ、弓なりに前に数回出す。
【似た動き】

同 ずっと・継続
参「ずっと」の意味で使う場合には、目を細める副詞的表情を伴う。

使い方例
雨＋続く➡雨が続く
忙しい＋続く➡ずっと忙しい
続く＋合う①➡継続的

つなぐ

甲を上にした両拳を並べ、左右から寄せて中央で付ける。

同 斡旋・お見合い・仲介する

使い方例
つなぐ＋責任➡仲人
親しい＋つなぐ＋私（指差し）➡友達の仲を取り持つ

つなみ (津波)

指を軽く開いた両手の平を、弧を描くように前に出す。

解 津波が来る様子。

使い方例
津波＋怖い➡津波が怖い
津波＋対する＋計画➡津波対策

つぶす

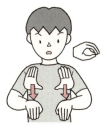

指を伸ばし前に向けた両手の平を並べ、親指と他四指を付ける。

解 物がつぶれる様子。
同 廃止・全滅

使い方例

計画＋つぶす➡計画がつぶれる
制度＋つぶす➡制度の廃止
村＋台風＋つぶす➡台風で村が全滅した

つぶやく

軽く握った手を口元に置き、指先を軽く弾くように付け離しする。

解 口型「プププ」を伴う。
同 愚痴

使い方例

自分＋つぶやく➡ひとりごと

つまはじき

立てた親指を、片方の親指と中指で取り囲みながら数回弾く。

同 嫌われ者・村八分・仲間外れ・四面楚歌

使い方例

男（指差し）＋つまはじき➡彼は嫌われている

つまらない

自分に向けた手の平の指を軽く曲げ、手首を手前に折りながら下げる。

[同] 面白くない・楽しくない

使い方例

テレビ＋つまらない
➡つまらないテレビ
つまらない＋帰る➡面白くないから帰る
生活＋つまらない
➡味気ない生活

つよい (強い)

拳を作り、力を入れながら腕を曲げる。

<弱い>
拳を作り、曲げたひじを力を抜きながら前に倒す。
【反対語】

[同] 強力・優れている・上手

使い方例

気持ち＋強い➡気が強い
言う①＋できる＋強い➡普通は言えない

つらぬく (貫く)

手の平の上に、片方の手の平の小指側を乗せて前に出す。

[解] 一直線に進む様子。
[同] 一筋・コース

使い方例

仕事＋貫く➡仕事一筋
専門＋貫く➡専門コース/**専攻**
自分＋貫く➡我を通す/信念を曲げない

つられる

人差指を曲げて口の横に置き、顔を傾けながら斜め上に動かす。

解 引っ掛かる様子。
同 惹かれる

使い方例

匂い＋つられる＋レストラン＋入る➡匂いに誘われてレストランに入る
ケーキ＋つられる➡ケーキに目がない

つり（釣り）

両手の人差指を立てて縦に重ね、手前に引きながら上げる。

解 伸ばした指を竿に見立てて、魚を釣り上げている動き。

使い方例

釣り＋強い＋あなた（指差し）➡あなたは釣りに詳しい
釣り＋船➡釣り船

つれてくる（連れてくる）

体の横で手を握り、中央に引き寄せる。

解 人の手を取り、引っ張ってくる動き。

使い方例

親しい＋連れてくる＋構わない?➡友達を連れてきても良い?
通訳＋連れてくる➡通訳を同行する

て

【相手から見た形】　【自分から見た形】

親指以外は付けて上に伸ばし、親指も伸ばす。

て（手）

両手の指をそろえて重ねる。

解 接頭語として使う。

使い方例
手＋遅れる➡手遅れ
手＋作る➡手作り
手＋続く➡手続き

DVD

人差指と中指で作ったV字に片方の親指と人差指を付け、回す。

解 アルファベットの「D」と「V」を組み合わせている。

使い方例
DVD＋借りる➡DVDを借りる

ていいん (定員)

親指と小指を立てた手を上げて、下向きの手の平に当てる。

解 親指と小指を人に見立てている。

使い方例
定員＋越える➡定員オーバー

テイクアウト

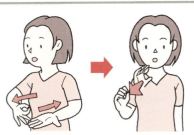

<買う>
親指と人差指で作った輪を前に出すと同時に片方の手を手前に引く。

<帰る>
指先をすぼめながら前方に出し、指先を付ける。

解 「買う」と「帰る」の複合語。

使い方例
テイクアウト＋できる➡テイクアウト可能
テイクアウト＋専門➡テイクアウト専門

ディナー

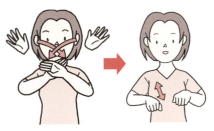

<夜>
両手の平を前に向け、同時に内側に倒し交差させる。

<レストラン>
両手で拳を作り、利き手を小さく前後に動かす。

解 「夜」と「レストラン」の複合語。

使い方例
今＋ディナー＋素晴らしい➡今日のディナーは高級だ

ていねい (丁寧)

指をそろえた両手を額の辺りで左右交互に後ろに払うように動かす。

同 丁重

使い方例
丁寧＋説明➡丁寧に話す
丁寧＋世話➡手厚い介護/丁寧なもてなし

デート

親指と小指を立て、手の平を前に向け、軽く2回前に出す。

解 親指は男性、小指は女性を表す。

使い方例
初めて＋デート➡初デート
次＋デート＋いつ?➡次のデートはいつにする?

テーマ

立てた手の平に、親指と人差指の先を付けてその手だけ下ろす。

解 テーマが垂れ幕に書かれている様子。
同 題

使い方例
芝居＋テーマ➡演目
指文字「ぎ」＋テーマ➡議題

でかける（出かける）

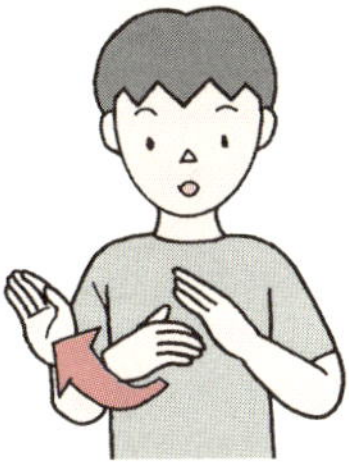

斜めに置いた手の下で、前に払うように片方の手を出す。

[解]斜めに置いた手は屋根を表し、そこから出る動き。

[同]**外出**

使い方例

出かける＋禁止➡外出禁止
出かける＋中➡外出中

てき（敵）

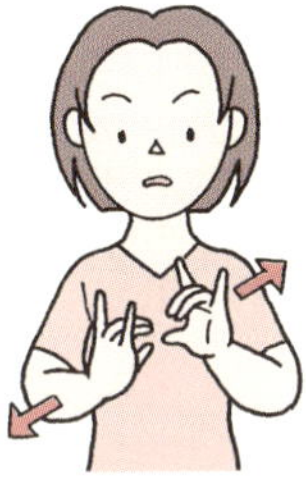

人差指と小指を立て他三指を付けながら斜め前と後ろに離す。

[同]**敵対する**

使い方例

考える＋方法＋通じない＋敵➡考えが合わずに反目している
敵＋過去＋～から➡以前から敵対している

できない

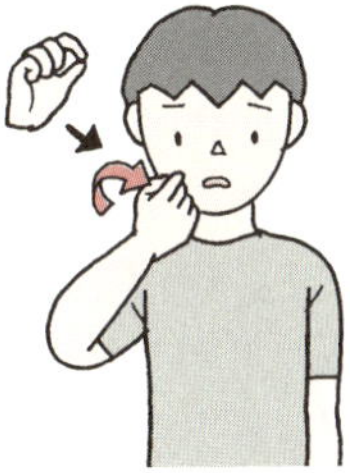

親指と人差指でほおをつねるように動かす。

[解]まゆをひそめる表情を伴う。

[同]**難しい・無理・困難**

使い方例

寝る＋できない➡泊まりは無理だ
言う①②＋できない➡言えない

できる

親指を除く四指の先を反対側の胸に付け、手の側の胸に付ける。

同 可能・大丈夫

使い方例

泳ぐ＋できる➡泳げる
風邪＋できる＋あなた（指差し）?➡風邪は大丈夫?
明日＋晴れ＋できる➡明日はきっと晴れる

デジタル

人差指を立てた手と輪を作った手を交互に前後させる。

解 数字の「0」「1」で構成されるデジタルを表す。手は指文字の「0」と「1」にする。

使い方例

デジタル＋時計➡デジタル時計

デスクトップパソコン

<モニター>
親指と人差指を伸ばした手の横で、指を開いた手の平を上下に振る。

<パソコン>
前に向けて伸ばした人差指と中指を素早く上げ、片方の指を動かす。

解 「モニター」と「パソコン」の複合語。

使い方例

デスクトップパソコン＋買う➡デスクトップパソコンを買う
あれ（指差し）＋デスクトップパソコン＋うらやましい➡あのデスクトップパソコンが欲しい

でたらめ①

両手をすぼめ、指先を付けて交互に数回前後にひねりながら下ろす。

🔄 滅茶苦茶・適当

使い方例

会＋〜長＋あれ（指差し）＋でたらめ①➡会長はいい加減な人だ
でたらめ①＋作る➡ねつ造
でたらめ①＋言う①➡出まかせ

でたらめ②

伸ばした人差指と中指を交互に動かしながら口元から斜めに下げる。

🔍 二枚舌を表す。話に限って使われる。
🔄 出まかせ

使い方例

あれ（指差し）＋でたらめ②＋多い②➡でたらめばかり言っている
でたらめ②＋ごまかす＋気を付ける➡悪い話に乗るな

てつや（徹夜）

親指と人差指でCを作り、手の平の下を手前からくぐらせて上げる。

🔍 太陽が沈み、再び昇る様子。
🔄 夜通し

使い方例

徹夜＋商売➡コンビニ
徹夜＋続く➡徹夜続き

テニス

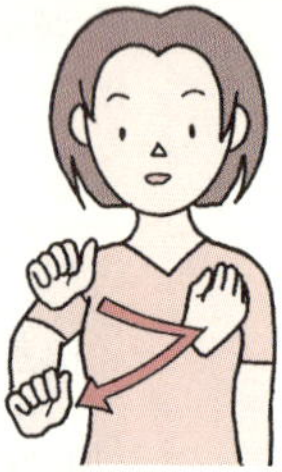

拳を作り前後にラケットを振るしぐさをする。

[解] ラケットを振る動き。

使い方例

テニス＋指文字「ぶ」➡テニス部
プロ＋テニス＋男➡プロテニスプレーヤー

デフリンピック

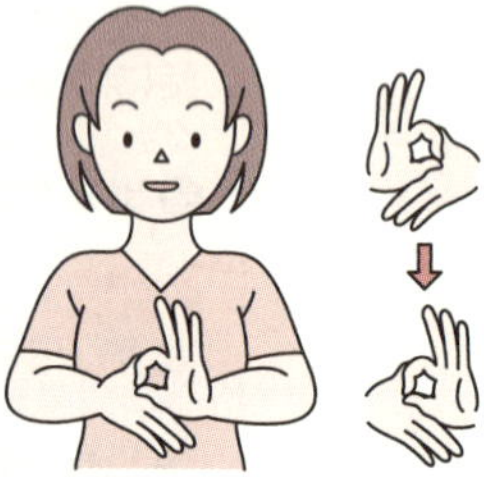

他指は開き、親指と人差指で作った両手の輪を前後に重ね、入れ替える。

[解] ろう者の国際スポーツ大会のこと。デフリンピックのロゴマークを表す。

使い方例

デフリンピック＋参加➡デフリンピックに参加する
デフリンピック＋見る②＋行く➡デフリンピックを見に行こう

てら（寺）

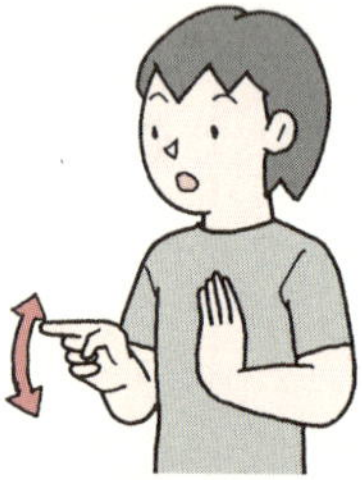

立てた手の横で、伸ばした人差指を前に2回振る。

[解] 拝みながら木魚を打つ様子。

[同] **仏教・法事・お盆**

使い方例

寺＋探す➡お寺巡り
寺＋休み➡お盆休み
寺＋方法➡仏式

テレビ

両手の指先を開いて向かい合わせ、交互に数回上下に動かす。

番組
参 「映画」の意味もある。口型で使い分ける。

使い方例
テレビ＋局→テレビ局
日本＋テレビ→邦画
外国＋テレビ→洋画

でんき (電気)

指をすぼめて頭の斜め前に置きパッと指先を離す動作を2回行う。

電力・電流
参 「電気」「電力」「電流」は口型で使い分ける。

使い方例
電気＋品→電化製品
電気＋会社→電力会社
電気＋車→電気自動車

でんしマネー (電子マネー)

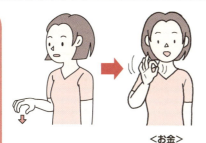

軽く指を丸めた下向きの手を下ろす。

<お金>
親指と人差指で作った輪を小さく振る。

使い方例
電子マネー＋便利→電子マネーは便利だ
電子マネー＋使う＋あなた?→あなたは電子マネーを使っている?

でんしゃ (電車)

<電車①>
人差指と中指を軽く曲げて前に出す。

<電車②>
軽く曲げた人差指と中指を伸ばした人差指と中指の下に付け前に出す。

解 パンタグラフの様子。
同 列車

使い方例
電車＋交通事故➡列車事故
特別＋早い＋電車➡特急電車
電車＋乗る➡電車に乗る

てんのう (天皇)

手の平の上に、親指と小指を立てた手を乗せて一緒に上げる。

解 「天皇」「天皇と皇后」どちらの意味にも使う。

使い方例
天皇＋場所➡皇居
天皇＋生まれる＋日➡天皇誕生日
明治＋天皇➡明治天皇

でんわ (電話)

親指と小指を伸ばし、耳元に当てる。

解 受話器を耳に当てている様子。
参 耳元に当てた手を前に出すと「**電話をかける**」、出した手を耳元に持ってくると「**電話がかかってくる**」になる。

使い方例
電話＋通訳＋頼む➡電話通訳を依頼する

【相手から見た形】　【自分から見た形】

人差指と中指を付けて上に伸ばし、他指は握る。

と ➡ ドア

と（戸）

立てた手の平に、片方の手の平の親指を曲げ人差指側を付ける。

＜戸を開ける＞
立てた手の平に付けてある片方の手の平を横に動かして離す。
【反対の動き】

回 戸を閉める

使い方例
戸＋田➡戸田
戸＋頼む➡戸を閉めて下さい

ドア

上向きの拳を前に出した後、手前に引く。

解 ドアノブを握り開閉する様子。
参「ドアの開閉」の意味もある。

使い方例
ドア＋直す➡ドアの修理
木＋作る＋ドア➡木製のドア

289

トイレ

<トイレ①>
親指と人差指でCの形を作り、他三指を立てる。

<トイレ②>
両手の平を合わせて体の前に出し、前後にこすり洗うしぐさをする。

使い方例
車いす＋トイレ→車いす用トイレ
トイレ＋掃除＋係→トイレ掃除当番
日本＋トイレ→和式トイレ

どうき（同期）

体の斜め前で両手の平を左右から寄せて親指側を2回付ける。

解 先輩も後輩もなく同等な様子。
同 同僚

使い方例
男＋同期＋あれ（指差し）→彼は同期です
会社＋同期→会社の同僚

とうさん（倒産）

人差指と中指を立てた両手を向かい合わせ、同時に横に倒す。

解 両手の人差指と中指を立てた表現は会社を意味する。

使い方例
会社＋倒産→会社の倒産
貸す＋倒産→貸し倒れ

どうじ（同時）

両手の拳を甲が前に向くようにひねり上げながら人差指を立たせる。

解「起きる」の手話を両手で行う。
参 起きる

使い方例
同時＋通訳➡同時通訳
行事＋同時➡イベントが重なる
言う①＋同時➡発言が重なる

どうせい（同棲）

軽く曲げた手の内側で、親指と小指を立てた手を上から下へ滑らす。

解 親指は男性、小指は女性を表す。

使い方例
同棲＋中➡同棲中
同棲＋未来＋結婚➡同棲後に結婚

とうちゃく（到着）

手の平の上に、指先を前にした手の小指側を手前から山なりに乗せる。

解 手の平の上に乗せた手は乗り物等を表す。
同 着く

使い方例
電車＋到着➡電車の到着
ホテル＋到着➡ホテルに着く

とうふ（豆腐）

手の平の上で、立てた手の平の小指側を縦横に垂直に下ろす。

解 豆腐を包丁で切る動き。

使い方例
豆腐＋商売➡お豆腐屋さん
寒い＋豆腐➡冷奴
豆腐＋味噌汁➡豆腐の味噌汁

どうぶつ（動物）

軽く指を曲げた両手を並べ、手の平が前に向くように手首を折る。

解 動物の前脚の様子。

使い方例
動物＋場所➡**動物園**
動物＋医者➡獣医
動物＋守る＋グループ➡動物保護団体

 コラム　いろいろな動物の表現

　動物を表す手話単語は、その動物の特徴をうまく表しています。動物の姿を思い描くと、覚えやすいかもしれませんね。

＜犬＞

＜猫＞

＜熊＞

どうやって

親指と小指を伸ばし、小指を下に親指を鼻に付ける。

- 解 とても幅広い意味を持つ。口型は「ポ」が多い。
- 同 どうして・よく～できた・不思議だ

使い方例

バイク＋かっこいい＋どうやって＋あなた（指差し）?➡素敵なバイク、どうやって手に入れたの?

とうろく（登録）

手の平の上に、親指の腹を付けて斜め前に滑らせる。

- 解 名簿に名前が並んでいる様子。
- 同 署名・名簿

使い方例

登録＋証拠＋カード➡登録証明証
登録＋頼む➡署名依頼
メール＋登録＋何?➡メールアドレスは?

とおい（遠い）

親指と人差指を閉じた両手の先を付け、片手だけ山なりに前に出す。

- 解 目を細める副詞的表情を伴うことが多い。
- 同 遠距離

使い方例

駅＋遠い➡駅が遠い
遠い＋山➡遠山

トースト

指先を前にして向かい合わせた両手を、そのまま上げる。

解 パンがトースターから出てくる様子。

使い方例
パン＋トースト＋好き➡パンはトーストが好き

トーナメント

両手を向かい合わせ、人差指を曲げ伸ばししながら上げ、中央で付ける。

解 トーナメント表の形を表す。

使い方例
トーナメント＋試合➡トーナメント戦
トーナメント＋方法➡トーナメント方式

（〜の）とき（〔〜の〕時）

人差指と親指を伸ばし立てた手の平に親指を付けて人差指を前に倒す。

同 場合

使い方例
時＋間➡時代
過去＋行く＋時＋雨➡以前、行ったときは雨だった

ときどき (時々)

伸ばした人差指を外側にひねり弧を描くように2回、外側に動かす。

参 立てた人差指を外側にひねり大きく弧を描くと「**たまに**」になる。

使い方例
時々＋行く➡時々、行く
時々＋郵便➡時折、手紙を出す

ドキドキ

手の平を心臓に当てて軽く数回前後させる。

解 心臓の鼓動を表す。
同 動悸
参 片方の手を添える表現もある。

使い方例
緊張＋ドキドキ➡緊張してドキドキする

どく (毒)

親指と人差指を閉じ、口の端に付けて、つねるように動かす。

解 顔をやや口に付けた手の方に傾ける。

使い方例
中＋毒➡中毒
毒＋味➡毒見
毒＋薬➡毒薬

とくい (得意)

親指と小指を立て、親指を鼻に付け、小指を上向きに前に出す。

解 鼻を高くする様子。
参 親指と小指を立て、親指を鼻に付け、斜め下に手をひねると「失敗」になる。

使い方例
運動＋得意➡スポーツが得意

とくべつ (特別)

親指と人差指を付け、片方の手首の甲側の辺りで前後させる。

同 特に・特殊・臨時

使い方例
特別＋世話➡特別扱い
特別＋認める➡特許
特別＋休み➡臨時休業

とくをした (得をした)

軽く指を曲げて前に向けた手の平を、手前に引く。

解 金銭的な意味よりも、抽象的な意味で使われることが多い。

使い方例
今＋教える＋居る＋得をした＋質問＋良い➡今、先生がいるので質問するチャンスだ

どこ

<場所>
指を軽く曲げた手を下向きにし、置くように少し下げる。

<何>
人差指を立てて左右に数回、振る。

解 「場所」と「何」の複合語。「場所」と「何」を入れ替えて表現しても良い。

使い方例
あなた＋家＋どこ？
→あなたのお宅はどこですか？
行く＋どこ＋あなた（指差し）→どこへ行くの？

としをとる（年を取る）

<年を取る①>
すぼめた両手を開きながら上下に離し、上の手はあごに付ける。

<年を取る②>
握った手をあごの下に置き、指を開きながら上げてあごに付ける。

同 老ける・定年

使い方例
年を取る①＋人々→高齢者
年を取る①＋辞める→定年退職
若い＋しかし＋顔＋年を取る①→老け顔

どちら

両手の人差指を立てて向かい合わせ、交互に数回、上下させる。

同 とにかく

使い方例
好き＋どちら＋あなた（指差し）？→どっちが好き？
時間＋ない③＋どちら＋始まる→時間がない。とにかく始めます

とつぜん（突然）

親指と人差指で作った輪を中央で付け、左右に離しながら指を離す。

🔄 いきなり・突如・途端

使い方例

突然＋死ぬ➡突然死
突然＋来る①➡突如として現れる
会社＋出かける＋突然＋雨＋ムカつく➡会社を出た途端、雨が降り出すとは！

とても

親指と人差指を伸ばし、親指を上にしてひじの方に動かす。

📘 口型は「お」が多い。
🔄 大変・非常に・相当なものだ・大ごとだ

使い方例

雨＋とても➡大雨
交通事故＋とても➡悲惨な事故
大変＋とても➡非常に大変

とまどう（戸惑う）

指先を前に向けた両手を向かい合わせ、交互に小さく数回前後させる。

🔄 オロオロ・当惑する・動揺する・うろたえる

使い方例

東京＋初めて＋戸惑う＋私（指差し）➡初めての東京に戸惑う
方法＋何＋戸惑う➡どうしたらよいのやら

ともばたらき（共働き）

親指を立てた手と小指を立てた手を中央から斜めに2回同時に前後させる。

解 親指は男性、小指は女性を表す。
同 共稼ぎ

使い方例
私＋共働き➡うちは共働きです

トライアスロン

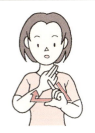

親指と人差指で作ったL字に人差指と中指を沿わせ三角形を描く。

解 三角形はスイム・バイク・ランの競技3つを表す。

使い方例
トライアスロン＋大会➡トライアスロンの大会

トラブル

軽く指を曲げた両手の平を上下に向かい合わせ、交互に数回円を描く。

同 混乱・事件

使い方例
トラブル＋防ぐ➡トラブルはお断り
トラブル＋場所＋見る②＋〜した＋私（指差し）➡事件現場を見た
国会＋トラブル＋中➡国会が荒れている

トランプ

指を丸めた手の平の上に片方の手の平を乗せ、手前に引く。

🅐 カードを切っている様子。

使い方例

トランプ＋やる＋好き➡トランプをやりたい

とり（鳥）

親指と人差指を伸ばした手を口元に置き、指先を数回、付け離しする。

🅐 鳥のくちばしの様子。
🅟 両手を体の横で羽ばたかせて表すこともできる。

使い方例

鳥＋取る➡鳥取
鳥＋種類＋多い②
➡鳥の種類は多い
鳥＋育てる＋私（指差し）➡鳥を飼育している

とりけす（取り消す）

手の平の上に、指先をすぼめた手を乗せ、開きながら下へ動かす。

🅐 何かを捨て去る動き。
🅓 キャンセル

使い方例

約束＋取り消す➡予約の取り消し
旅行＋取り消す➡旅行のキャンセル

どりょく (努力)

手の平に伸ばした人差指を付け、指をねじりながらともに斜め前に出す。

解 壁に穴を開けるような動き。
同 努める

使い方例

努力＋中➡努力中
努力＋努力＋交渉➡粘り強く交渉する
食べる＋努力➡努めて食べるようにしている

とる (取る)

下向きに開いた手の平を前に置き、握りながら手前に引く。

参 抽象的な意味でも使える（使い方例※参照）。

使い方例

チケット＋取る➡チケットを取る
資料＋取る➡資料を入手した
休み＋取る※➡休暇を取る

ドローン

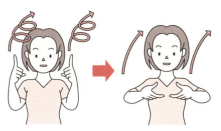

人差指を立てた両拳を回しながら斜めに上げる。

親指と人差指を軽く曲げて向い合せた両手を斜めに上げる。

解 ドローンが飛ぶ様子。
参 他にもいろいろな表現方法がある。

使い方例

昨日＋ドローン＋買う➡昨日、ドローンを買った
ドローン＋うらやましい➡ドローンが欲しい

と

どりょく ➡ ドローン

301

な

【相手から見た形】　【自分から見た形】

人差指・中指を開いて伸ばし、下に向ける。

な〜んだ①

上体を前に倒しながら、握った拳を下から額に付ける。

解 当てが外れた、思っていたのと違った、やっとわかったなどの意味。口型は「ピ」が多い。

使い方例
本当＋思う＋な〜んだ①➡本当のことだと思うじゃないの!

な〜んだ②

前に向けた両手の平を、同時に前に倒す。

解 「な〜んだ①」より軽い意味。
参 片手で表現する場合もある。

使い方例
遠い＋思う＋近い＋な〜んだ②➡案外、近かった

ない①

口元で、親指と人差指で輪を作り、指を離しながら横に動かす。

解 経験や行動に関して使うことが多い。口型は「ふわ」を伴うことが多い。
同 全くない

使い方例
飛行機＋ない①➡飛行機に乗ったことがない

ない②

五指で作った丸の下に、伸ばした人差指と中指を置き、ひじの方に動かす。

解 五指で作った丸はゼロを表す。
同 全くない

使い方例
会社＋休み＋遅い＋ない②➡無遅刻無欠勤
親＋反抗＋ない②➡親に逆らったことはない

ない③

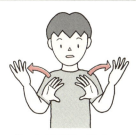

前に向けた両手の平が自分に向くよう手首を回転させる。

解 何も持っていない様子。
同 ありません

使い方例
方法＋ない③➡どうしようもない
車＋ない③➡自動車を持っていない

ない ④

指を伸ばし指先を前に向けた手を大きく数回、左右に動かす。

解 空いているスペースがあるという意味。
同 (物が)ない

使い方例
冷蔵庫＋ない④➡冷蔵庫が空っぽ
誰＋ない④➡誰もいない

ないがしろ

すぼめた手を鼻に付けひじ側に少し引き、指を開きながら斜め下に動かす。

同 捨て置く・気にしない・放っておく

使い方例
あれ（指差し）＋ないがしろ＋構わない➡あいつのことはもういい

ないよう (内容)

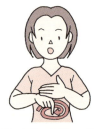

囲った手の内側で、伸ばした人差指で数回、円を描く。

同 中身

使い方例
講演＋内容＋良い➡良い内容の講演
プレゼント＋内容＋何?➡プレゼントは何?

なおす (直す)

両手の人差指を立て、手の甲を前に向けて数回交差させる。

◉ 修理・修正

参 繰り返し表すと複数の箇所を直すという意味になる。

使い方例

車＋直す➡自動車修理
文＋直す＋頼む➡校正をお願いします

ながい (長い)

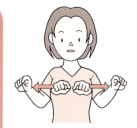

親指と人差指を付けた両手を、中央から左右に離す。

参 強調する場合には、目を細める、目を見開くなどの副詞的表情を伴う。

使い方例

説明＋長い➡長い話
時間＋長い➡長時間
長い＋島➡長島

なかなか

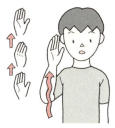

開いた手の平を前後にひねりながら上げる。

参 日本語の用法と異なり、文末に付けることが多い（使い方例参照）。

使い方例

来る①＋なかなか➡なかなか来ない
成績＋上がる②＋なかなか➡成績が伸び悩む
進める＋なかなか➡思うように進まない

305

なかま (仲間)

両手を組んで水平に円を描く。

同 和・仲が良い

使い方例

悪い＋仲間➡悪い仲間
普通＋仲間➡平和

ながめ (眺め)

下向きの手の平を額に当てる。

同 景色・見晴らし

使い方例

眺め＋良い➡良い眺め
眺め＋場所➡展望台

ながれる (流れる)

下向きに軽く握った両手を並べ、指を開きながら横に動かす。

解 物事がだめになるという意味。

使い方例

旅行＋決める①＋言い換える＋流れる➡旅行に行く予定が中止になった
商売＋やる＋言う①＋〜だけ＋流れる➡店を開くというのは話だけに終わった

なくす

両手の平を前に向けて左右に置き、握りながら交差させる。

🔄 **失う・消える・いなくなる・紛失・乾く**

使い方例

眼鏡＋なくす➡眼鏡をなくす
なくす＋危ない＋動物➡絶滅危惧種
服＋ジメジメする＋なくす➡ぬれた服が乾く

なくなる

両手を上下に向かい合わせ、上の手を下の手に付けてから指先へ動かす。

🔄 **売り切れ・治る**

使い方例

ビール＋なくなる➡ビールが空になる
服＋なくなる➡服が売り切れる
病気＋なくなる＋ホッとする＋私(指差し)➡病気が治って良かった

なぜ

手の平の下へ人差指を手前から潜り込ませ、前に出す。

解 まゆを下げる、または上げる副詞的表情を伴い、顔を小刻みに振る。口型は「お」が多い。
🔄 **どうして**

使い方例

昨日＋欠席＋なぜ＋あなた(指差し)?➡昨日はなぜ休んだの?

なだめる

親指を立てた拳の指側を、手の平で数回なでる。

<慰められる>
親指を立てた拳の甲側を、手の平で数回なでる。
【反対の動き】

同 お世辞・おだてる・慰める

使い方例

おじいさん+怒る+なだめる+私（指差し）➡怒っているおじいさんをなだめた

なっとく（納得）

人差指をのどに付け、胸にかけて下ろす。

同 味わう・経験した

使い方例

納得+あなた（指差し）?➡納得した?
北海道+飛行機+納得+終わり➡北海道に行ったことがある

なに（何）

立てた人差指を左右に数回、振る。

同 どう
参 文頭と文末のどちらで使っても良い（使い方例※参照）。

使い方例

食べる+何※?／何※?+食べる➡何を食べますか?
名前+何?➡お名前は?
芝居+テーマ+何+桜➡演目は「桜」です

なべ (鍋)

上向きの両手の平を重ね、左右に離しながら上げて握る。

解 鍋の形を表す。

使い方例
鍋＋料理➡鍋もの
優しい＋鍋➡渡辺

なま (生)

両拳を同時に軽く上下に2回動かす。

使い方例
生＋食べる＋できる＋あなた（指差し）?➡生ものは食べられますか?
生＋見る②＋〜した➡**実際に見た**

なまいき (生意気)

すぼめた手を鼻に付けて前に出す。

同 自慢・うぬぼれる

使い方例
あれ（指差し）＋生意気➡彼は生意気だ
息子＋賢い＋生意気＋私（指差し）➡優秀な息子を自慢する

なまえ（名前）

<名前①>
手の平に、立てた親指の腹を当てる。

<名前②>
親指と人差指で作った輪を、その手と反対側の胸に付ける。

[解] ①は主に関東、②は主に関西で使われる表現。

[使い方例]
商売＋名前①＋何?➡店の名前は何ですか

なやむ（悩む）

人差指と中指を曲げた両手を向かい合わせ、顔の脇で数回前に回す。

[解] 頭を手の方に傾ける。

[使い方例]
悩む＋多い②➡悩みが多い
悩む＋不要➡悩まなくていい

なるほど

親指と人差指を伸ばし、親指をあごに付けたまま人差指を数回横に動かす。

[解]「ふーん」「そう」など軽い相づちの意味。

[同] **感心する**

[参] 目上の人には使わない方が望ましい。目上の人に対する相づちとしては、「へぇ」を参照。

なれる (慣れる)

立てた親指の爪側をほおに付けて、下ろす。

使い方例

仕事＋慣れる＋私（指差し）➡仕事に慣れた
勉強＋慣れる＋まだ＋私（指差し）➡まだ学校になじめない

なんちょう (難聴)

立てた手の平を顔の前に置き、下ろす。

回 市（いち）

使い方例

難聴＋人々＋協会➡難聴者協会
難聴＋川➡市川
難聴＋場所➡市場

なんでも (何でも)

手の平の上に、小指側を下にした手の平を立て外側に手首を折る。

解 手首を折る際に、小指は離さない。
同 全種類

使い方例

私＋食べる＋何でも➡食べ物の好き嫌いがない

に

【相手から見た形】　【自分から見た形】

人差指・中指を開いて伸ばし、横に向ける。

におい (匂い)

伸ばした人差指と中指の指先を鼻の下に近付ける。

同 香り・空気・息・呼吸・ガス

使い方例

匂い＋良い⇒良い匂い
匂い＋変（顔をしかめる副詞的表情を伴う）⇒変な匂い

にがて (苦手)

自分に向けた手の平の中指の腹の辺りを鼻に付ける。

同 不得手・好きではない・興味がない

使い方例

料理＋苦手＋私（指差し）⇒料理は苦手だ
プロレス＋苦手⇒プロレスには興味がない

にく (肉)

手の甲の皮を、片方の親指と人差指でつまむ。

使い方例
豚＋肉→豚肉
肉＋魚＋どちら?→肉と魚のどちらにしますか?

にげる (逃げる) ①

🔄 逃亡・避難

下向きの手の平の下から伸ばした人差指と中指を斜め前に出す。

使い方例
家＋逃げる①→家出
逃げる①＋早い・速い→逃げ足が速い

にげる (逃げる) ②

🔄 サボる

両拳を少し離して重ねるように斜めに置き、同時に上げる。

使い方例
仕事＋逃げる②→仕事をサボる
逃げる②＋ずるい＋あなた (指差し)→逃げるとは卑怯だ

にし (西)

親指と人差指を伸ばし、下に向けた両手を下げる。

解 太陽が沈む様子。
参 下に2回動かすと「**京都**」になる。

使い方例
西+日本➡西日本
西+川➡西川

にせ (偽)

人差指と中指を伸ばし、手首を外側に返しながら人差指を曲げる。

解 指文字の「に」と「せ」から変化した動き。

使い方例
偽+花➡造花
偽+宝石➡イミテーション
偽+それ(指差し)➡偽物

にている (似ている)

両手の親指と小指を立てて小指を交差させてから左右に離す。

同 親戚・親類・〜みたいな

使い方例
あなた+私+服+似ている+そう➡あなたの服と似ているね
夢+似ている➡夢みたい
賢い+似ている➡頭がいいみたい

にのまいをえんじない (二の舞を演じない)

手首の甲側に、伸ばした人差指と中指の背を乗せてひっくり返す。

同 これから気を付ける

使い方例
二の舞を演じない＋疑う＋必要➡同じ過ちを繰り返すな！
二の舞を演じない＋気を付ける➡同じ轍を踏まない

にぶい (鈍い)

伸ばした人差指の指先に片方の人差指で円を描く。

同 鈍感・気が利かない

使い方例
思う＋鈍い➡頭が鈍い
あれ（指差し）＋鈍い➡彼は気が利かない

にほん (日本)

親指と人差指を伸ばし指先を合わせ、左右に引きながら指を付ける。

解 本州の地形を表す。
同 全国

使い方例
日本＋手話➡日本手話
日本＋空＋想像➡全国の天気予報

315

ニュース

両手の伸ばした人差指と中指を、同時に2回手首を外側に返す。

解 人差指と中指は指文字の「に」を表す。

使い方例
手話＋ニュース➡手話ニュース
テレビ＋ニュース➡テレビのニュース

にる (煮る)

上向きにした手の下に、指を軽く曲げた手の指先を数回付ける。

解 上の手は鍋、下の手は火を表す。
同 焼く

使い方例
煮る＋卵➡ゆで卵
煮る＋魚➡煮魚
米＋煮る➡米を炊く

にわ (庭)

両手の指先を合わせて屋根の形を作る。

片方の手を離して、前方で手の平で水平に円を描く。

解 屋根の形にした両手は家を、円は建物の外の辺りを表す。

使い方例
庭＋広い➡広い庭
庭＋一緒➡庭がある

にんきがある (人気がある)

軽く指を開いた下向きの手の平の指先を、立てた親指に近付ける。

同 ファン・もてる・人望がある

使い方例

あれ（指差し）＋人気がある➡彼は人気者
あれ（指差し）＋人気がある＋私（指差し）➡彼女のファンです

にんきがない (人気がない)

立てた親指に付けた下向きの手の平を反らすように離す。

同 もてない・人望がない

使い方例

今＋あれ（指差し）＋人気がない➡彼は落ち目だ
人気がない＋私（指差し）➡私は人望がない

にんしん (妊娠)

両手の平を重ねて、お腹の前で下に弧を描くよう動かす。

解 お腹が大きくなっている様子。

使い方例

妊娠＋女➡妊婦
断る＋妊娠➡避妊

317

【相手から見た形】　【自分から見た形】

人差指を上に立てて曲げ、他指は握る。

ぬう (縫う)

親指と人差指を付けた両手を上下させながら中央に寄せる。

(解) 裁縫をしている動き。
(同) 和裁・手縫い

使い方例

着物＋縫う➡着物を縫う
昔＋ろう＋勉強＋縫う＋専門＋ある➡昔のろう学校には和裁科があった

ぬすむ (盗む)

人差指を曲げた手を倒し、手前に引く。

＜盗まれる＞
人差指を曲げた手を手前から外側に動かす。
【反対の動き】

(同) 盗難・泥棒
(参) 人差指を曲げた手の平を上向きにし、顔の前で数回、手前に引くと「見よう見真似」になる。

使い方例

お金＋盗む➡金を盗む

ね

【相手から見た形】 【自分から見た形】

全ての指を開いて伸ばし、下に向ける。

ねあげ（値上げ）

両手の親指と人差指で輪を作り、内側に弧を描きながら上げる。

<値下げ>
両手の親指と人差指で輪を作り、外側に弧を描きながら下げる。
【反対語】

解 指の輪はお金を表す。
同 値上がり・物価が上がる

使い方例
値上げ＋とても➡すごい値上がり
食べる＋値上げ＋〜ため＋生活＋苦しい①②➡食品の値上げで生活が苦しい

ネクタイ

人差指と中指を伸ばし、指先をのど元に付けてから下ろす。

解 ネクタイの形を表す。

使い方例
ネクタイ＋濃い➡派手なネクタイ
ネクタイ＋プレゼント＋終わり＋私（指差し）➡ネクタイを贈った

319

ねこ (猫)

拳を顔の横に置いて、2回前に倒す。

解 猫の手の動き。

使い方例
猫＋もらう➡猫をもらう
猫＋世話➡猫の世話
猫＋教える➡猫のしつけ

ネズミ

人差指と中指を曲げた手を口元に付け、小さく曲げ伸ばす。

解 曲げた指はネズミの歯を表す。

使い方例
生む＋ネズミ＋私（指差し）➡子（ねずみ）年生まれです
ネズミ＋色➡ねずみ色（グレー）

ねたむ (妬む)

伸ばした人差指と中指を鼻に付け、交互に数回付け離しする。

同 焼きもち・嫉妬する

使い方例
妬む＋強い➡嫉妬心が強い
夫＋妬む＋あれ（指差し）＋うんざり＋私（指差し）➡主人が焼きもち焼きで嫌になる

ネックレス

親指と人差指で輪を作り、胸の辺りで下向きの半円を作るように動かす。

解 指で作った輪は珠を表す。
参 伸ばした人差指で同様の動きをする表現もある。

使い方例
ネックレス＋美しい➡きれいなネックレス

ネットワーク

両手を水平に左右に回し前方で付き合わせる。

解 網の目が広がっている様子。

使い方例
ろう＋人々＋ネットワーク➡ろう者のネットワーク

ねぼう（寝坊）

拳を顔の横に付け、首をかしげながら手を上げる。

使い方例
寝坊＋性質＋あれ（指差し）➡彼はいつも寝坊する
寝坊＋後悔➡寝過ごした

ねむれない (眠れない)

両手の指先を自分に向けて目元で数回、指を付け離しする。

目を開けたり閉じたりしている動き。
対 不眠

使い方例
暑い＋眠れない→暑くて眠れない
眠れない＋病気→不眠症

ねる (寝る)

<寝る①>
首をかしげながら拳を顔の横に付ける。

<寝る②>
首をかしげながら指を伸ばした両手を合わせ、顔の横に付ける。

同 泊まる・おやすみなさい

使い方例
寝る＋足りない→寝不足
寝る＋時間→就寝時間
昼＋寝る→昼寝

ねん (年)

<年①>
伸ばした人差指で、拳の上を叩く。

<年②>
伸ばした人差指で、拳を一回りして、最後に拳の上に指を付ける。

使い方例
年＋間→年間
いつも＋年→毎年
年＋給料→年俸
年＋お金→年金

の

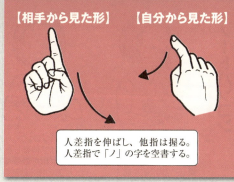

【相手から見た形】　【自分から見た形】

人差指を伸ばし、他指は握る。
人差指で「ノ」の字を空書する。

の　のうぎょう ➡ ノウハウ

のうぎょう（農業）

拳を少し離して斜めに置き、2回回しながら手前に引く。

解 耕す動き。
同 耕作

使い方例
村＋農業➡畑を耕す
農業＋家➡農家

ノウハウ

＜方法＞
手の甲を、片方の手の平で軽く2回叩く。

＜いろいろ＞
親指と人差指を伸ばした片手を軽くひねりながら横へ引いていく。

解 「方法」と「いろいろ」の複合語。

使い方例
あなた（指差し）＋ノウハウ＋素晴らしい➡あなたのノウハウは素晴らしい
これ（指差し）＋ノウハウ＋秘密➡このノウハウは秘密だ

ノートパソコン

上向きの手の平の上に、下向きの手の平を乗せ、親指側を前方に出す。

<パソコン>
前に向けて伸ばした人差指と中指を素早く上げ、片方の指を動かす。

解 左側は、ノートパソコンを開くときの様子。

使い方例
今＋頃＋ノートパソコン＋種類＋多い②➡最近のノートパソコンは種類が豊富だ

のこり（残り）

上向きの手の平の上に、上向きの手の平を乗せ、手前に滑らせる。

同 余り・跡・お釣り

使い方例
残り＋いくつ①?➡お釣りはいくら?
弁当＋残り➡弁当が余った
時間＋残り➡時間に余裕がある
歴史＋残り➡史跡

のぞく（除く）

手の平の上に、人差指を下にした手を立て、斜め前に滑らせる。

解 いらないものを除く動き。
同 排除・削除

使い方例
壊す＋除く＋頼む➡欠陥品は除いてください
説明＋長い＋除く＋頼む➡話は短めにお願いします

のむ〈飲む〉①

親指と人差指で半円を作り、口元で斜めに動かす。

解 日本酒を飲む場合に使う。親指と人差指はおちょこを表す。

使い方例
飲む①＋会➡飲み会
飲む①＋行く➡飲みに行く
飲む①＋商売➡居酒屋

のむ〈飲む〉②

軽く指を曲げた手の親指を自分に向けて口元に持ってくる。

解 コップで飲む場合に使う。

使い方例
水＋飲む②➡水を飲む
牛乳＋飲む②➡牛乳を飲む

のむ〈飲む〉③

親指と小指を立てて、親指を自分に向けて口元に持ってくる。

解 ビールを飲む場合に使う。親指と小指はジョッキの持ち手を表す。
同 ジョッキ・生ビール

使い方例
飲む③＋注文➡生ビールを頼む
暑い＋飲む③＋おいしい➡夏は生ビールが美味い

のり

上向きの手の平の上に、伸ばした人差指を付けて前後に動かす。

解 紙にのりを塗っている様子。

使い方例
のり＋必要➡のりが必要

のる (載る)

手の平に、指を軽く曲げた手を下向きにし乗せる。

解 下の手の平を紙に見立てている。
同 掲載

使い方例
新聞＋載る➡新聞に載る
いつも＋載る＋載る＋載る＋続く➡連載
宣伝＋載る➡広告が載る

のる (乗る)

手の平の上に、人差指と中指を下向きにした手を乗せる。

＜降りる②＞
手の平の上に乗せた人差指と中指を横に下ろす。
【反対語】

解 人差指と中指を足に見立てている。

使い方例
電車＋乗る➡電車に乗る
船＋乗る➡乗船

は

【相手から見た形】 【自分から見た形】

人差指と中指をそろえて前方に伸ばし、他指は握る。

は（葉）

人差指に片方の親指と人差指の先を付け、開閉しながら横へ引く。

解「葉っぱ」をかたどっている。

使い方例

若い＋葉➡若葉
葉＋山➡葉山
秋＋葉➡秋葉

バーチャル

<試す>
手の平を横に向け立てた人差指の先を目の下に軽く2回当てる。

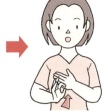
<例えば>
親指と人差指で輪を作り、片方の手の甲に付ける。

解「試す」と「例えば」の複合語。

使い方例

バーチャル＋本当＋状態➡バーチャルリアリティー（仮想現実）

バーベキュー

両手の人差指を、同時に手首を返し、同方向へ回転させる。

解 串を回している様子。

使い方例
バーベキュー＋大会➡バーベキュー大会

はいかい（徘徊）

下に向けて伸ばした人差指と中指をふらふらさせながら前に出す。

解 人がふらふらと歩いている様子。

使い方例
徘徊＋おじいさん➡徘徊老人

バイク

下向きの両拳を左右に置き、右の拳を下から前方へ2回ひねる。

解 バイクのアクセルを操作する様子。「単車」一般を意味する。
同 オートバイ
参 「スクーター」と「バイク」は口型で区別する。

使い方例
警察＋（白＋）バイク➡白バイ

はいる（入る）

右手の人差指中央に左手の人差指先を付けたまま、前方へ倒す。

[解] 漢字の「入」を表す。

使い方例

入る＋口→入り口
仕事＋入る→**就職**

ばか（馬鹿）

頭の上方から親指と他四指を閉じながら、頭の横に付けていく。

[解] 情報にうといという意味でも使われる。

使い方例

私＋馬鹿＋ごめんなさい→勉強不足ですみません

はげ

手の平で、前頭部辺りを下から払うように叩く。

[解] スキンヘッドのような状態だけでなく、髪が薄い場合にも使う。

使い方例

若い＋はげ＋速い→若はげだね
病気＋〜ため＋はげ→病気で毛が抜けた

はけん（派遣）

下に向けた手の平の下から、立てた親指を前に向けて出す。

[解]親指を人に見立てて、移動する様子。

[同]**出張**

使い方例

派遣＋会社➡派遣会社
明日＋広島＋派遣＋私（指差し）➡明日は広島へ出張だ

はし（橋）

前に向けて伸ばした人差指と中指を山なりに自分側に引く。

使い方例

高い①＋橋➡高橋
新しい＋橋＋成功➡新しい橋が完成した

はじ（恥）

＜恥①＞
伸ばした人差指の親指側の面を、ほおに勢いよく付ける。

＜恥②＞
両手の人差指でバツを作り、ほおに付ける。

[同]**不名誉・顔がつぶれる**

使い方例

家＋恥➡家の面汚しだ

はじまる (始まる)

前に向けた両手の平を、中央から左右へ少し弧を描くように開く。

同 開始

使い方例
始まる＋大会➡開会式
相談＋始まる＋時間➡会議の開始時間

はじめて (初めて)

<初めて①>
下向き手の平を上げながら人差し指以外の指を閉じる。

<初めて②>
下向きの手の上で、手の平を上げながら人差し指以外の指を閉じる。

同 最初

参 順番としての意味での「初め」は「まず」を参照。

使い方例
初めて＋優勝➡初優勝
初めて＋恋愛➡初恋
(〜に)至る＋初めて➡史上初

ばしょ (場所)

指を軽く曲げた手を下向きにし、置くように少し下げる。

同 位置

使い方例
家＋場所➡**住所**
仕事＋場所➡**職場**
生む＋場所➡**出身地・故郷**

バス

親指と人差指を伸ばして、向かい合わせ、同時に前に出す。

使い方例
探す＋バス➡観光バス
勉強＋バス➡スクールバス
バス＋ツアー➡バスツアー

はずかしい（恥ずかしい）

鼻に付けた手をすぼめつつ前に出す動作を繰り返す。

解 はにかんで「照れくさい」場合にも使うが、「顔向けできない」「合わせる顔がない」が元の意味。
同 恥じらう・面目ない

使い方例
失敗＋恥ずかしい➡失敗して決まりが悪い

パスポート

手の平を合わせた両手を左右に開く。

手の平に、片方の拳の小指側を打ち付ける。

解 パスポートに出入国のスタンプを押す様子。
同 旅券

使い方例
公＋専門＋パスポート➡公用パスポート
パスポート＋申し込む➡パスポートの申請

はずれ (外れ)

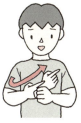

伸ばした人差指を、拳をかすめて、さらに反対側へ進める。

解 目標を外れる様子。
同 逸れる

使い方例
楽しい＋待つ＋外れ➡期待はずれ
報告＋外れ➡的外れな回答
想像＋外れ➡予想外

パスワード

＜秘密＞
立てた人差指を唇に寄せる。

＜数＞
両手の人差指・中指・薬指を立て、小指側を2回付ける。

解 「秘密」と「数」の複合語。

使い方例
パスワード＋守る＋愛➡パスワードの保護が重要
先週＋パスワード＋盗まれる➡先週、パスワードが盗まれた

パソコン

前に向けて伸ばした人差指と中指を素早く上げ、片方の指を動かす。

解 指文字「ぱ」とキーボードを打つ様子。

使い方例
パソコン＋教える＋部屋➡パソコン教室

はっきり

両手の平を左右にそろえ同時に、自分側と前方へ動かす。

同 明らか・鮮明
反 あいまい

使い方例
印刷＋はっきり➡
鮮明な印刷
証拠＋はっきり➡
明白な証拠
あなた＋落ち度＋
はっきり➡明らかに
あなたの過失だ

はっけん（発見）

曲げた人差指と中指の指先を顔に向けて置き、斜め上に素早く上げる。

同 見つける

使い方例
新しい＋発見➡新発見
発見＋力➡洞察力

ハッシュタグ

伸ばした人差指と中指に、横向きに伸ばした人差指と中指を重ねる。

解 ハッシュタグ（#）の形を表す。

使い方例
ハッシュタグ＋使う＋方法＋わからない②➡ハッシュタグの使い方がわからない

はと（鳩）

手の親指側をのど元に付け、弧を描くようにし胸下に小指側を付ける。

解 鳩胸を表す。

使い方例
山＋鳩➡山鳩
鳩＋家➡鳩舎
鳩＋山➡鳩山

はな（花）

指を軽く曲げ手首を付けた両手を、手首を軸に回しつつ指を開く。

解 つぼみが開いていく様子。
同 咲く

使い方例
花＋商売➡花屋
草＋花➡草花
偽＋花➡造花
本当＋花➡生花

はなす（話す）①

指を少し開いた手を口元から少し前に出す動作を繰り返す。

解 声が出て行く様子。
参 何度も繰り返すと「しゃべりまくる」「まくし立てる」になる。音声で話す場合だけでなく、手話で話す場合についても使える。

使い方例
話す①＋性質➡おしゃべりな性格

はなす (話す) ②

片手の手首辺りを口元に置き、親指と他四指を開閉する。

解 唇が動く様子。
参 小さい動きで表すと「つぶやく」「ささやく」になる。音声で話す場合だけでなく、手話で話す場合についても使える。

使い方例
英語＋話す②＋できる?➡英語を話せますか?

バナナ

軽く握った手の上から片方の手で皮をむくように何度か下ろす。

解 バナナの皮をむく様子。

使い方例
バナナ＋ケーキ➡バナナケーキ
バナナ＋痩せる➡バナナダイエット

はなよめ (花嫁)

自分に向けた両手の平を、額の前から左右に離し頭の横まで回す。

解 角隠しを表す。
同 嫁・新婦

使い方例
花嫁＋練習➡花嫁修業
花嫁＋入る＋引き出し➡嫁入り道具
花嫁＋着物➡花嫁衣装

パニック

軽くすぼめた両手を開きながら、顔の前に持ってくる。

【解】混乱している様子。顔の前に持ってきた手を少し震わせる。

使い方例
パニック＋壊す➡パニック障害
昨日＋交通事故＋パニック➡昨日、交通事故に遭ってパニックになった

はま（浜）

やや丸めた手の甲を、片方の手の平で上下になでる。

【解】波が渚に打ち寄せる様子。
【同】海岸
【参】「海」をこの手話で表すこともある。

使い方例
浜＋遊ぶ＋歩く➡浜辺を散歩する
浜＋田➡浜田

はやい（速い・早い）

親指と人差指の先を付けた手を、投げるように横へ動かしつつ指先を離す。

【解】時期、時刻が前であるという意味の「早い」も、速度の「速い」も、この手話を使う。
【同】すぐ・急ぐ

使い方例
速い＋下げる➡速度を緩める
速い＋決める①②➡即断
速い＋相談➡緊急会議

はやし（林）

指先を上にし、向かい合わせた両手の平を交互に上下させる。

解 木がたくさん立っている様子。

使い方例
竹＋林➡竹林
松＋林➡松林

はら（腹）

手の平で腹をなでる。

同 原
参 読みが同じなので、漢字の「原」もこの手話を当てる。

使い方例
腹＋田➡原田
美しい＋腹➡清原
石＋腹➡石原
腹＋家➡原宿

ばらばら

軽くすぼめた両手の指を開きながら外側へ交互に動かす動作を繰り返す。

同 散らかる・散乱・雑然・乱雑・離れ離れ

使い方例
服＋ばらばら➡洋服が散乱
家族＋ばらばら➡一家離散
部屋＋ばらばら➡室内が散らかっている

はらをわる（腹を割る）

腹の中央に両手の指先を当て、左右に同時に開いていく。

同 忌憚ない

使い方例
腹を割る＋会話→腹を割って話し合う
腹を割る＋説明→忌憚なく述べる

 コラム　漢字にとらわれない表現

　手話の特徴の1つとして漢字の意味にとらわれないで表す場合があります。名前の表現で具体例を見てみましょう。「佐藤」さんは「砂糖」で表現します。「原」さん、「原田」さん、「大原」さん等の「原」は、「腹」で表現します。「渡辺」さんは「鍋」で表現します。これらは漢字の読みが同じなので、このように表現します。

はりあう（張り合う）

人差指の先を向かい合わせた両手を、素早く少しずつ交互に上げていく。

解 険しい表情で表す。
同 討論する

使い方例
会社＋同期＋張り合う→同僚とやり合う
お母さん＋私＋張り合う→母とは言い分がかみ合わない

バレーボール

額の前辺りで、斜め上に向けた両手の平を同時にパスするように動かす。

参 スポーツは、「テニス」や「プロレス」などその動作が語彙化したものが多い。

使い方例
6＋人①＋法律＋バレーボール➡六人制バレー
浜＋バレーボール➡ビーチバレー

ばれる

手の平の指の間に、片方の手の指を前方から自分に向けて通す。

<見破る>

手の平の指の間に、片方の手の指を自分の側から前方に向けて通す。
【反対の動き】

同 見透かされる

使い方例
デート＋ばれる➡デートをしたのがばれる
ばれる＋失敗➡ばれちゃった

パワーハラスメント

両拳を少し離して斜めに置き、上の拳を開きながら下の拳に乗せる。

解 力で押さえ付けている様子。

使い方例
パワーハラスメント＋断る＋対する＋計画➡パワーハラスメント防止対策
去年＋パワーハラスメント＋受ける➡去年、パワーハラスメントを受けた

パン

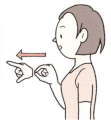

親指と人差指を付けた手を、前に出すと同時に指を離す。

参 斜め横から口元に向けて指をパッと離す表現もある。

使い方例
パン＋商売➡パン屋
朝＋時々＋パン＋私（指差し）➡朝食に時々パンを食べます

はんい（範囲）

左側で右手指先を左手の平に当てた後、右側で左手指先を右手の平に当てる。

解 左右の限界を表している。左右逆に表現しても良い。
同 制限

使い方例
いくつ②＋範囲➡年齢制限
範囲＋学生＋〜だけ➡学生限定
競う＋範囲➡試験範囲

はんこう（反抗）

拳を握った手のひじを張るように斜めに上げる。

解 肘鉄を食わせる様子。
同 逆らう・反発

使い方例
反抗＋決める①➡勝手に決める
反抗＋いくつ②➡反抗期
私＋男＋反抗➡私は彼を振る

はんせい（反省）

手の平を頭の横から弧を描いて下ろし、指先を腹に付ける。

(同) 省みる

使い方例
反省＋会➡反省会
反省＋とても➡深く反省する
反省＋必要➡自分を見直さなければならない

はんたい（反対）

両手の甲の指同士を左右から近付け、ぶつける。

(同) 対立する

使い方例
意見＋反対➡反対意見
お互い＋反対➡反目し合う
戦争＋反対➡反戦

はんだん（判断）

手の平の上で、片方の手の平を下に弧を描くように左右に振り動かす。

(解) 振り分ける様子。中央で小指側を手の平に付ける。
(同) 見極める

使い方例
判断＋間違い①➡判断ミス
使う＋判断➡使い分ける
判断＋たやすい➡目が利く

はんのう (反応)

手の平に、片方の人差指の先を付け、直ぐに弾き返すように離す。

解 跳ね返る様子。
同 反響

使い方例

反応＋ない①➡無反応
人々＋反応＋とても➡反響を呼ぶ
学生＋反応＋良い➡学生の受けがいい

はんぶん (半分)

手の平中央に、指先を前に向けた手の平小指側を垂直に当て、手前に引く。

解 真ん中から切る様子。
同 半額・割引

使い方例

ケーキ＋半分＋別れる➡ケーキを半分に分ける
半分＋チケット➡半額券
壊す＋人②＋半分➡障害者割引

コラム 半分の使い方

「半分」という表現は、物を半分に切る様子を表しているので、「半額」という意味でも使われます。また「割引」という意味でも使われます。ただし、あくまで半分にする様子なので、例えば「10％割引」などという場合にはこの表現は使えないので注意してください。「障害者割引」などというように用いることはできます。

ひ

【相手から見た形】　【自分から見た形】

人差指を上に伸ばし、他指は握る。

ひ (日)

立てた人差指に、片方の指間を開けた人差指・中指・薬指の先を付ける。

解 漢字の「日」を表す。

使い方例
普通＋日➡平日
子供＋日➡こどもの日
記念＋日➡記念日

ひ (非)

縦にした両手の人差指・中指・薬指を外側に同時に開く。

解 漢字の「非」の左右の三本の線を表す。

使い方例
非＋口➡非常口
非＋会＋員➡非会員
非＋仕事＋委員➡非常勤職員

PDF

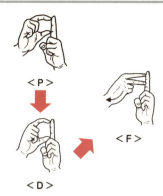

解 アルファベットの「P」と「D」と「F」の複合語。

使い方例
紙①＋PDF＋換わる➡書類をPDFにする

ビール

拳の親指側に、人差指と中指の腹を付け手首を上げる。

解 ビール瓶の栓を抜く様子。

使い方例
生＋ビール➡生ビール（飲む③も「生ビール」を意味することもある）
ビール＋貫く➡ビール一辺倒

ひがいしゃ（被害者）

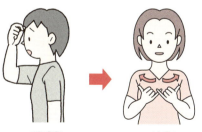

<迷惑②>
眉間をつまむように拳を付ける。

<人②>
親指と小指を立てた両手を、ひねりながら中央から外側に開く。

解 「迷惑②」と「人②」の複合語。
反 加害者

使い方例
被害者＋守る➡被害者保護

ひがし (東)

親指と人差指を伸ばした両手を同時に上げる。

解 太陽が昇る様子。
参 同様に2回上げると「東京」になる。

使い方例
東+日本➡東日本
東+口➡東口

ひかり (光)

すぼめた手を斜めに下ろしながら指を開いていく。

解 上から光が差している様子。
同 明かりが差す

使い方例
月+光➡月光
光+電話➡光電話
日+光➡日光（地名）
太陽+光➡日光・太陽光線

ひきだし (引き出し)

親指以外を軽く曲げた両手を同時に2回ほど上下ずらして、手前に引く。

解 引き出しを開けるという意味。
同 家具・たんす

使い方例
引き出し+商売➡家具店
着物+引き出し➡和ダンス
花嫁+入る+引き出し➡嫁入り道具

ひきつぐ（引き継ぐ）

ひじを少し張り、上向きの手の平の指を、下向きの手の平の指で叩く。

解 タッチする様子。

使い方例
仕事＋引き継ぐ➡仕事の引き継ぎ
選手＋引き継ぐ➡選手交代

ひくい（低い）

下向きの手の平を下げる。

使い方例
低い＋木➡低木
仕事＋力＋低い➡仕事の能力が低い
声＋低い➡低い声

ひこうき（飛行機）

<飛行機①>
親指・人差指・小指を伸ばした下向きの手の平を山なりに前方に出す。

<飛行機②>
親指と小指を伸ばした下向きの手の平を山なりに前方に出す。

同 飛行機で行く
参 逆に指先を自分に向け、自分の方に動かすと「飛行機で来る・帰る」になる。

使い方例
飛行機＋場所➡空港
世界（＋遊ぶ）＋飛行機➡海外旅行

ひさしぶり (久しぶり)

親指以外の指の背同士を付けた両手を、左右に離していく。

🔄 **同** しばらく
📝 **参** 動きの出だしを少し溜めて表すと「かなり久しぶり」というように強調した表現になる。

使い方例
久しぶり＋元気？➡お久しぶりです、お元気ですか？
久しぶり＋会う➡久々に会う

ひじょうしき (非常識)

小指側同士を付けた拳の片方を、前方へ素早く離す。

🔄 **同** 無礼・失礼・無作法
↔ **反** 礼儀

使い方例
電車＋内＋メイク＋非常識➡電車で化粧をするのはマナー違反
質問＋非常識➡ぶしつけな質問

ひっこし (引っ越し)

指を伸ばし斜めにした両手の指先を付けたまま山なりに動かす。

💡 **解** 「家」の手話を移動させる。
🔄 **同** 転居

使い方例
引っ越し＋助ける➡引っ越しを手伝う

ひつじ (羊)

両手の伸ばした人差指の先を、各々の耳に向けて回す。

解 羊の角の様子。

使い方例
羊＋肉➡羊肉
生む＋羊➡未（ひつじ）年生まれ

ひつだん (筆談)

親指と人差指の先を付けた手を手の平に乗せ、一緒に前後に動かす。

解 紙に書いてやり取りする様子。

使い方例
筆談＋技術＋ある➡筆談にはコツがある
筆談＋頼む➡筆談でお願いします

ビットコイン

<B>　<お金>
親指と人差指で作った輪を小さく振る。

解 アルファベットの「B」と「お金」の複合語。

ひつよう（必要）

両手の四指の先を脇付近の胸に同時に当てる。

- 同 用事・不可欠
- 参 「必要ない」は「必要＋ない」ではなく、「不要」と表す。

使い方例
行く＋必要➡行かなければならない

ビデオカメラ

親指・人差指・中指を伸ばした手の小指側を手の平に乗せたまま動かす。

＜撮影される＞
親指・人差指・中指を自分に向けて伸ばした手を振る。
【反対の動き】

- 解 ビデオ撮影している様子。
- 同 撮影する

使い方例
運動＋会＋ビデオカメラ➡運動会を撮影する

ひと（人）

＜人①＞
自分から見た漢字の「人」を、人差指で空書する。

＜人②＞
親指と小指を立てた両手を、ひねりながら中央から外側に開く。

- 同 ～人（にん）
- 参 人数を表す場合、数字を表した手の下に片方の手で「人」を表す。10人までを表す場合は、数字を表した手で「人」の形に動かす方法もある。

使い方例
人①＋数➡人口
悪い＋人②➡加害者

ひとびと（人々）

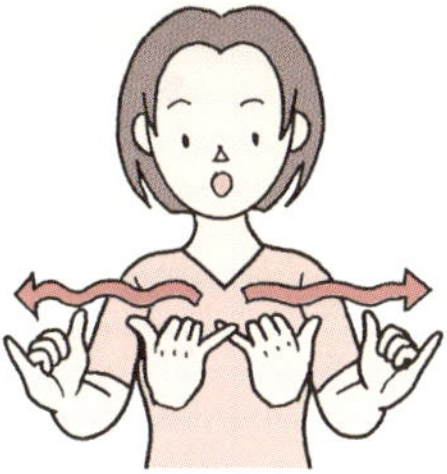

親指と小指を立てた両手を、ひねりながら中央から左右に離していく。

[解] 親指が男、小指が女を表す。

[同] **～者・民（みん）**

使い方例

国＋人々→国民
人々＋法律→民法
関係＋人々→関係者

ひとり（独り）

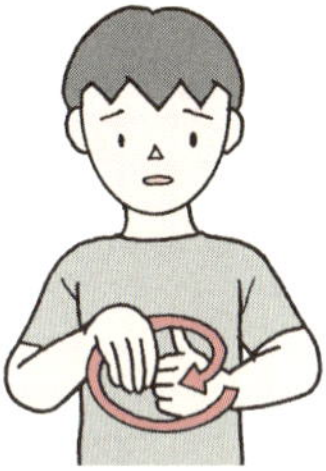

立てた親指の周りで、指をそろえて指先を下にした手を回す。

[同] **独身・孤立・単身・孤独**

[参] 立てるのは人差指でも良い。

使い方例

独り＋寂しい→孤独で寂しい
独り＋生活→一人暮らし
兄弟＋ない③＋独り→一人っ子

ひはん（批判）

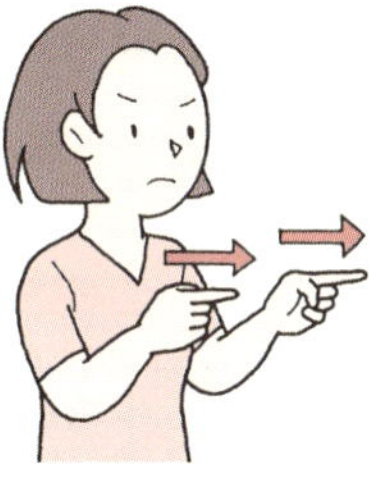

人差指を前に伸ばした両手を少し前後にずらし、同時に強く前に出す。

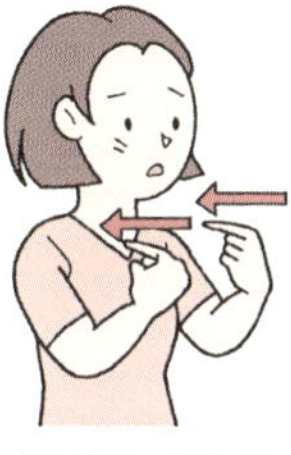

<批判を受ける>
人差指を自分に向けて伸ばした両手を少し前後にずらし、同時に強く手前に引く。
【反対の動き】

[解] やりで刺すような動き。

[同] **抗議・追及・非難**

使い方例

批判＋批判＋批判（位置を少しずらしながら同じ所に向けて表す）→非難ごうごう
厳しい＋批判→厳しく追及する

ひひょう (批評)

手の平の上に、片方の人差指の先の側面を何度か当てる。

- 同 講評
- 参 批判的なニュアンスもある。

使い方例
絵＋批評➡絵画の批評をする
まとめる＋批評➡総評
批評＋家➡評論家

ひま (暇)

両手の平を上向きにして、だらんと左右へ同時に下ろす。

- 解 何もしていない様子。
- 同 手が空く・のんびり

使い方例
明日＋暇➡明日は時間がある
今＋暇？➡今ちょっとよろしいですか？

ひみつ (秘密)

立てた人差指を唇に寄せる。

- 同 内緒・静か

使い方例
秘密＋頼む➡内密にお願いします/静かにして下さい
秘密＋用意➡こっそり準備を進める
秘密＋部屋＋入る➡無断で入室する

ひょう (表)

指を開いた手を横へ動かし、さらに上から下へ動かす。

解 表のマス目を表す。
同 原稿・データ

使い方例
まとめる＋会計＋表→統計表
時間＋表→時刻表
表＋試合→リーグ戦

びよういん (美容院)

やや丸めた両手を、頭の左右から何度か回転させながら下ろす。

解 髪のウェーブの様子。
同 パーマ

使い方例
母＋美容院＋行く→母が美容院へ行く
あれ（指差し）＋美容院＋有名→あそこの美容院は有名です

びょういん (病院)

＜脈＞
手首の内側に、片方の指先を付ける。

＜建物＞
向かい合わせた両手の平を同時に上げた後、手の平を下にして中央で付ける。

解「脈」と「建物」の複合語。

使い方例
大学＋病院→大学病院
国＋立つ＋病院→国立病院
個人＋病院→個人病院

びょうき (病気)

拳の親指側で額を軽くトントンと叩く。

使い方例

病気＋人々➡患者
病気＋重い➡重病
うそ＋病気➡仮病
病気＋なくなる➡治癒する
甘い＋おしっこ＋病気➡**糖尿病**

ひょうげん (表現)

手の平の中央に、人差指の先を付け、一緒に前に出す。

解 見せる様子。
同 表す・示す

使い方例

表現＋力➡表現力
力＋表現➡力を発揮する
テーマ＋表現➡テーマを打ち出す

ひょうじょう (表情)

顔に向けた横向きの両手の平を上下に置き、交互に左右に動かす。

解 表情が変化する様子。

使い方例

表情＋ない①➡無表情
手話＋（〜の）時＋表情＋イコール＋文＋法律＋言う②➡手話では表情が文法です

びょうどう (平等)

人差指側同士を付けた両手の平を左右に水平に離す。

解 平らな様子。
同 公平

使い方例

男＋女＋平等→男女平等
社会＋平等＋必要→差別のない社会にしなくては

ひらきなおる (開き直る)

親指と人差指の先を付けた両手の拳を、体の左右で手首を軸に前に回す。

解 尻をまくる様子。
同 居直る

使い方例

開き直る＋説明→強い態度で（腹を据えて）話す
開き直る＋再び→仕切り直し

ひらく (開く)

人差指の側面同士を付けた両手を左右に引きながら、手の平を内側に回す。

同 開ける・開催
反 閉める

使い方例

商売＋開く→開店
講演＋開く＋大会→開講式
芝居＋開く→開演

ひらめく

人差指の先を頭の横に付け、弾くように上げる。

解 ピンとくる様子。
同 思いつく・発明

使い方例
ひらめく＋人②➡考案者
良い＋ひらめく➡良い**発想**
見かける＋ひらめく➡見てピンとくる

びり

〈びり①〉
手の平の上に、親指を立てた拳を上から乗せていく。

〈びり②〉
親指を伸ばした拳を手前に引き、立てた手の平に小指側を付ける。

同 末っ子
参 「末っ子」は兄弟が4人以上の場合によく使われる。3人までの場合、指を横に2本または3本出し、下の指を片方の手でつまむ方が多い。

使い方例
競う＋びり①➡試験で最下位

ひる（昼）

人差指と中指を立てて人差指の側面を額に付ける。

同 正午
参 この手話を表して、お辞儀をすると「こんにちは」になる。

使い方例
昼＋休憩➡昼休み
昼＋食べる➡昼食
昼＋間➡昼間/日中

ひろい (広い)

<広い①>
親指と小指を伸ばした両手を、ひじを張りながら左右に離す。

<広い②>
両手の拳を、ひじを張りながら左右に離す。

解 ①は主に若い人が使う。
同 広々

使い方例
広い＋運動＋場所➡広大なグラウンド
部屋＋広い＋相談＋合う①＋あれ（指差し）➡あの部屋は広いから会議にぴったりだ

ひろまる (広まる)

下向きの両手の平を、指を広げながら左右に広げつつ前に出す。

解 広がっていく様子。
同 流行・普及

使い方例
病気＋広まる➡病気が広まる
言語＋広まる➡言語が定着する
噂＋広まる➡噂が流布する

びんぼう (貧乏)

親指の腹を、あごに下から2回ほど当てる。

同 みすぼらしい・足りない

使い方例
貧乏＋性質➡貧乏性
貧乏＋家庭➡貧困家庭
思う＋貧乏➡知識不足

ひ ひろい ➡ びんぼう

357

ふ

【相手から見た形】　【自分から見た形】

親指・人差指を離して伸ばし、人差指は下に向ける。

ファックス

両手の平を上下に合わせて、上の手を前に出す。

<ファックスが届く>
手の平を下にし、指先を自分に向けて手前に引く。
【反対の動き】

- 同 ファックスを送る
- 参 下の手はなくても良い。

使い方例

ファックス＋機械➡ファックス機
ファックス＋紙①➡ファックス用紙

ふあん（不安）

親指と人差指で作った輪の指先の部分を胸に当て上下させる。

- 解 心が落ち着かない様子。
- 同 心もとない

使い方例

不安＋眠れない➡不安で眠れない
雨＋不安➡雨が降りそう

フェイスブック

親指以外を伸ばした両手の平を顔に数回当てる。

解 自己PRしている様子。

使い方例
フェイスブック＋増える＋親しい➡フェイスブックで友達が増えた

ふえる (増える)

親指と人差指を軽く曲げて向かい合わせ、揺らしつつ離していく。

同 増加

使い方例
仕事＋浪人＋増える➡失業者増大
人①＋数＋増える＋割合➡人口増加率

フォーマット

<基本>
拳を作った手のひじの下に反対の拳を付け、下向きに開く。

<紙①>
両手の人差指を立てて四角を描く。

解 「基本」と「紙①」の複合語。

使い方例
これ（指差し）＋フォーマット＋使う＋難しい➡このフォーマットは使いづらい

359

ふかい (深い)

下向きの手の平の手前で、人差指を下向きに下げていく。

使い方例
意味＋深い➡意味深長
関係＋深い➡密接に関係している
深い＋寝る➡ぐっすり寝る
手話＋深い➡手話は奥深い

ふかい (不快)

上向きの両手の平をすぼめながら左右から近付け、指の背同士をぶつける。

解 口型「ピ」や「パ」を伴うことが多い。
参 日本語の「不快」より軽い意味で、少し驚いた場合にも使う。

使い方例
見る①②＋不快➡見慣れない
体＋不快➡体に変調をきたす

ふきだす (吹き出す)

すぼめた指先を、口元から開きつつ素早く前へ下ろす。

解 口型「プ」を伴うことが多い。
参 「そんな、馬鹿な」という軽い意味から、批判を込めて「見ていられない」という場合まで使える。

使い方例
吹き出す＋な〜んだ②➡一笑に付す
芝居＋吹き出す➡あれで芝居のつもり？

ふく（副）

立てた親指の少し下に、片方の親指を上から下ろして付ける。

同 付属

参 立てた親指に横から片方の親指を付けると「**助手**」「**部下**」になる。また、立てた親指に片方の親指を2回当てると「**おまけ**」「**おかず**」「**つまみ**」になる。

ふく（服）

両手の親指と人差指で自分の胸の辺りの服をつまんで少し揺らす。

同 服装・衣類・洋服

参 この手話は洋服一般を表す。スカート、シャツ等は別の手話がある。

使い方例

広まる＋服→流行の服
服＋多い②＋持つ→衣装持ち
是非＋服→制服

ふくざつ（複雑）

すぼめた両手の指先を上下に付けてこすり合わせる。

参 どちらかというと心理的複雑さを表す（客観的複雑さは「トラブル」参照）。

使い方例

気持ち＋複雑→複雑な気持ち
人①＋関係＋複雑→人間関係が複雑
問題＋複雑→複雑な問題

ふくめる（含める）

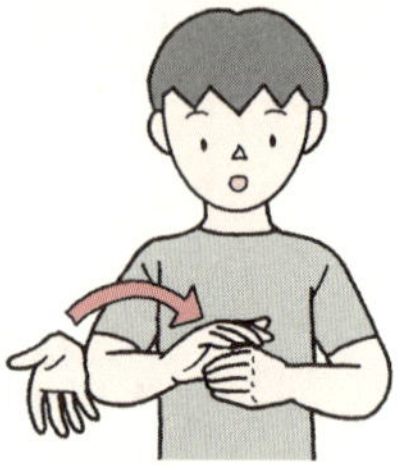

親指と他四指を付けた手に、手の平を上向きから下向きに返して付ける。

[解] 外にあるものを中に入れる様子。

使い方例

含める＋説明→補足説明

ふくろ（袋）

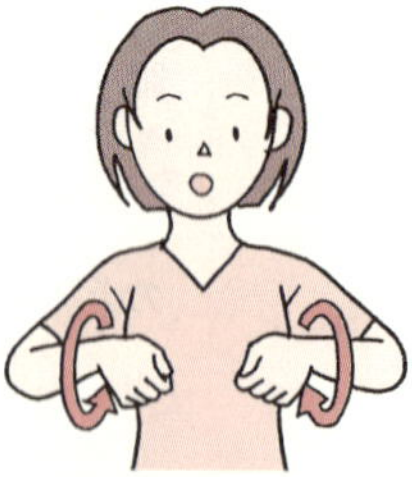

親指と人差指を付け少し出した両手を、手首を軸に同時に小さく前に回す。

[解] お菓子等の紙袋の端を回して閉じている様子。

使い方例

池＋袋→**池袋**
お菓子＋袋→お菓子の袋
紙③＋袋→紙の袋

ふじ（藤）

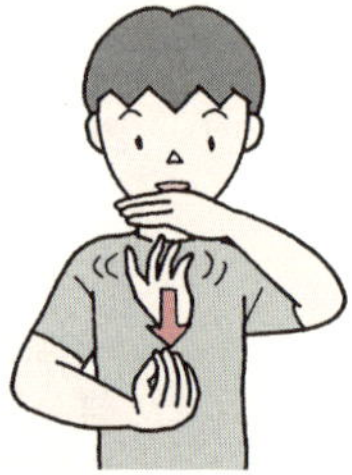

手の平の下で、片方の手をねじりながら下ろしつつ指をすぼめる。

[同] **ぶどう**

[参]「ぶどう」は両手の親指と人差指で作った輪を下ろす等の別の表現もあるが、普通は「藤」で表されることが多く、口型で区別する。

使い方例

藤＋腹→藤原

ぶじ (無事)

下向きの両手の平の指の部分を重ねてから、左右に水平に離す。

解 野球の審判のセーフの動き。
同 セーフ
参 拳を作った両手を、ひじを張るように左右に引く表現もある。

使い方例
電車（＋時間）＋無事➡電車に間に合った

ぶじょく (侮辱)

立てた親指に、横にした人差指を手前から勢いよく当て前に出す。

＜侮辱される＞
立てた親指に、横にした人差指を前から当てる。
【反対の動き】

解 親指を人に見立てている。
同 傷付ける

使い方例
新聞＋侮辱＋載る➡中傷記事が載る
私＋女＋侮辱➡私は彼女を傷つけた

ぶた (豚)

親指と他四指で鼻の頭を丸く囲い、その中へ人差指と中指の先を入れる。

解 豚の鼻を表す。

使い方例
豚＋肉➡**豚肉**
豚＋カレーライス➡ポークカレー
豚＋育てる＋場所➡養豚場

ふたたび (再び)

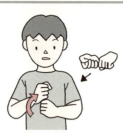

拳の親指側と小指側を付け水平にした両手を、垂直に起こす。

同 やり直す・再度・回復

参 拳に片方の拳を横から山なりに乗せる表現もある。

使い方例
再び＋挑戦➡再挑戦する
指文字「り」＋再び➡リハビリ

ふつう (普通)

親指と人差指を伸ばした両手を、中央から左右に水平に離していく。

同 一般

参「公平」「平等」「どんな所でも通用する」「まとも」という良い意味と「ありふれている」「ありきたり」という悪い意味がある。これらは表情で区別する。

使い方例
生活＋普通➡平凡な生活

(いけんが)ぶつかる (意見がぶつかる)

両拳の指を開きつつ左右から近づけ、中央で手の平同士をぶつける。

解 手の平をぶつける際には、勢いよくする。

参 物理的に物や人がぶつかることを表現する場合は、実際の様子をそのまま表現する場合が多い。

使い方例
私＋上＋司会＋ぶつかる➡上司と衝突する

ふと

すぼめた手の指先を鼻の頭に付ける。

解 ハッとする表情を表す。
同 そういえば
参 主に年配者がよく使う。

使い方例
ふと＋ひらめく➡あ、思い出した！
ふと＋忘れる➡あ、忘れ物！

ふとい (太い)

両手の親指と他四指で筒を作って、左右に離しながら筒を広げる。

解 胸を張る、ほおを膨らませる等の副詞的動作や表情を伴う。
参 ものによって筒の大きさを変えることで、太さの度合いを表すこともできる。

使い方例
木＋太い➡幹が太い

ふとる (太る)

手の平を体に向けた両手を、同時に左右に動かし幅を広げる。

解 両ほおを膨らませる副詞的表情を伴うことが多い。
同 肥満
反 痩せる

使い方例
今＋太る＋私（指差し）➡以前と比べて太ったわ

ふとん (布団)

親指と他四指で丸みをつけた両手を、手前上に引き寄せる。

解 自分に布団を掛ける様子。
同 掛け布団

使い方例
薄い②＋布団➡せんべい布団
布団＋優しい➡ふかふかの布団

ふね (船)

丸みを持たせた両手の小指側同士を付けたまま前に出す。

解 船の形を表す。
同 船舶

使い方例
(石＋)油＋船➡タンカー
小さい＋船➡小舟
船＋橋➡船橋
釣り＋船➡釣り船

ふべん (不便)

手の平の指の部分をあごに当ててから下ろす。

同 不幸・まずい・不都合

使い方例
これ（指差し）＋不便➡これは使い勝手が悪い

ふまじめ（不真面目）

親指と人差指で作った輪の親指側を上下に体に付け、左右に引く。

[解] 少し舌を見せる副詞的表情を伴うこともある。

[同] **不正**

使い方例

不真面目＋生活→ルーズな生活
不真面目＋やる→不正を働く

ふまん（不満）

手の平を胸に付け、勢いよく前に出す。

[解] 不満そうな表情で表す。

[同] **不平・不服**

使い方例

不満＋溜める＋怒る→不満が爆発する
不満＋言う①→抗議する

ふめい（不明）

手の平に人差指を付けた後、手の平で跳ね返すように引き離す。

使い方例

なくす＋不明→行方不明
意味＋不明→原因不明
研究＋不明→研究してもわからない

ふよう (不要)

脇辺りに指先を付けた両手を払うように前に出す。

- 同 いらない
- 参 表情によっては日本語の「不必要」よりも弱い意味になる。例えば質問に対する返答で「不要」と表現する場合、「それには及びません・大丈夫です」という意味になることもある。

プラス

両手の人差指を縦横に交差させ「十」字にする。

- 解 数や物を「**付け加える**」という意味以外に抽象的な意味もある（使い方例参照）。
- 同 足す
- 参 「十」字にした手を上げていくと「**追加していく**」になる。

使い方例
プラス＋考える → 肯定的に考える

フリーズ

前に出した下向きの両手を、引きながら指先をすぼめる。

- 解 パソコンでアプリケーション等が固まって動かなくなること。

使い方例
パソコン＋フリーズ → パソコンがフリーズした

ふりこめさぎ (振り込め詐欺)

<振り込み>
親指と人差指で作った輪を前に出しながら開く。

<ごまかす>
親指と中指・薬指を付け指先を前方に向け回す。

解「振り込み」と「ごまかす」の複合語。

使い方例
振り込め詐欺＋気を付ける➡振り込め詐欺に気を付けてね

プリンター

親指以外の指先を上に向けて曲げた手を上げる。

解 プリンターから紙が出てくる様子。

使い方例
新しい＋プリンター＋うらやましい➡新しいプリンターが欲しい

ふるい (古い)

曲げた人差指を、鼻の頭の周りを少し回すようにして少し下げる。

参 目を細めたり、動きの出だしを少し溜めてゆっくり下げると「とても古い」になる。

使い方例
考える＋方法＋古い➡考えが古臭い
家＋古い➡老朽化した家

ブルーレイディスク

<B>

<ディスク>
両手の親指と人差指を付けて輪を作り、そのまま前に出す。

解 アルファベットの「B」と「ディスク」の複合語。

使い方例
去年＋ブルーレイディスク＋ついで＋テレビ＋買う➡去年、ブルーレイディスク付きのテレビを買った。

プレゼント

手の平の上方で親指と人差指を付け、同時に前に出す。

<プレゼントをもらう>
手の平の上方で親指と人差指を付け、同時に手前に引く。
【反対の動き】

解 手の平に乗せた品物を渡す動き。
同 土産・贈る・提言する

使い方例
生む＋いつ（または「日」）＋プレゼント➡誕生日のプレゼント
京都（＋旅行）＋プレゼント➡京都のお土産

ふろ (風呂)

<風呂①>
拳の指側で、手と逆側の胸をこする。

<風呂②>
両手を使って、タオルで背中をこする動作をする。

参 他に拳でほおをこする表現もある。

使い方例
空＋風呂（または「温泉」）➡露天風呂
朝＋風呂➡朝湯
風呂＋趣味➡お風呂好き

プロ

<プロ①>
親指と人差指の輪を額に付けた後、跳ね返して前に出しながら輪を解く。

<プロ②>
親指と人差指を出した手を上げ、人差指と中指を曲げる。

解 プロではなくてもプロ級という意味でも使う。②は主に若い人が使う。②は指文字「ぷ」と「ろ」をつなげて表している。

使い方例
プロ＋あなた（指差し）➡さすが！
あれ（指差し）＋プロ＋言う②➡まさにプロだよね

プロレス

<プロレス>
手の平で斜め上から斜め下に向けて空中を切っていく。

<レスリング>
両手の人差指と中指をからませ合う。
【類義語】

解 空手チョップの動き。

使い方例
プロレス＋男➡プロレスラー
プロレス＋試合＋見る②➡プロレス観戦

ぶん（文）

両手の、そろえた四指と親指の間を開け、親指の付け根同士を付ける。

解 漢字の「文」を表す。
参 同じ手の形のまま下げていくと「文章」になる。

使い方例
文＋法律➡文法
質問＋文➡疑問文

ふんいき (雰囲気)

<匂い>
伸ばした人差指と中指の指先を鼻の下に近付ける。

<状態>
両手の平を前に向けて、指先を上にし、交互に上下させる。

解「匂い」と「状態」の複合語。

使い方例
暖かい＋雰囲気→ほのぼのした雰囲気

ぶんか (文化)

親指の付け根同士を合わせた両手を、上下組み替えて再度合わせる。

解 両手の親指の付け根同士を合わせる表現は「文」を意味する。

使い方例
ろう(者)＋文化→ろう文化
文化＋日→文化の日

ぶんせき (分析)

両手の人差指と中指を曲げ、中央から左右に何度か引く。

解 アメリカ手話からの外来手話。

使い方例
言語＋分析→言語分析
意味＋分析→原因究明
精神＋分析→精神分析

【相手から見た形】【自分から見た形】

親指・小指を伸ばし、下に向ける。

へいき（平気）

下向きの手の平の指先を目に向けて横に払う。

同 平然

参 日本語の「平気」と異なり、体や怪我の具合を聞かれた場合等の返事にはあまり使わない。その場合は「できる」や「問題＋ない③」等と表現する。

使い方例
落ちる＋平気➡不合格でも平然としている

へいこう（平行）

前に向けた両手の人差指を左右に並べ、同時に前に出す。

同 平行線・両立・同時進行

使い方例
交渉＋平行➡交渉が平行線をたどる
意見＋平行➡意見がどこまでいっても噛み合わない
勉強＋仕事＋平行➡学業と仕事の両立

へいせい（平成）

下向きの手の平を水平に横に引く。

解 平成の「平」から平らな様子を表す。

使い方例
平成＋10＋年➡平成10年
平成＋生む➡平成生まれ

ぺいぺい

手首を曲げ指先を自分に向けた両手を、体の方へ同時に動かす。

解 平身低頭している様子。
同 弟子・下っ端・言いなり
参 自分について使うのは良いが、相手に対して使うと失礼になる。

使い方例
会社＋場所＋ぺいぺい＋私（指差し）➡職場では下っ端です

へぇ

自分に向けた手の平を顔の前で下ろす。

参 軽い驚きをもって感心する意味合いがあり、目上の人に対する相づちとしては「なるほど」より適切とされている。だが表情によっては「あっそう」と受け流すことになるので注意。

使い方例
へぇ＋言う②➡初めて知りました

へた (下手)

手の甲を、片方の手の平で指先から腕に向けて払うように叩く。

- 同 つたない・未熟
- 反 うまい・上手

使い方例

芝居＋下手＋あれ（指差し）➡大根役者
手話＋下手➡手話がつたない

べつ (別)

指先を下に向けて指の背同士を付けた両手を、左右に引き離していく。

- 解 分ける動きを表す。

使い方例

問題＋別➡それとこれとは話が別です
部屋＋別＋寝る➡別室に泊まる

へや (部屋)

自分に向けた両手の平を前後に置き、左右に開いて向かい合わせる。

上から見たとき

- 解 四角い部屋を表す。
- 同 範囲

使い方例

教える＋部屋➡教室
個人＋部屋➡個室
畳＋部屋➡和室
認める＋部屋➡許容範囲

へる (減る)

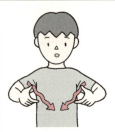

両手の親指と人差指を軽く曲げ、揺らしながら中央に寄せる。

解 段々と少なくなる様子。
同 減少
反 増える・多い①

使い方例

交通事故＋減る➡交通事故が減少する
子供＋減る＋変わる➡少子化

へん (変)

手の平に、上向きの手の平の親指の先を付け、他四指を前に倒す。

同 異常・妙・異様
参 手の平に親指の先を付けた後、離して表す表現もある。

使い方例

雰囲気＋変➡異様な雰囲気
あれ（指差し）＋男＋変➡あの人、言動がおかしい

べんきょう (勉強)

両手の平を顔に向けて並べ、軽く1、2回前に出す。

解 開いた本が体の前にある様子。
同 学校・学習

使い方例

再び＋勉強➡復習
勉強＋入る＋競う➡入学試験
勉強＋通う＋道➡通学路
文＋勉強＋指文字「ぶ」➡文学部

べんとう（弁当）

少し丸くした手の親指側を、片方の手の平でこするように手前に引く。

解 ご飯をよそって弁当箱の縁でこするような動き。

使い方例
駅＋弁当➡駅弁
母＋弁当＋作る＋大変➡お母さんはお弁当作りで大変です

べんぴ（便秘）

筒状にした手の中に、すぼめた手の指先だけを入れる。

解 便が詰まっている様子。

使い方例
便秘＋薬➡便秘薬
便秘＋性質➡便秘症

べんり（便利）

手の平の指の方であごを左右になでる。

同 重宝
反 不便

使い方例
携帯電話＋広まる＋便利＋変わる➡携帯の普及で便利になった
これ（指差し）＋車＋便利➡この車は使い勝手が良い

ほ

【相手から見た形】　【自分から見た形】

全ての指を付けて、軽く指先を曲げる。

ほいくえん (保育園)

<世話>
両手を向かい合わせ、親指側を少し開き、交互に数回上下させる。

<場所>
指を軽く曲げた手を下向きにし、置くように少し下げる。

🔍 「世話」と「場所」の複合語。

使い方例
保育園＋入る＋手＋続く→入園手続き
保育園＋足りない＋問題→保育園不足の問題
保育園＋子供→保育園児

ほいくえん ➡ （〜の）ほう

（〜の）ほう ((〜の)方)

手の平をやや自分に向け、指先を下方に向けた片手を払い上げる。

🔍 方向を示すのではなく、「どちらかといえば」という意味で使う。

使い方例
やる＋方＋良い→やる方が良い
これ（指差し）＋方＋選ぶ→この方を選ぶ
甘い＋好き＋方＋私（指差し）→甘い物が好きな方です

ほうかい (崩壊)

指を軽く曲げて向かい合わせた両手を、同時に横へ倒していく。

参 抽象的な意味でも使う（使い方例参照）。

使い方例

仕事＋計画＋崩壊➡事業計画は崩壊した
あれ（指差し）＋グループ＋崩壊＋来る②＋想像➡あの組織はいずれ崩壊するだろう

ほうこく (報告)

両手の伸ばした人差指と親指を、口の前から出す。

<報告を受ける>
両手の伸ばした人差指と親指を、手前に寄せる。【反対の動き】

同 発表・返事
参 報告をする人から受ける人に向かって動かす場合もある。

使い方例

報告＋ある➡**お知らせがあります**
報告＋ない③＋黙る➡答えもせず押し黙る
公＋報告➡**公表**

ほうしん (方針)

手の平の上に、人差指を伸ばした拳を乗せ、人差指の先を振る。

解 方位磁石の針が揺れている様子。
同 方向

使い方例

会社＋方針＋従う➡会社の方針に従う
未来＋方針➡将来の方向性
方針＋どちら?➡方向はどっち?

ほうじん (法人)

指先が上向きの手の平に、親指を折った残り四指の先を付ける。

参 指先が上向きの手の平に、親指と人差指を伸ばした手の人差指の先を付けると「社会福祉法人」になる。

使い方例
勉強＋法人➡学校法人
財産（または「金持ち」）＋グループ＋法人➡財団法人

ほうせき (宝石)

手の甲の上で、片方の上向きにすぼめた手の指先を何度か小さく開く。

解 指輪の石が輝いている様子。
同 宝・ダイヤモンド

使い方例
宝石＋チケット➡宝くじ
宝石＋高い②＋買う＋できない➡宝石は高価で手が出ない

ほうほう (方法)

手の甲を、片方の手の平で軽く2回叩く。

同 手段

使い方例
やる＋方法➡やり方
コミュニケーション＋方法➡コミュニケーション手段
方法＋何?➡どうやって?

ほうりつ（法律）

人差指と中指を曲げ、中指の側面を、手の平に打ち付ける。

同 規則
参 他に「〜すべき」「〜するはず」という助動詞的用法もある。

使い方例
人々＋法律➡民法
基本＋法律➡原則
男＋来る①②＋法律➡彼は来るはずだ・来るべきだ

ボーナス

伸ばした人差指と中指で左右対称にリボンの形を空書する。

解 のし袋の水引を表す。

使い方例
ボーナス＋月➡ボーナス月
ボーナス＋楽しい＋待つ➡ボーナスが楽しみ

ホームページ

両手の立てた親指を前に出した後、その下で再度前に出す。

解 画びょうを押すような動き。
同 国語・掲示板
参 体を少し反らし大きめに表すと「**ポスター**」になる。

使い方例
インターネット＋ホームページ＋見る①②➡**サイト**を見る

ほか (他)

両手の指の背同士を前後に付け、前方にある手を斜め横へ出す。

🅗 こちらのもの以外は、という様子。
🅘 以外・その他

使い方例

他＋場所＋行く➡別の場所に移動する
これ（指差し）＋他＋方法＋ない③➡これ以外に方法はない

ぼきん (募金)

両手の親指と人差指で作った輪を、数回左右から中央に下ろし寄せる。

🅗 指の輪をお金に見立てて、お金が集まる様子。
🅘 カンパ
🅟 両手の親指と人差指で作った輪を、左右から力強く1回だけ中央に寄せると「**ギャンブル**」「**賭け**」になる。

使い方例

募金＋活動➡募金運動

ぼける

額の前で重ねた両手を、指を開きながら斜めに下ろす。

🅗 目を細める副詞的表情を伴う。
🅘 痴呆
🅟 「**ボーッとする**」「**油断している**」状態にも使える。

使い方例

思う＋あいまい＋ぼける➡意識がはっきりしない
ぼける＋病気➡認知症

ほこり (誇り)

両手の四指を伸ばし、親指の先を左右の胸に付ける。

解 軽く胸を張って表す。

同 自慢・威張る

参 体を反らして四指の指先を小さく動かすと、高慢さが強まる。

使い方例
息子＋誇り＋私（指差し）⇒息子が自慢です

ほし (星)

すぼめた指先を自分に向けたまま、上方で指を弾くように開く。

参 同じ動作を両手で複数回繰り返すと「**星空**」になる。

使い方例
星＋美しい⇒美しい星

コラム　動きが同じでも表現する位置で意味が変わる

「宝石」と「星」は、ともに指をパッパッと開く動作で表します。これはピカピカ輝いている様子です。輝く場所が手の指の位置なら指輪の「宝石」であり、頭の上なら「星」になります。表現する位置で意味が決まってくることがわかりますね。

ほそい（細い）

両手の親指と人差指で作った輪を上下に重ね、上の手を離していく。

参 肩をすぼめたり目を細める副詞的動作や表情も細さを表す要素となる。

使い方例
木＋細い➡幹が細い

ほちょうき（補聴器）

人差指を曲げた手を、耳のすぐ後ろに当てる。

解 一般的な耳かけ式補聴器を表す。

使い方例
補聴器＋申し込む➡補聴器の申請

ホッとする

人差指と中指の先を鼻に向けた手を斜め前方に下ろす。

解 気持ちを表す表現で、文末に付けることが多い。
同 安堵する
参 大変そうな表情で表すと「**疲れた**」になる。

使い方例
お茶＋飲む②＋ホッとする➡お茶で一息つく

ホテル

伸ばした人差指と中指の中指側を、片方の手の平に沿わせ上げていく。

解 比較的新しい手話だが、かなり定着している。

使い方例
ホテル＋寝る（＋約束）＋申し込む➡ホテルに宿泊予約する

ほとんど

手の平を下に向けた両手を離しながら円を描き、小指側を近付ける。

同 だいたい・ほぼ・約・およそ・概ね・たいてい
参 小指同士を付けずに少し開けておく、または手に力を入れずに表すのがポイント。

使い方例
ほとんど＋百＋人①➡ほぼ百人
ほとんど＋合う①➡概ね合っている

動きが似ている手話

コラム

　「ほとんど」の手の動きは「手の平を下に向けた両手を離しながら円を描き、小指側を近付ける」とあります。また、「全部」の手の動きは「両手を離しながら円を描き、小指側を付ける」です。両者とも動きは概ね同じですが、最後に両手を「近付ける」（＝付けない）か「付ける」かが異なります。ただ、実際の手話表現の際はここを厳密に意識することはありません。読み取る場合には、顔の表情や手の力の入れ具合等を含めて理解するようにしましょう。

ほね (骨)

軽く曲げた両手の指先を胸の中央に縦に付け、左右に同時に引く。

🔵 理科

参 「計画」+「骨」+「成功」で「計画の骨組みができた」というように比喩的な用法もある。

使い方例
骨+壊す+私（指差し）➡骨折した

ほめる

指先を前方に向けて手を数回叩く。

🔴 拍手している様子。

🔵 賞賛・称える

参 似たような表現で、指先を自分の顔に向け手を叩くと「**自画自賛**」になる。

使い方例
男+成功+みんな+ほめる➡彼の成功をみんなが称える

ほらふき

下向きの手の平の手首を口元に寄せ、そこを軸に手を回す。

🔴 ベラベラ喋っている様子。

使い方例
男+ほらふき+とても➡彼は大ぼらふきだ
ほらふき+いつも+あなた（指差し）➡大口を叩いてばかりね

ボランティア

伸ばした人差指と中指を交互に動かしながら左右から寄せつつ前に出す。

[解] 指を足に見立てて、歩み寄っていくように表す。

使い方例

ボランティア＋活動➡ボランティア活動
ボランティア＋集める➡ボランティア募集

ほん（本）

両手の平を合わせ、小指をつけたまま左右に開く。

<雑誌>
両手の平を合わせ、小指を離して大きく柔らかく2回開く。
【類義語】

[解] 本を開く様子。
[同] **書籍・出版物・テキスト・文献**

使い方例

本＋読む➡**読書**
参考＋本➡参考文献
本＋建物➡**図書館**

ほんとう（本当）

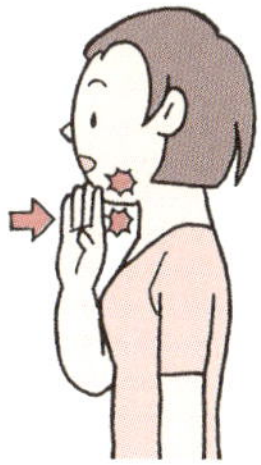

片手の人差指の側面をあごに当てる。

[同] **実は・実際**

使い方例

本当＋そう➡本当にそうね
本当＋ありがとう➡誠にありがとうございます
本当＋やる➡**実行/実施/実践**
本当＋状態➡**現実/実情/実態**
本当＋成功➡**実現**

ほんばん (本番)

片手を横から額の前に勢いよく立て、その勢いで少し揺らす。

解 揺らさないで表現しても良い。
同 正式

使い方例
本番＋あがる→本番であがる
本番＋合う①→本格的
本番＋日→当日

ほんもの (本物)

親指と中指で作った輪をあごに付け、輪を解きつつ横へ投げるように動かす。

同 真性
反 偽

使い方例
宝石＋本物→本物のダイヤ
男＋本物＋あれ（指差し）→彼は本物だ

ほんやく (翻訳)

伸ばした人差指と中指の腹を手の平に付け、反転させて上に向ける。

使い方例
手話＋翻訳＋日本＋指文字「ご」／手話＋日本＋指文字「ご」＋翻訳→手話を日本語に翻訳する
翻訳＋仕事→翻訳業

ま

【相手から見た形】  　【自分から見た形】

人差指・中指・薬指を開いて伸ばし、下に向け、他指は握る。

マークシート

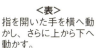

＜表＞
指を開いた手を横へ動かし、さらに上から下へ動かす。

＜チェック＞
親指と人差指を付けた手の指先を回す。

解 「表」と「チェック」の複合語。「チェック」は、鉛筆を持って丸を書く様子。

使い方例
競う＋マークシート＋方法➡試験はマークシート方法だ

まあまあ

親指と人差指の指先を付けて、鼻の前で小指側に軽く2回振る。

使い方例
味＋まあまあ➡まあまあいける
漫画＋本＋読む＋まあまあ➡この漫画は思ったほど面白くない

まいしゅう (毎週) ①

指を開いた四指の先を、人差指で触れながら順に下ろす。

解 毎週の決まった曜日を表す場合に使う。
参 指を開いた四指の先を、人差指と中指で触れながら順に下ろすと「**週休二日**」になる。

使い方例
火曜＋毎週①→毎週火曜

まいしゅう (毎週) ②

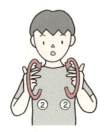

両手の親指・人差指・中指を立て、前方に押し出すように2回回す。

解 手の形は数字の「7」を表し、1週間の意味になる。

使い方例
バレーボール＋練習＋毎週②＋通う＋私(指差し)→毎週、バレーボールの練習に行っている

マイナス

<マイナス①>
人差指を横にして、少し横に引く。

<マイナス②>
前に向けた手の平に、横に伸ばした人差指を付ける。

解 「−」(マイナス)の記号を表す。
同 引く
参 数を「差し引く」「減算する」という意味以外に、抽象的な意味もある (使い方例※参照)。

使い方例
温度＋マイナス＋2→零下2度
意味＋マイナス※→否定的な意味

マイナンバー

<個人>
親指と人差指を付け、両手の指先を付けて横に開いてから斜めに下ろす。

<数>
両手の人差指・中指・薬指を立て、小指側を2回付ける。

解「個人」と「数」の複合語。個人番号のこと。

使い方例
マイナンバー＋カード➡マイナンバーカード

マウス

人差指を少し出し、他指を曲げた手を回す。

解 マウスを使っている様子。

使い方例
私＋マウス＋ワイヤレス➡私のマウスはワイヤレスだ

まかせる（任せる）

指を曲げた手を肩に乗せてから手首を返して前に出す。

<任せられる>
指を曲げた手を前方から自分の肩に乗せる。
【反対の動き】

同 委託・委任
参 指を曲げた手を自分の肩から相手の肩に乗せるように動かす表現もある。

使い方例
あなた＋任せる➡あなたに任せます
任せる＋縁を切る➡責任転嫁

まける (負ける)

両手の平を自分に向け立ててから、四指を自分の方に倒す。

同 敗退
反 勝つ

使い方例
試合＋負ける➡試合に負けた
1＋けんか＋負ける➡1回戦で負けた
負ける＋悔しい➡負けて悔しい
負ける＋いいえ＋元気➡負けずに頑張る

まし

<まし①>
親指と人差指の指先を付けて鼻の皮をむくように手首を返す。

<まし②>
親指と人差指でつまむ形にして鼻の前に置き、小指側に払う。

解 個人差はあるが、日本語の「まし」より良い意味合いで使われることがある。

使い方例
専門＋本＋読む＋まし➡この専門書はなかなか良い
合格＋まし➡よく合格した

まず

人差指を立てた手の親指側を、反対側の肩に当てる。

同 先に・初めに
参 人差指を立てた手を肩に当ててから少し前に出すと「一番」になる。

使い方例
まず＋帰る➡お先に失礼します
まず＋行く①②＋構わない＋あなた(指差し)➡先に行っていいよ

また

軽く握った手から人差指と中指を伸ばしながら、少し横に倒す。

同 再び

使い方例

また＋会う➡また会いましょう
また＋来る①②?➡また来たの?
また＋結婚➡再婚

まだ

指先を前に向けた手の平に、片方の指先を向け、軽く上下に振る。

解 物事がその段階では実現されていない場合に使うことが多い。

使い方例

結婚＋まだ➡**未婚**
来る①②＋まだ➡まだ来ない
それ（指差し）＋映画＋見る②＋まだ➡その映画はまだ見ていない

まち (町)

両手の指先を付けたまま、横に移動しながら手首をひねる。

解 両手は屋根を表す。

使い方例

町＋内＋会➡町内会
町＋田➡町田
町＋作る➡街作り
長い＋田＋町➡永田町

393

まちがい (間違い) ①

人差指と中指を伸ばし目の前に置き、手首を返す。

解 単なる間違いがあった場合に、軽い意味で使うことが多い。

使い方例
時間＋間違い①➡時間を間違えた
間違い①＋多い②➡間違いだらけ
間違い①＋壊す＋後悔➡うっかり壊した

まちがい (間違い) ②

両手の親指と人差指を付けて自分に向け、両手を交差させる。

解 確信を持っていた事柄が間違っていた場合に使うことが多い。

同 錯覚・誤解・思い違い

使い方例
間違い②＋いいえ＋頼む➡誤解しないで下さい
男＋合格＋間違い②＋ない③➡彼は必ず受かる

まちまち

両手の親指と人差指の指先を数回交互に付けながら、少し横に動かす。

使い方例
思う＋方法＋まちまち➡考え方はまちまちだ
色＋まちまち➡様々な色

まつ (松)

人差指と中指を立て、指先をほおに付ける。

解 指は松葉の形を表す。

使い方例
松＋田➡松田
松＋本➡松本
松＋林➡松林

まつ (待つ)

親指以外の四指を曲げ、指先をあごの下に付ける。

解 手にあごを乗せて待っている様子を表す。

使い方例
楽しい＋待つ➡期待
待つ＋会う➡待ち合わせ
待つ＋頼む➡待って下さい

まつり (祭り)

軽く指を曲げた両手を肩の辺りに置き、軽く上下させる。

解 おみこしを担ぐ動き。
同 みこし

使い方例
夏＋祭り➡夏祭り
神＋田＋祭り➡神田祭
村＋祭り➡村祭り

～まで

指先を前に向けた手の平に、片方の手の指先を付ける。

使い方例

勉強＋入る＋～から＋卒業＋～まで＋間➡入学から卒業までの間
挨拶＋～まで➡挨拶を終わります

まとめる

左右に広げた両手を握りながら縦に並べ、少し上げる。

同 総合・つまり

使い方例

まとめる＋会➡総会
まとめる＋説明➡概説
まとめる＋商売＋会社➡総合商社
まとめる＋何?➡どういうこと?

マニア

人差指を頭に付け、両手の指を曲げ顔の脇に置き、交互に左右に動かす。

同 ～狂

使い方例

映画＋マニア➡映画マニア
甘い＋マニア➡甘党
本＋マニア➡本の虫

まにあわない (間に合わない)

両手で拳を作り縦に重ね、左右に離す。

🗒 できない・身が持たない・やりきれない

使い方例
電車＋間に合わない➡電車に乗り遅れる
言う①②＋間に合わない➡言えない/言いそびれる

まね (真似)

前に向けた手の平の指先を閉じながら手首を回して、額に指先を向ける。

🔍 対象を頭に取り込む様子。
🗒 物真似

使い方例
真似＋できない➡真似できない
口＋真似➡口型を真似る
真似＋好き➡見習いたい

まめ (豆)

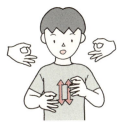

両手の親指と人差し指で作った輪を、交互に上下に動かす。

🔍 指の輪は豆を示す。
🗒 逗子・伊豆

使い方例
豆＋煮る➡豆を煮る
黒＋豆➡黒豆
赤＋豆➡小豆

まもる (守る)

拳の周りを、片方の手で覆うように円を描く。

同 庇護

使い方例
子供+守る→子供を守る
自然+守る→自然保護
体+守る→わが身を守る

まよう (迷う)

両手の平を上に向け、指先を向かい合わせて同時に左右に揺らす。

解 どちらに決めるか迷う場合に使う。道や場所に迷った場合には使わない。

使い方例
どちら+迷う→どちらにするか迷う
勉強+入る+仕事+迷う→進学か就職かで迷った

まんが (漫画)

両手の平を向かい合わせて、交互に回す。

同 アニメ

使い方例
漫画+本→漫画本
漫画+コーヒー→漫画喫茶
テレビ+漫画→テレビアニメ

まんぞく (満足)

胸に付けた手を、前方に置いた片方の手の平に付ける。

同 胸がいっぱい

使い方例

テレビ＋見る②＋満足→映画が面白かった

今＋生活＋満足＋私（指差し）→今の生活に満足している

マンネリ

立てた親指に片方の手の平を付け、一緒に前方に出す。

同 停滞する・上達しない

使い方例

一生懸命＋練習＋しかし＋マンネリ＋私（指差し）→一生懸命、練習しても少しも上達しない

まんぷく (満腹)

＜満腹①＞
手の平の親指側を胸の辺りに付け半円を描きながら小指側を腹に付ける。

＜満腹②＞
腹に付けた手を、前方に置いた片方の手の平に当てる。

解 お腹がいっぱいで膨れている様子。

使い方例

満腹＋終わり→これ以上食べられない

食べる＋越える＋満腹→食べ過ぎてお腹がいっぱい

【相手から見た形】　【自分から見た形】

人差指・中指・薬指を開いて伸ばし、指は横に向け、他指は握る。

みえ (見栄)

自分に向けた手の平の下から、指先を曲げた手をくぐらせて手首を返す。

同 派手・建前

使い方例
車+高い②+買う+見栄+あれ（指差し）→高い車を買うなんて見栄っ張りだ
服+見栄→派手な服
見栄+裏+違う→建前と本音は違う

みえない (見えない)

手の平を自分の顔の前に置き、軽く左右に2〜3回動かす。

解 何かが邪魔で見えない様子。

使い方例
夜+見えない→暗くて見えない
あれ（指差し）+煩わしい+見えない→あれが邪魔で見えない

(うでを) みがく ((腕を) 磨く)

拳の甲の辺りを、片方の拳で数回こする。

使い方例

技術＋磨く➡技を磨く
もっと＋磨く＋必要➡もっと修行が必要

みかける (見かける)

人差指を目の下に付けてから、指先を前方に出す。

同 見つける

使い方例

買い物＋〜中＋男＋見かける➡買い物をしていたら彼を見かけた
都合＋見かける＋うらやましい＋本➡欲しかった本を見つけた

みかん

指先を曲げた手をみかんに見立てて、片方の手で皮をむく動作をする。

使い方例

夏＋みかん➡夏みかん
みかん＋村➡みかん畑

みくだす（見下す）

両手の人差指を立て目の辺りに置き、両方同時に指先を下に倒す。

<見下される>
両手人差指を目の辺りに置き、両方同時に下げながら指先を自分に向ける。【反対の動き】

同 馬鹿にする
参 軽く表すと「目が節穴」になる。

使い方例
男＋べいべい＋見下す➡彼は下の者を見下している

みじかい（短い）

両手の親指と人差指を付けて、指先が付かない程度に左右から寄せる。

使い方例
短い＋大学➡短大
時間＋短い➡短時間
説明＋短い＋頼む➡話は手短にお願いします

みず（水）

手の平を上に向け、揺らしながら横に引く。

解 水面の様子。
同 水曜日

使い方例
水＋飲む②➡水を飲む
水＋美しい➡きれいな水
美しい＋水➡清水

みそしる (味噌汁)

<味噌>
上向きの手の平の上で、握った手を回す。

<(おわんで)飲む>
両手の平の小指側を付け、水をすくって飲むような動作をする。

解 手の平の上で、握った手を回す動作は味噌をする動き。

使い方例
朝+食べる+味噌汁+必要→朝食には味噌汁が欠かせない
味噌汁+おいしい→おいしい味噌汁

みち (道)

両手の平を向かい合わせ、そのまま前方に出す。

解 名詞や抽象的に表す場合にも使う。
同 通り・道路
参 実際の道を表す場合は、状況に合わせて、道の幅を狭くしたり、蛇行、カーブさせたりして表す。

使い方例
車+道→車道
裏+道→裏道

みちあんない (道案内)

<道>
両手の平を向かい合わせ、そのまま前方に出す。

<紹介>
親指を立てた手を口元で左右に2回動かす。

解「道」と「紹介」の複合語。道をその場で教える場合。
参 その場所に連れて行きながら教える場合は、「道」+「ガイド」を使う。

使い方例
道案内+苦手+私(指差し)→道案内は苦手だ

403

みっともない

手の平を口の辺りに置き、小さく口に向かって2～3回前後させる。

(解) まゆをひそめる表情を伴うことが多い。

使い方例

それ（指差し）+服+みっともない➡その服装はみっともない
みっともない+やめる➡みっともないことはやめなさい

みてみたい（見てみたい）

手の平を上に向け、親指を中指で数回弾く。

(解) 手の方向に上体を傾けることが多い。
(同) 冷やかし

使い方例

野球+巧い+見てみたい➡本当に野球がうまいのか見ものだ

みとおし（見通し）

軽く握った両手を縦に付けて目の前に置き、前方の手のみ前に出す。

(解) 望遠鏡で見ている様子。
(同) 見込み

使い方例

仕事+見通し+難しい➡仕事のめどが立たない
制度+加える+見通し+難しい➡制度が設立される見込みがない

みとめない (認めない)

拳を作り、手首を上に返す。

🔍 口を一文字に閉じる副詞的表情を伴うことが多い。
🔁 否定

使い方例
結婚＋認めない→結婚は認めない
帰る＋認めない→帰るなんてだめ
あなた＋悪い＋認めない→許せない！

みとめる (認める)

拳を作り、手首を下げる。

🔍 拳を頭に見立てて、うなずいている様子。
🔁 許す・許可

使い方例
自分＋悪い＋認める→自分の非を認める
勉強＋入る＋認める→入学を許可する

みどりのまどぐち (みどりの窓口)

<草>
指を軽く広げた両手を交互に小さく上下させながら左右に開く。

<受付>
手の平の小指側に、片方の手の平を指先を下にして垂直に付ける。

🔍 「草」と「受付」の複合語。
📎 「草」を「JR」にする表現もある。

使い方例
5＋月＋連休＋前＋みどりの窓口＋いつも＋混む→ゴールデンウィーク前はいつもみどりの窓口は混んでいる

みなと (港)

両手の人差指を曲げ、向かい合うように水平に置く。

解 港を囲む防波堤の様子。
同 湾

使い方例
東京＋港⇒東京湾
港＋区⇒港区
魚＋港⇒漁港

みならい (見習い)

指先を曲げた手を顔の前に置き、数回自分の方に引く。

同 実習

使い方例
見習い＋中⇒修業中
勉強＋見習い＋多い①⇒学校では実習が多い

みにつける (身に付ける)

手を握りながら下げ、片方の手の甲に付ける。

同 習得・癖

使い方例
技術＋身に付ける⇒技術を習得する
悪い＋身に付ける⇒悪癖
朝＋早い＋身に付ける＋いつも＋私（指差し）⇒いつも早起きしています

みのがす (見逃す)

人差指を目の下に付けて下ろしながら、2回親指と付ける。

解 いつも通りで問題ないと思っている、変化に気付かない、という意味。
同 適当に・雑に

使い方例
新しい＋商売＋設立＋へぇ＋見逃す
➡新しい店ができたのを見逃していた

みらい (未来)

手の平を前方に向け、そのまま前に出す。

同 これから
参 少しだけ前に動かすと「後で」になり、大きく動かすと「将来」になる。

使い方例
2＋年＋未来➡2年後
未来＋行く➡これから行きます

みる (見る) ①

人差指と中指を伸ばし目の高さから指先を前方に向けて出す。

<見られる>

人差指と中指を伸ばし指先を自分に向け、そのまま自分に寄せる。
【反対の動き】

解 真剣に見る、という意味。
参 あごを引き、非常にゆっくり表すと「じっと見る」になる。

使い方例
講演＋見る①➡講演を見る
正しい＋見る①➡真面目に見る

みる（見る）②

親指と人差指で作った輪を目の辺りから前に出す。

[解]かしこまらないで気楽に見る、という意味。

使い方例

テレビ＋見る②→テレビを見る
桜＋見る②＋行く→花見に行こう

みんな

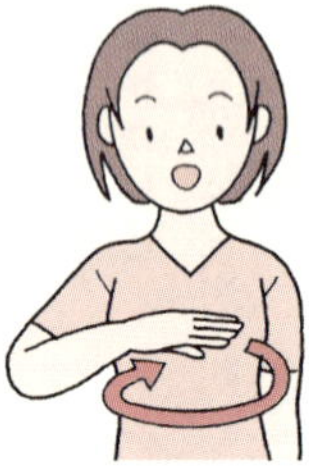

手の平を下に向け、水平に円を描く。

[同]原・全員

使い方例

みんな＋一緒＋行く→みんなで一緒に行きましょう
みんな＋合意→全員一致
草＋みんな→草原

みんぱく（民泊）

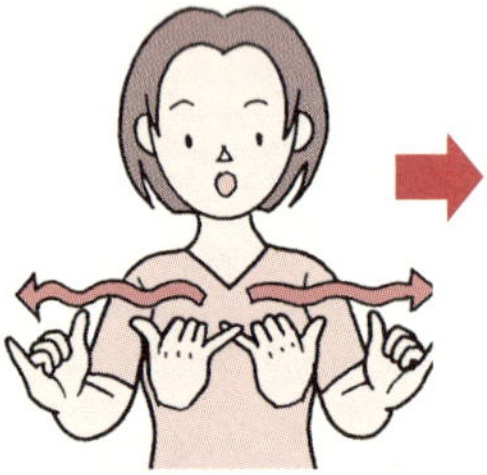

<人々>
親指と小指を立てた両手を、ひねりながら中央から左右に離していく。

<寝る①>
首をかしげながら拳を顔の横に付ける。

[解]「人々」と「寝る①」の複合語。個人が空室等を宿泊施設として提供すること。

使い方例

民泊＋やる＋認める＋必要→民泊をやるためには許可が必要だ

む

【相手から見た形】　【自分から見た形】

親指・人差指を離して伸ばし、人差指は横に向け、他指は握る。

ムカつく

胸に付けた手の平を少し持ち上げながら手首を返す。

解「頭にきた」等の意味もあるが、日本語より軽く、冗談に対し「もう!」「まったく」等の意味で使うこともある。

同 ひどい・あんまりだ

使い方例
あれ（指差し）+うそ+多い②+ムカつく➡うそばかりでムカつく!

むし (虫)

人差指を横向きにして、伸ばしたり曲げたりしながら横に動かす。

解 イモ虫が這っている様子。
参 虫全般の意味でも使う。

使い方例
虫+嫌い➡虫嫌い
コンピューター+虫➡コンピューターウイルス

むし（無視）

伸ばした人差指と中指を自分に向け、指先を小指側に払う。

<無視される>
伸ばした人差指と中指を自分に向けて、親指側に払う。
【反対の動き】

解 視線を逸らす様子。
同 見たくない

使い方例
無視＋止める➡無視するのはやめなさい
男＋無視＋良い➡知らんぷりしておこう

むずかしい（難しい）

親指と人差指で、ほおをつねるように動かす。

解 口型は「お」を伴うことが多い。
同 できない・無理・困難

使い方例
問題＋難しい➡難問
説明＋難しい➡説明しがたい
手話＋難しい➡手話は難しい

むら（村）

前に向けた人差指の上に指を曲げた手を置き、同時に軽く前後させる。

同 畑・耕す・田舎・農業
参 人名の畠山（村＋山）を表現する場合、口型「ハタケヤマ」を伴う。

使い方例
田＋村➡田村
村＋祭り➡村祭り
村＋帰る➡田舎に帰る

むり（無理）

親指・人差指・中指を伸ばし、手の平を自分に向けてから返し、斜めに下ろす。

解 指文字「む」と「り」をつなげて表している。

使い方例
合格＋無理→合格はあり得ない
親しい＋無理→友達にはなれない
結婚＋無理→結婚は無理だ

むりやり（無理やり）

人差指を横にしてあごの辺りに置き、ねじりながら横に動かす。

同 無理強い

使い方例
無理やり＋仕事＋やる→無理してまで仕事をやる
無理やり＋命令→強制する/無理強いする

むりょう（無料）

親指と人差指で作った輪を軽く投げるようにして指先を離す。

解 指の輪はお金を表す。

使い方例
無料＋チケット→無料券
花＋もらう＋無料→ただで花をもらった

【相手から見た形】【自分から見た形】

親指と人差指で輪を作り、他指は上に向け立てる。

メイク

両手の平で、ほおの辺りを交互に数回なでる。

解 化粧をしている様子。
同 化粧

使い方例
メイク＋品➡化粧品
夏＋光＋強い＋防ぐ＋メイク＋必要➡夏は日焼け止めが欠かせない

めいじ（明治）

軽く握った手をあごの下に置き、握りながら下ろす。

解 あごひげの様子。

使い方例
明治＋時＋間➡明治時代
明治＋天皇➡明治天皇

めいよ（名誉）

両手の人差指の先を向かい合わせ、同時にゆっくり上げる。

🔵 誇り
🔺 強調する場合はさらにゆっくり上げる。

使い方例
名誉＋教える＋男 ➡ 名誉教授
優勝＋本当＋名誉 ➡ 優勝とは名誉なことだ

めいれい（命令）

人差指をあごの辺りに置き、勢いをつけて指先を前方斜め下に出す。

＜命令される＞
人差指の先を頭上から自分に向ける。
【反対の動き】

🔺 両手の人差指を口元から左右斜め下に開くように動かすと、多数の人に指示を出すという意味になる。

使い方例
行く＋命令 ➡ 行きなさい！
仕事＋命令 ➡ 働け！

めいわく（迷惑）

＜迷惑①＞
親指と人差指を付けた指先を眉間に付ける。

＜迷惑②＞
眉間をつまむように拳を付ける。

🔶 眉間にしわを寄せる様子。

使い方例
夜＋越える＋来る①＋迷惑 ➡ 夜遅くに来るなんて迷惑だ
迷惑＋受ける ➡ 被害を被る

メール

親指と人差指で作った輪を前に出す。

<メールをもらう>
親指と人差指で作った輪を自分に向けて引く。
【反対の動き】

解 指文字「め」の形を表す。

使い方例
メール＋構わない？
➡メールしていい？
電話＋代わる＋メール➡電話の代わりにメールを使います

めがさめる（目が覚める）

両手の親指と人差指を付け目の下の辺りに置き、同時に指先を開く。

解 目を開ける様子。
同 自覚・気付く・悟る・勉強になる
参 認識を新たにするというような抽象的な意味でもよく使う。

使い方例
目が覚める＋必要
➡自覚しなさい

めがてんになる（目が点になる）

両手の人差指を立て、自分の目に向けて動かす。

解 指先で点を打つように動かす。

使い方例
服＋高い②＋目が点になる➡この服がそんなに高いとは！

めがね (眼鏡)

両手の親指と人差指を曲げて眼鏡の形を作り、目の辺りに置く。

🅂 眼鏡をかけている様子。

使い方例

黒＋眼鏡→サングラス
眼鏡＋商売→眼鏡屋
おじいさん＋眼鏡→老眼鏡

めがふしあな (目が節穴)

＜目＞
人差指で目を指す。

＜安い＞
親指と人差指で輪を作った手の小指側を手の平に向けて下ろす。

🅂 普通なら見えるのに気付かない、目の前にあるのに見付けられない、人を見る目がない等の意味で使う。

使い方例

これ（指差し）＋ある＋目が節穴＋私（指差し）→ここにあるのに気付かないなんて!

めざとい (目ざとい)

＜目＞
人差指で目を指す。

＜高い②＞
親指と人差指で輪を作り、下から上げる。

🅂 目ざとく見付けた、注意力がある、という意味で使う。

使い方例

混む＋見かける＋あれ（指差し）＋目ざとい＋あなた（指差し）→人込みの中であの人を見付けるなんてすごいね

415

めずらしい（珍しい）

指先を付けた手を目の下の辺りに置き、軽く2〜3回指先を開く。

解 指先を開いたり閉じたりしながら顔の周りで回す表現もある。

使い方例
魚＋珍しい➡珍しい魚
来る①②＋珍しい➡よく来たね！
できる＋珍しい➡すごいな！/意外だな！

めだつ（目立つ）

＜目＞
人差指で目を指す。

下向きの手の平の指の間から人差指を突き上げる。

解 下向きの手の平の指の間から人差指を突き上げるだけで表現する場合もある。

使い方例
男＋太る＋目立つ➡彼は太っているので目立つ

メタボ

腹の前で、軽く曲げた両手の親指と人差指の先を数回付け離しする。

解 お腹をつまむ様子。メタボリックシンドロームのこと。

使い方例
私＋メタボ＋食べる＋範囲＋必要➡私はメタボだから食事制限が必要だ

メディア

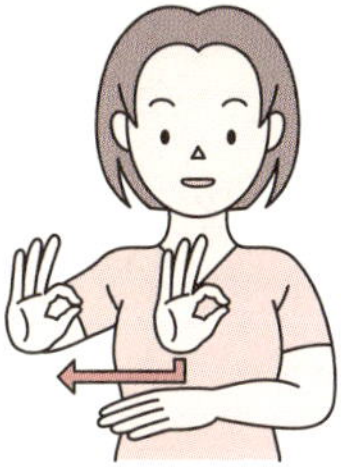

親指と人差指を付けた手を片方の手の甲に当ててから前に出す。

[解] 片方の手は指文字の「め」にする。

使い方例

メディア＋情報→メディア情報

メリット

親指と人差指を付けた手を引きながら、指先を開く。

[解] 手は指文字の「め」にする。

[反] 損

使い方例

メリット＋ない③→メリットがない

めんせつ（面接）

両拳を向かい合わせ、前後に置く。

[解] 拳を人の頭に見立てて、顔を向かい合わせている様子。

[同] **対面する**

使い方例

面接＋競う→面接試験

3＋人々＋面接→三者面談

面接＋必要→会って話しましょう

【相手から見た形】　【自分から見た形】

親指と人差指を離して伸ばした後指先を付け、他指は握る。

もう（盲）

人差指と中指を立て、両目に向けてから下げる。

解 目を閉じて表すことが多い。

使い方例
盲＋ろう＋人々➡盲ろう者
盲＋ガイド＋ヘルパー➡盲人ガイドヘルパー
盲＋ガイド＋犬➡盲導犬

もうける（儲ける）

両手を少し曲げて上下に向かい合わせてから同時に手前に引く。

同 売り上げ

使い方例
儲ける＋見通し＋ある➡儲かる見込みがある
儲ける＋もっと➡売り上げ倍増

もうしこむ（申し込む）

上向きの手の平の上に片方の人差指を置き、同時に前に出す。

<申し込まれる>
上向きの手の平の上に片方の人差指を置き同時に手前に引く。
【反対の動き】

同 届ける・注文する

使い方例
試合＋申し込む➡試合を申し込む
結婚＋申し込む➡プロポーズ
休み＋申し込む➡休暇届け

もうしょ（猛暑）

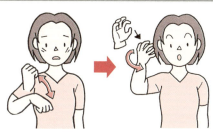

<暑い>
甲をやや前に向け軽く握った手を、顔に向けて手首から振るように動かす。

<すごい>
指を開き軽く曲げた手をこめかみの辺りで力を入れてひねる。

解 「暑い」と「すごい」の複合語。

使い方例
今＋頃＋猛暑＋多い➡最近は猛暑が多い

もうひとつ（もう一つ）

人差指を立て、あごの下に付けてから前に出す。

解 人差指は「1」を意味する。
同 もう1回

使い方例
もう一つ＋必要?➡もう一つ、いる?
もう一つ＋頼む➡もう一度お願いします

もえる (燃える)

指先を軽く曲げた両手を向かい合わせ、指先を開きながらひねり上げる。

解 炎が上がる様子。
同 火・燃やす

使い方例

家＋燃える→火事
燃える＋汚い→燃えるゴミ
山＋燃える→山火事
燃える＋断る→火災防止

モーニングセット

<朝>
片手の拳をこめかみ辺りから下ろす。

<是非>
両手の指を曲げて上下にしっかりと組み合わせる。

解 「朝」と「是非」の複合語。

使い方例

ここ＋コーヒー＋場所＋モーニングセット＋全部＋おいしい→ここのカフェのモーニングセットはみんなおいしい

もくてき (目的)

親指側を自分に向けた拳に、片方の人差指を当てる。

解 目標に向かう様子。
同 目標・目指す

使い方例

学ぶ＋目的＋何?→何のために学ぶのですか?
優勝＋目的→優勝を目指す

もし

親指と人差指を伸ばし、ほおの辺りに置いてから指先を閉じる。

📄 たぶん・もしかしたら

使い方例

もし＋雨＋行く＋いいえ➡もし雨なら行かない
もし＋妊娠＋あなた？（指差し）➡もしかしたらおめでた？

もじばけ〈文字化け〉

<文化>
親指の付け根同士を合わせた両手を、上下組み替えて再度合わせる。

<壊す>
両手の拳の親指側を付けてから折るように離す。

解 「文化」と「壊す」の複合語。

使い方例

文字化け＋悪い➡文字化けがひどい

もちろん

親指と人差指を伸ばした両手を付けてから、左右に1〜2回開く。

📄 当たり前・当然
参 強調する場合には力を入れて表す。

使い方例

行く＋もちろん➡もちろん行きます
怒る＋もちろん➡怒るのは当たり前
それ（指差し）＋やる＋方法＋もちろん➡そうやるのが当然

もつ (持つ)

上向きの手の平を握りながら軽く上げる。

解 物を持つ様子。物理的な物だけでなく、抽象的な意味にも使う（使い方例※参照）。

使い方例
携帯＋持つ＋あなた？（指差し）→携帯持ってる？
責任＋持つ※＋私（指差し）→責任を持つ

もったいない

手の平を反対側のほおに2回付ける。

同 大事・大切・重要

使い方例
捨てる＋もったいない→捨てるのはもったいない
我慢＋もったいない→忍耐も大事だ

もっていない (持っていない)

両手の指先を下に向け、前後に交互に振る。

解 手をブラブラして表す。
同 手ぶら・無職

使い方例
仕事＋発見＋ない③＋持っていない→仕事が見つからなくて無職だよ
ごめんなさい＋持っていない＋私（指差し）→手ぶらで来てすみません

もっと

両手の親指と人差指を軽く曲げ上下に置き、下の手を上に持っていく。

同 さらに・倍・しかも・追加

参 上に持っていった手だけで同じ動きを繰り返し、その回数が多いほど、増加の程度が大きくなる。

使い方例
売り上げ＋もっと➡売り上げ倍増
もっと＋ある➡追加がある

もとめる (求める)

上向きの手の平に、片方の手の甲を乗せ2回打つ。

＜求められる＞
上向きの手の平に、指先を自分に向けた手の甲を乗せ2回打つ。
【反対の動き】

同 要求・欲しい

使い方例
求める＋紙①➡請求書
理解＋求める➡理解して欲しい
給料＋値上げ＋求める➡給料値上げを要求する

もらう

上向きの両手の平を自分側に引く。

同 返却

参 片手で表現する場合もある。

使い方例
認める＋もらう➡許可をもらう
薬＋もらう➡薬をもらう
過去＋本＋貸す＋もらう＋頼む➡貸した本を返して下さい

423

もり (森)

指を軽く広げた両手を交互に上下させながら左右に開く。

解 木がたくさんある様子。

使い方例
森＋田➡森田

もん (門)

両手の人差指を立てて、指の腹を前に向けて、ひねる。

解 門柱がある様子。

使い方例
入る＋門➡入門
勉強＋門➡校門
正しい＋門➡正門
表＋門➡表門

もんだい (問題)

親指と人差指を付けた両手を、中央から左右に離した後、下ろす。

解 漢字の「問」の門構えを表す。

使い方例
競う＋問題➡試験問題
問題＋ない③➡問題ない
問題＋済ませる➡問題解決
問題＋プレゼント➡問題提起

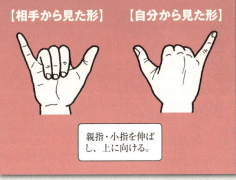

【相手から見た形】　【自分から見た形】

親指・小指を伸ばし、上に向ける。

やぁ

手の平の親指側を額の辺りに置いて前に出す。

解 ろう者同士では初対面でない限り、「**おはよう**」「**こんにちは**」「**こんばんは**」「**ただいま**」「**お帰り**」等、ほとんどの挨拶にこの手話を使う。

使い方例
やぁ＋元気?➡元気?

あいさつの表現

「やぁ」という手話は、「おはよう」「こんにちは」「こんばんは」「それじゃ」等いろいろな場面で使うことができます。ただ、それぞれ別の表現もありますので、お友達になったろう者の表現に合わせたあいさつをするのがよいですね。相手が年上の場合には、敬うような態度で接することを忘れないようにして下さい。

やきゅう（野球）

親指と人差指で作った輪に、片方の人差指を当てる。

解 輪をボール、片方の人差指をバットに見立てている。

使い方例

野球＋選手➡野球選手
野球＋たやすい➡野球には自信がある
プロ＋野球➡プロ野球

やくそく（約束）

両手の小指をからませる。

同 必ず・絶対・予約・きっと・アポイント

使い方例

約束＋注意➡約束を守る
約束＋行く➡必ず行く
寝る＋約束➡宿泊予約
結婚＋約束➡婚約

やくそくをやぶる（約束を破る）

からませた両手の小指を上下に離す。

同 違反・キャンセル

使い方例

速い・早い＋約束を破る➡スピード違反
旅行＋約束を破る＋終わる➡旅行をキャンセルした

やさい（野菜）

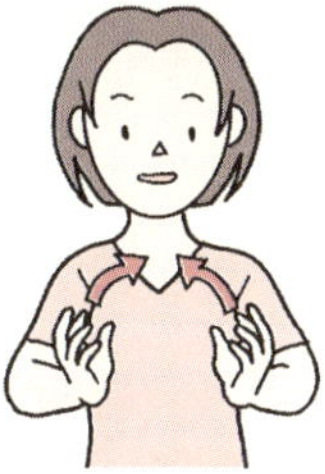

指先を軽く曲げた両手を向かい合わせ、指先が付かない程度に数回寄せる。

[解]両手を、キャベツやレタスのように丸い形にする。

[使い方例]

野菜＋カレーライス➡野菜カレー
野菜＋買う＋必要➡野菜を買わなくちゃ
野菜＋嫌い➡野菜嫌い

やさしい（優しい）

親指と他四指の先を近付けたり離したりしながら左右に広げる。

[同]親切・柔らかい

[使い方例]

優しい＋あなた（指差し）➡親切ね
体＋優しい➡柔軟な体

やすい（安い）

親指と人差指で輪を作った手の小指側を片方の手の平に向けて下ろす。

[参]輪を作った手を勢いよく下ろすと「とても安い」等、強調した意味になる。

[使い方例]

靴＋安い➡安い靴
安い＋田➡安田
飛行機＋チケット＋安い➡格安航空券

やすみ (休み)

下向きの手の平を両側から水平に中央に寄せて、親指側を付ける。

同 休暇

使い方例
夏＋休み→夏休み
是非＋休み→定休日
休み＋ない①③→休みがない

やせる (痩せる)

<痩せる①>
両手の平を体の脇に置き、体より内側に狭めながら下ろす。

<痩せる②>
両手の甲の指側をほおに沿わせて下ろす。

解 自分の体の幅より内側で表すようにする。
同 ダイエット
反 太る

使い方例
痩せる＋必要→ダイエットが必要
痩せる＋好き→痩せたい

やっと

手の平で額をぬぐうように動かし、その手を下に振る。

同 ようやく
参 ゆっくり表すと大変さを強調する意味になる。

使い方例
作る＋終わり＋やっと→やっと作り終わった
到着＋やっと→辛うじて着いた
成功＋やっと→ようやく完成した

やはり

人差指であごの辺りを触れる。

両手の親指と人差指を立てて開き、下ろすのと同時に指先を付ける。

同 案の定

参 両手の親指と人差指を閉じながら下ろすだけの表現や、この動きだけを2回繰り返す表現もある。

使い方例

男＋欠席＋やはり
➡やはり彼は欠席した
雨＋やはり➡案の定雨になった

やま (山)

手の平を下に向けて、弧を描いて山の形を作る。

参 弧を低く表すと「丘」「塚」になる。

使い方例

山＋本➡山本
山＋田➡山田
山＋上がる①➡登山

やめる (辞める)

上向きの手の平に、指先をすぼめた片方の手を付けてから手前に引く。

同 引退

使い方例

会社＋辞める➡会社を辞める
プロ＋野球＋辞める＋大会➡プロ野球の引退式

429

やめる（止める）

上向きの手の平に、指先を前に向けた片方の手を垂直に下ろす。

◉ とめる・中止

使い方例
旅行＋止める➡旅行を中止する
交際＋止める➡付き合いを止める
酒＋止める➡断酒

ややこしい

指を軽く曲げた両手の平を目の前に置き、交互に円を描く。

㊤ 顔をしかめて表すことが多い。

使い方例
パソコン＋方法＋ややこしい➡パソコンの使い方はややこしい

やる

拳を作った両手を同時に前に出す。

◉ する・行う

使い方例
やる＋好き➡やりたい
やる＋できる➡やればできる
本当＋やる＋委員➡実行委員
やる＋法律➡やるべき

【相手から見た形】　【自分から見た形】

人差指と中指と薬指を離して上に伸ばし、他指は握る。

USB

<U>

<アダプター>
指を丸めた手に、片方の人差指と中指を立てた手を差し込む。

解 アルファベットの「U」と「アダプター」の複合語。

ゆうがた (夕方)

指先を軽く開き前方に向け、弧を描くように垂直に下ろす。

使い方例
夕方＋新聞➡夕刊
帰る＋夕方➡帰りは夕方になる
歩く＋いつも＋夕方＋行く➡ウォーキングはいつも夕方にやる

ゆうき (勇気)

両手の親指と人差指を伸ばし交差させて腹の前に置き左右に広げていく。

使い方例
勇気＋ある＋行動
→勇気がある行動
反対＋意見＋プレゼント＋勇気＋ない③→反対意見を言う勇気がない

ユーザー

＜使う＞
手の平の上に、親指と人差指で作った輪を乗せて数回、前に出す。

＜人②＞
親指と小指を立てた両手を、ひねりながら中央から外側に開く。

解 「使う」と「人②」の複合語。

使い方例
ユーザー＋無視＋できない→ユーザーは無視できない
ユーザー＋受付→ユーザー窓口

ゆうしょう (優勝)

両手を握って斜めに並べ、同時に上げる。

解 優勝旗を持つ様子。

使い方例
優勝＋祝う＋会→優勝祝賀会
優勝＋目的→優勝を目指す
優勝＋来る②→優勝するに決まっている

ゆうせん (優先)

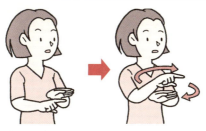

下向きの手の平の下に、人差指を伸ばした手を置く。

伸ばした人差指を上の手を追い越すように前に出す。

解 他のものを追い越す動き。

使い方例
優先＋座る➡優先席
歩く＋人々＋優先➡歩行者優先
車いす＋優先＋駐車場➡車いす優先駐車場

ユーチューブ

親指と小指を出した手の親指を片方の手の平に付けたまま回す。

解 片方の手はアルファベットの「Y」にする。

使い方例
ユーチューブ＋見る②＋とても＋好き➡ユーチューブを見るのが大好き
ユーチューブ＋楽しい➡ユーチューブは楽しい

ゆうびん (郵便)

人差指と中指を伸ばし、下から片方の人差指を中指に付ける。

解 「〒」マークを表す。

同 手紙・郵送・ポスト

使い方例
郵便＋紙①➡ハガキ
郵便＋局➡郵便局
速い・早い＋郵便➡速達

ゆうめい (有名)

立てた手の平に人差指を付け、同時に上げる。

<無名>
立てた手の平に人差指を付け、同時に下げる。
【反対語】

同 名物・名の知れた

使い方例
有名＋人①➡有名人
東京＋有名＋場所➡東京名所
男＋うそ＋あれ（指差し）＋有名➡彼はうそつきで知られている

ゆびもじ (指文字)

手の平を前に向け、指先をひらひらさせながら垂直に下げる。

解 指文字は基本的には上から一文字ずつ下に移動させて表現するので、その様子を表している。

使い方例
指文字＋覚える➡指文字を覚える
指文字＋たやすい➡指文字は簡単だ

ゆめ (夢)

伸ばした親指と人差指を開き、こめかみの上に置き、広げながら上げる。

同 イメージ

使い方例
夢＋成功➡夢が叶った
未来＋夢➡将来の夢

よ

【相手から見た形】  　【自分から見た形】

> 親指以外の四指を開いて伸ばし、横に向け、親指は握る。

よい（良い）

拳を鼻の前に置き、前に向けて出す。

使い方例

良い＋頼む➡よろしくお願いします
成績＋良い➡成績が良い
怪我＋ない③＋良い➡怪我がなくて良かった
一緒＋行く＋良い➡一緒に行こうよ

ようい（用意）

両手の指先を前に向け、同時に水平に横に動かす。

解 両手を軽く上下させながら横に動かす表現もある。
同 準備・整理・片付ける

使い方例

遠足＋用意➡遠足の準備
部屋＋用意➡部屋の片付け
用意＋きちんと➡整理整頓

ようちえん (幼稚園)

手の平を組み替えて2回手を叩く。

<場所>
指を軽く曲げた手を下向きにし、置くように少し下げる。

解 手を叩いて遊戯をしているような動き。

使い方例
幼稚園＋通う➡幼稚園に通う
幼稚園＋教える➡幼稚園の先生
幼稚園＋子供➡幼稚園児

よぶ (呼ぶ)

手の平を前に向け、呼び込むように指先を折る。

<呼ばれる>
指先を自分に向け、呼ばれるように指先を折る。
【反対の動き】

解 手で招く動き。
同 誘う・招く・おいで

使い方例
救急車＋呼ぶ➡救急車を呼ぶ
テニス＋呼ぶ➡テニスに誘う
ここ（指差し）＋呼ぶ➡こちらにおいで

よみとり (読み取り)

<読み取り①>
前向きの手の平を手前に引きながら指先を付ける動きを数回繰り返す。

<読み取り②>
自分に向けた手の平を前に出しながら指先を付ける動きを数回繰り返す。

解 手話や指文字、口型等の視覚言語を読み取る場合に使う。
②は受身の場合。

使い方例
口＋読み取り➡読話
手話＋読み取り➡手話の読み取り
読み取り＋通訳➡読み取り通訳

よむ（読む）

自分に向けた手の平の上で、伸ばした人差指と中指を数回上下させる。

解 文字を目で追っている様子。

使い方例
本＋読む➡**読書**
新聞＋読む➡**新聞を読む**
読む＋書く➡**読み書き**

よる（夜）

両手の平を前に向け、同時に内側に倒し交差させる。

同 暗い
参「夜」を表してからお辞儀をすると「**こんばんは**」の挨拶になる。

使い方例
今＋夜➡**今夜**
道＋夜➡**暗い道**
見通し＋夜➡**見通しが暗い**
夜＋越える➡**深夜**

よわい（弱い）

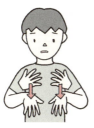

力を抜いた両手の平の指先を向かい合わせて手首から下ろす。

使い方例
気持ち＋弱い➡**気が弱い**
体＋弱い➡**虚弱体質**
社会＋合う①＋弱い＋人々➡**社会的弱者**

【相手から見た形】

【自分から見た形】

中指を人差指の背に乗せ上に伸ばし、他指は握る。

ラーメン

伸ばした人差指と中指をからませて横にし、上下させる。

解 からめた指は指文字の「ら」の形を表す。

参 一般的にめん類を表す場合は、人差指と中指を伸ばした形で上下させる。

使い方例
塩＋ラーメン➡塩ラーメン
ラーメン＋商売➡ラーメン店

ライブコンサート

中指を人差指の背に乗せて伸ばし、他指は握った両手を回しながら前へ広げる。

解 手は指文字の「ら」にする。

使い方例
昨日＋ライブコンサート＋行く＋終わり➡昨日、ライブコンサートに行った

ライン

両手の親指と人差指を伸ばし、交互に前後させる。

解 手はアルファベットの「L」にする。

使い方例

ライン＋もったいない＋コミュニケーション＋方法➡ラインは重要なコミュニケーション手段だ

らく（楽）

手の甲に親指と人差指を付けた手を置き、同時に上げる。

同 軽い

使い方例

家＋居る＋楽＋私（指差し）➡家にいるのが好き
仕事＋楽➡楽な仕事

らくご（落語）

手を反対側の口元に置き、片方の人差指と中指を伸ばして上下させる。

使い方例

手話＋落語➡手話落語
落語＋協会➡落語協会

> **コラム**　落語等のろう者の演劇
>
> ろう者も様々な演劇分野に進出して個人や団体で活動しています。活動範囲は喜劇、シリアス劇、詩、歌、落語など様々です。有名なところではトット基金の日本ろう者劇団が、狂言を手話で演じる手話狂言を行っています。すでにある脚本を手話で演じるだけでなく、新しく手話によって脚本が作られることもあります。

～らしい

そろえた人差指と中指を上に向け、1度途中で止めるようにして下げる。

同 ～のようだ・～だろう・たぶん

使い方例
明日＋雨＋～らしい ➡ 明日は雨らしい
来る①②＋～らしい ➡ たぶん来るだろう

ランチ

＜昼＞
人差指と中指を立てて人差指の側面を額に付ける。

＜食べる①＞
手の平の上で伸ばした人差指と中指を数回すくうように口元に運ぶ。

解 「昼」と「食べる①」の複合語。

使い方例
今日＋ランチ＋何? ➡ 今日のランチは何にする?

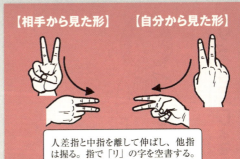

人差指と中指を離して伸ばし、他指は握る。指で「リ」の字を空書する。

りこん (離婚)

親指を立てた手と小指を立てた手を付けた状態から左右に離していく。

解 親指は男性、小指は女性を表す。離婚に限らず、交際していた男女が別れる場合にも使う。

使い方例
離婚＋申し込む➡離婚届
同棲＋しかし＋離婚＋〜らしい➡同棲していたが別れたらしい

りよう (理容)

人差指と中指を交差させ、手前の手だけ指に沿わせながら数回上げる。

同 床屋

使い方例
理容＋学校➡理容学校
理容＋男➡理容師

りょうしゅうしょ（領収書）

指を軽く曲げ自分に向けた両手の小指側を付けてから片手だけ前に倒す。

使い方例

領収書＋求める➡領収書を下さい

りょうり（料理）

軽く曲げた指に沿わせ片方の手を垂直に数回下ろす。

解 包丁で刻んでいる動き。

使い方例

日本＋料理➡日本料理
料理＋上手➡料理上手
料理＋場所➡台所

りょこう（旅行）

指先を前に向けた手の横で、人差指と中指を伸ばした手で垂直に円を描く。

解 汽車の車輪が回っているように動かす。
同 旅

使い方例

世界＋旅行➡海外旅行
日本＋旅行➡国内旅行
結婚＋旅行➡新婚旅行

る

【相手から見た形】　【自分から見た形】

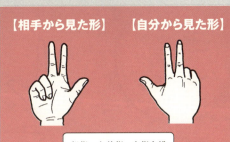

親指・人差指・中指を離して伸ばし、上に向ける。

ルール

両手の親指・人差指・中指を立てて、上下に置く。

解 上下に指文字の「る」が並ぶことから「ルール」となる。

使い方例
ルール＋約束を破る➡ルール違反
ルール＋本➡ルールブック

るす（留守）

斜めに置いた手の下で、指先を前に向けた手を左右に数回振る。

解 斜めに置いた手は屋根を表し、その中が空っぽの様子。

使い方例
留守＋いつも➡いつも留守だ
留守＋〜らしい➡留守のようだ

れ

【相手から見た形】　【自分から見た形】

親指・人差指を離して伸ばし、人差指は上に向ける。

れいか（冷夏）

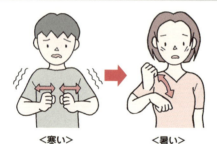

<寒い>
両手で拳を作り、小刻みに震わせる。

<暑い>
甲をやや前に向け軽く握った手を、顔に向けて手首から振るように動かす。

解「寒い」と「暑い」の複合語。

使い方例
今年＋冷夏→今年は冷夏だ

れいぎ（礼儀）

手の甲を前に向けた拳を、左右から2回付ける。

同 マナー・常識・道徳
反 非常識

使い方例
礼儀＋きちんと→礼儀正しい
礼儀＋気を付ける→失礼のないように
社会＋礼儀→社会道徳

れいぞうこ（冷蔵庫）

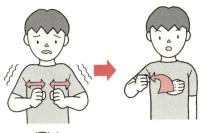

<寒い>
両手で拳を作り、小刻みに震わせる。

軽く握った手で冷蔵庫の扉を開けるしぐさをする。

使い方例
冷蔵庫＋ない④➡冷蔵庫が空だ
ビール＋冷蔵庫＋あれ（指差し）➡冷蔵庫にビールがある

レインコート

<雨>
指先を下に向けた両手を同時に上下させる。

<着る>
親指以外の四指を握った両手を肩の前に置き、手を近付けながら下げる。

解 「雨」と「着る」の複合語。

使い方例
今日＋レインコート＋必要➡今日はレインコートが必要だ

れきし（歴史）

親指と小指を立て肩の辺りで向かい合わせ、交互に円を描きながら斜めに下ろす。

同 代々・伝統
参 上の手だけを揺らしながら下ろしていく表現もある。

使い方例
日本＋歴史➡日本史
歴史＋3➡第3回
歴史＋調べる➡歴史を調べる

レジ

手の平を前に向け、レジスターを打つ動作をする。

解 レジを打っている動き。

使い方例
スーパーマーケット＋レジ➡スーパーマーケットのレジ
レジ＋責任➡レジ係

レストラン

両手で拳を作り、利き手を小さく前後に動かす。

解 ナイフとフォークを使い食事をしている動き。
同 ステーキ

使い方例
家族＋レストラン➡**ファミリーレストラン**
豚＋レストラン➡**ポークステーキ**

れつ(列)

両手を立て指先を広げた手を前後に並べ、手前の手を体の方に引く。

解 指を人に見立てている。日本語より狭義の意味で、人が並んでいる場合のみに使われる。
同 並ぶ

使い方例
子供＋列➡子供が並んでいる

れんあい (恋愛)

人差指を伸ばし両脇から指先を下に向け胸の前で指先を交差させる。

<失恋>
胸の前で指先を交差させた人差指を左右に上げて離す。
【反対の動き】

使い方例
恋愛＋男（または女）➡恋人
恋愛＋結婚➡恋愛結婚
恋愛＋中➡恋愛中

れんきゅう (連休)

両手の平を下に向け、親指側を付けた状態のまま横に水平に動かす。

解「休み」という手話をそのまま横に動かす。
参「休み」という手話を小さく繰り返しながら横に動かす表現もある。

使い方例
5＋月＋連休➡ゴールデンウィーク
未来＋連休＋旅行＋行く➡今度の連休は旅行に行く

れんしゅう (練習)

手の甲に、片方の指先を数回当てる。

同 訓練・稽古

使い方例
練習＋試合➡練習試合
断る＋災害＋練習➡防災訓練

447

レンタカー

<借りる>
前方に出した手を引きながら指先をすぼめる。

<車>
両手を軽く握り、車のハンドルを動かすようにする。

解「借りる」と「車」の複合語。

使い方例
レンタカー＋多い＋北海道➡北海道ではレンタカーが多い

れんめい（連盟）

自分に向けた手の平を片方の手で軽くつかんで水平に円を描くように動かす。

使い方例
世界＋連盟➡国連
日本＋ろう＋連盟➡全日本ろうあ連盟

れんらくする（連絡する）

両手の親指と人差指で作った輪を、鎖のようにつなげて前に出す。

<連絡をもらう>
両手の親指と人差指で作った輪を、鎖のようにつなげて手前に引く。【反対の動き】

同 伝える
参 からめた指を前後に動かすと「連絡」になる。

使い方例
連絡する＋方法➡連絡手段
明日＋連絡する➡明日、連絡します

ろ

【相手から見た形】 **【自分から見た形】**

人差指と中指を離して上に立てて曲げ、他指は握る。

ろう（しゃ）（ろう（者））

<ろう（者）①>
耳に手の平を当ててから、口に当てる。

<ろう（者）②>
耳と口に同時に手を置く。

使い方例
ろう（者）＋学校➡ろう学校
ろう（者）＋協会➡ろう協会
ろう（者）＋文化➡ろう文化

コラム　ろう文化

「ろう文化」とは、視覚による生活から生まれてきた文化様式をいいます。例えば、聴者に対する注意や警告の多くは、音によって行われます。これは音の文化であり、ろう者には馴染みがありません。ろう者に対する注意や警告は、光や振動によって行われます。光や振動を取り入れた合図は、「ろう文化」のひとつであり、世界的な共通性があります。

ろうにん (浪人)

伸ばした人差指と中指を下に向け、数回小さい円を描く。

解 手の力を抜いて表す。
同 無職・ブラブラしている

使い方例
大学＋競う＋落ちる＋浪人➡大学受験に失敗して浪人している

ローン

人差指に、片方の人差指を当て、指先に向かって数回動かす。

同 少しずつ・ぽちぽち・そろそろ
参 当てた人差指を1回だけ指先側に滑らすと「一部」になる。

使い方例
家＋ローン➡住宅ローン
ローン＋帰る➡ぽちぽち帰るか

ロケット

指先を開閉させている手の上に、片方の人差指を乗せて、上げる。

解 ロケットが噴射しながら飛んでいる様子。

使い方例
ロケット＋成功➡打ち上げ成功
月＋ロケット＋好き➡月に行きたい

【相手から見た形】 【自分から見た形】

人差指と中指と薬指を離して上に伸ばし、他指は握る。

ワークショップ

人差指・中指・薬指を離して伸ばした両手を前に回しながら閉じる。

解 手は最初、指文字の「わ」にする。

使い方例
ワークショップ＋参加➡ワークショップに参加する

ワイファイ(Wi-Fi)

人差指・中指・薬指を離して伸ばした手を外側に振る。

解 手は指文字の「わ」にする。

使い方例
ワイファイ＋通じない➡ワイファイがつながらない

ワイヤレス

<線>
両手の伸ばした人差指の先を付けた後、外側に引く。

<ない①>
口元で、親指と人差指で輪を作り、指を離しながら横に動かす。

解 「線」と「ない①」の複合語。

使い方例
ワイヤレス＋打つ
➡ワイヤレスキーボード

ワイン

人差指・中指・薬指を立てて口元の辺りで水平に円を描くように動かす。

解 指文字の「わ」の形を表す。

使い方例
赤＋ワイン➡赤ワイン
白＋ワイン➡白ワイン

わかい (若い)

手の平を額の辺りに置き横に引く。

使い方例
若い＋人々➡若者
気持ち＋若い➡気が若い
若い＋見る①➡若く見える

わがまま

親指と人差指を付けた両手を体に向け、同時に左右に数回動かす。

解 駄々をこねるような動き。

使い方例
わがまま＋越える→すごいわがままだ

わからない①

指先を肩の辺りに付け2回上に払う。

解 よくわからない場合、物事の判断や判別ができない場合等に使う。
同 知らない
参 「行く＋わからない①」のように動詞の後に付けると「〜かも」にもなる。

使い方例
電話＋数＋わからない①→電話番号は知らない

わからない②

手を開き、人差指を鼻に付け、軽くゆする。

解 理解できない場合に使うことが多い。物事の判断や判別ができない場合にも使う。
同 知らない
参 中指を鼻に付ける表現もある。

使い方例
行く＋方法＋わからない②→行き方がわからない

わからない ③

親指と中指を付け、人差指をあごに付けてから中指を弾くのと同時に下げる。

解 全くわからない場合に使うことが多い。判断や判別ができない場合は使わない。

使い方例
地図＋わからない③➡地図を見ても全くわからない

わかる

手の平を胸に当ててから下ろす。

同 知る・承知・知っている

参 胸の辺りをトントンと軽く叩く表現もある。

使い方例
男＋気持ち＋わかる➡彼の気持ちがわかる
わかる＋頼む➡ご承知下さい
指文字「り」＋わかる➡**理解**

わかれる（別れる）

軽く曲げた指の背側を付けてから左右に離す。

同 別・離れる

使い方例
別れる＋会➡送別会
両親＋別れる＋生活➡両親とは別に暮らしている

わざわざ

軽く指先を開いて曲げた両手を頭の脇に置き、前に2回出す。

解 やや前傾して表すことが多い。
同 せっかく
参 日本語とは異なり、マイナスの意味合いで使われる場合が多い。

使い方例
わざわざ＋やる＋損＋私（指差し）➡せっかくやったのに！

わずか（僅か）

親指を立てあごの下に付け、小さく斜め前に出す。

解 口型「ピ」を伴うことが多い。
同 乏しい

使い方例
残り＋僅か➡残り僅か
僅か＋これ（指差し）➡たったこれだけ
説明＋僅か➡説明不足

わずらわしい（煩わしい）

拳の小指側を頭に2回付ける。

同 邪魔・面倒・うるさい・しつこい

使い方例
人①＋関係＋煩わしい➡人間関係が煩わしい
手＋続く＋煩わしい➡面倒な手続き

わすれる（忘れる）

軽く握った手を頭の脇に置き、指先を開きながら斜め後ろに上げる。

[解]握った手は記憶を意味し、それをとどめていられない様子。

使い方例

名前＋忘れる→名前を忘れた
傘＋忘れる→傘を忘れた
思い出＋忘れる＋できない→忘れられない思い出がある

わたし（私）

人差指で鼻の辺りを指す。

[参]胸の辺りを指す表現もある。

使い方例

私＋名前→私の名前
私＋行く→私は行きます

わびる（詫びる）

立てた親指の腹を前に向け曲げる。

<謝られる>
立てた親指の腹を自分に向け曲げる。
【反対の動き】

[解]親指を人に見立てている。
[同]**謝る**

使い方例

詫びる＋行く→謝りに行く

わらう (笑う) ①

指先を曲げた手を口の前に置き、数回斜め下に動かす。

参 繰り返し表すと「大笑い」になる。

使い方例
笑う①＋越える➡笑い過ぎ
笑う①＋多い②➡笑ってばかり

わらう (笑う) ②

親指と四指を軽く曲げた両手を口の脇に置き、数回開閉する。

解 笑顔で表す。

使い方例
笑う②＋顔➡笑顔
笑う②＋ごまかす＋あなた(指差し)➡笑ってごまかしてる

わりあい (割合)

親指と人差指を伸ばした中で、片方の人差指を数回小さく上下させる。

同 率

使い方例
薬＋水＋割合➡薬と水の割合
合格＋割合➡合格率

わりかん（割り勘）

四指をそろえた手の親指側を額に近付けたり離したりしながら横に動かす。

🔵解 頭割りの意味。

使い方例
飲む①＋会＋割り勘＋いつも➡飲み会はいつも割り勘
割り勘＋構わない➡割り勘でいい

わるい（悪い）

人差指を立て、鼻の脇から斜めに下ろす。

🔵同 ひどい・だめ

使い方例
都合＋悪い➡都合が悪い
悪い＋友達➡悪友
男＋悪い➡ひどい男だ

わるくない（悪くない）

親指と中指を付け人差指を鼻の脇に置き、中指を弾きながら手首を返す。

🔵解 「悪い」＋「ない」の「悪くない」とは違い、「満更でもない」「好ましい」「程良い」「結構いける」等、幅広い意味で使われる。

使い方例
ここ（指差し）＋料理＋食べる＋悪くない➡ここの料理は結構いける

テーマ別単語集

　ここでは、五十音やアルファベットなどの指文字の一覧と、日常会話の中でよく使う基本的な単語や固有名詞、国際手話などをテーマごとにまとめて紹介しています。

指文字〔五十音〕………… 460	家族の表し方……………… 484
指文字〔アルファベット〕… 466	都道府県名………………… 488
指文字〔単位〕…………… 469	地方・地名………………… 500
指文字〔数字〕…………… 470	海外の国名等……………… 504
疑問詞……………………… 472	いろいろなあいさつ……… 506
月の表し方………………… 474	指差し……………………… 507
曜日の表し方……………… 476	色の名前…………………… 508
日時の表し方……………… 478	学校に関する単語………… 509
季節の表し方……………… 480	病院に関する単語………… 512
天候の表し方……………… 481	接客に関する単語………… 518
行事の表し方……………… 483	おもてなし手話 - 国際手話の単語… 520

● 指文字表の見方 ●

五十音・数字の指文字表は、左側が相手から見た形、右側が自分から見た形に、アルファベットの指文字表は、左側が日本手話、右側が国際手話で、ともに相手から見た形になっています。

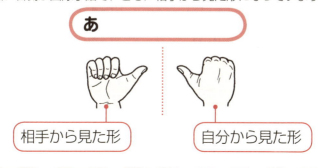

指文字
五十音

あ	か

い	き

う	く

え	け

お	こ

指文字 五十音

さ	た

し	ち

す	つ

せ	て

そ	と

指文字 五十音

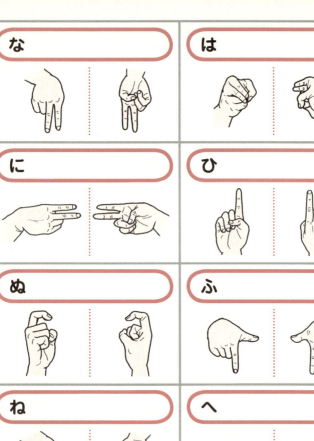

指文字　五十音

ま	や

み	ゆ

む	よ

め	
	指文字　コラム 指文字は手話の単語ではありませんが、表現を補助するために用いられます。主に物や人の名前などを表す場合に用います。

も

指文字 五十音

ら

わ

り

を

る

ん

れ

コラム 指文字の由来

指文字には、アルファベットの指文字から借用したもの（あ、い、う、え、お）や、カタカナの形からきたもの（し、す、の、ふ、へ、り、る、れ、ん）などがあります。

ろ

ば（濁音）※相手から見た形	ゆ（拗音）※相手から見た形
ぱ（半濁音）※相手から見た形	|（長音）※相手から見た形
っ（促音）※相手から見た形	

指文字　五十音

濁音・半濁音・促音・拗音・長音の表現方法

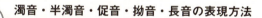

　濁音は、元の形をそのまま横に引きます。半濁音は、元の形をそのまま上げます。促音と拗音は、元の形を手前に引きます。長音の表現方法には2通りあります。1つは上記のように、長音文字をそのまま縦方向に指で書く方法です。もう1つは長音の前の文字を下に移動させる方法です。例えば「カーブ」は「カ」+「ー」+「ブ」とするか、「カ」を下げる+「ブ」と表現します。指文字を表現する場合には、口でその日本語を表すとよいでしょう。

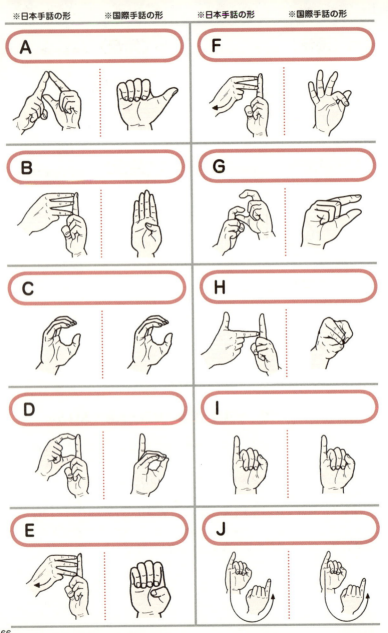

| ※日本手話の形 | ※国際手話の形 | ※日本手話の形 | ※国際手話の形 |

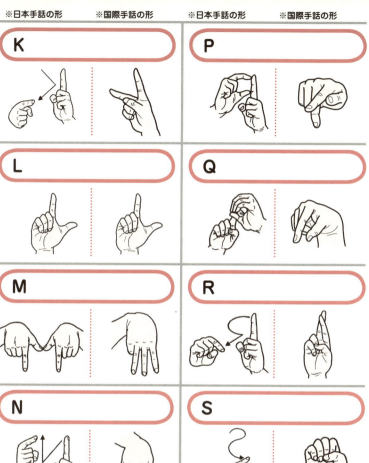

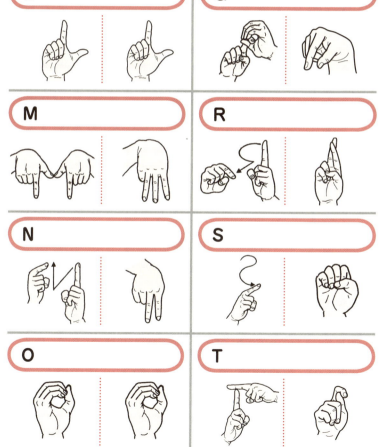

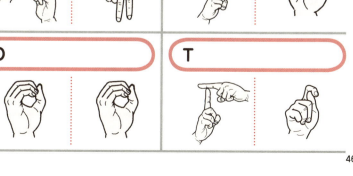

※日本手話の形　　※国際手話の形　　※日本手話の形　　※国際手話の形

指文字 アルファベット

U	X
V	Y
W	Z

🖐 コラム　アルファベットの表現方法

　ここで左側に挙げている日本手話用アルファベットは日本独特の表現方法で、この方法以外にもいろいろなものがあります。例えば、右側に挙げている国際手話用アルファベットや、英語用アルファベット、米語用アルファベットなどです。手話単語、指文字、アルファベット、数字には同じ形のものもあるので、はじめは見分けがつかず、手話単語なのか指文字なのかわからないこともあるかもしれませんが、見慣れると区別できるようになります。

ミリメートル (mm)	トン (t)

センチメートル (cm)	リットル (ℓ)
メートル (m)	パーセント (%)
グラム (g)	円
キロ (k)	ドル ($)

指文字 数字

1	6
2	7
3	8
4	9
5	0

指文字 数字

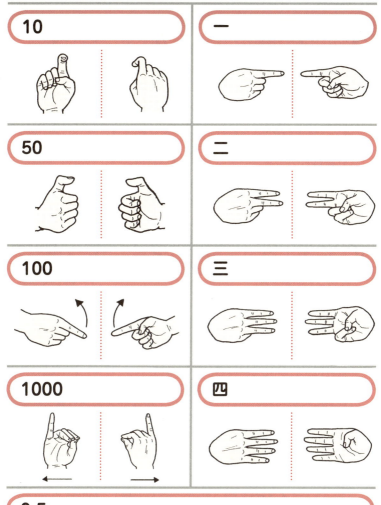

疑問詞

だれ (誰)

親指以外の四指を軽く曲げ指の背をほおに付ける。

なに (何)

立てた人差指を左右に数回、振る。

なぜ

手の平の下へ人差指を手前から潜り込ませ、前に出す。

いつ

甲を前に向け上下にした両手の指を、同時に親指から順に折っていく。

何時

<時間①>
人差指で、片方の手首の甲側をつつく。

<いくつ①>
上向きにした手の指を順に折る。

どこ

<場所>
指を軽く曲げた手を下向きにし、置くように少し下げる。

<何>
立てた人差指を左右に数回、振る。

いくつ

上向きにした手の指を順に折る。

どうやって

親指と小指を伸ばし、小指を下に親指を鼻に付ける。

どちら

両手の人差指を立てて向かい合わせ、交互に数回、上下させる。

コラム 疑問詞の注意点

疑問詞は、ほとんどの場合、文末にきます。また顔の表情も大切で、あごの動きやまゆを上げる動作などを伴います。ろう者との会話から学びましょう。

月

1月

人差指を横に伸ばした手を下げる。

2月

人差指と中指を離して横に伸ばした手を下げる。

3月

人差指・中指・薬指を離して横に伸ばした手を下げる。

4月

親指は折り、他四指を離して横に伸ばした手を下げる。

5月

親指を横に伸ばした手を下げる。

6月

親指・人差指を離して伸ばし人差指を横に向けた手を下げる。

7月  親指・人差指・中指を離して伸ばし人差指を横に向けた手を下げる。	**10月**  上に向けた人差指を曲げた手を下げる。
8月  小指は折り、他四指を離して伸ばし人差指を横に向けた手を下げる。	**11月** 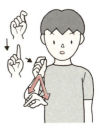 人差指を曲げた後伸ばし、親指と人差指を付け離しながら下ろす。
9月  親指は上を向け、他四指を付けて横に伸ばした手を下げる。	**12月**  人差指を曲げた後人差指と中指を伸ばし、親指と人差指を付け離しながら下ろす。

月

曜日

月曜日

親指と人差指を付け、離しながら下ろす。

水曜日

手の平を上に向け、揺らしながら横に引く。

火曜日①

親指と小指を立て上に向け、手首を回転させながら上げる。

木曜日

両手の親指と人差指を伸ばし、ひじを支点に開くように上げる。

火曜日②

人差指を伸ばし唇の前に置く。
手首を内側にひねりながら上げる。

金曜日

親指と人差指で作った輪を小さく振る。

祝祭日

両手の甲を前に向けて親指を組み、四指を前後に動かす。

土曜日

指先を下に向けて、こすり合わせる。

コラム　曜日の表し方

日本語では「月曜日」「土曜日」などと「曜日」という言葉を付けますが、手話の場合は、月、水、土などの表現だけで曜日を表すことができるのです。

日曜日

<赤>
人差指を伸ばし唇の前に置く。

<休み>
下向きの手の平を両側から水平に中央に寄せて、親指側を付ける。

きょう（今日） 	**こんしゅう**（今週） 
あした（明日） 	**きのう**（昨日） 
あさって（明後日） 	**おととい**（一昨日） 
らいしゅう（来週） 	**せんしゅう**（先週） 

ことし（今年）

いちびょう（1秒）

らいねん（来年）

いっぷん（1分）

きょねん（去年）

いちじかん（1時間）

コラム　時間の単位

右列で紹介する時間の単位は、1秒、1分、1時間、1日など、すべて動かす手を数字の表現にして表します。

いちにち（1日）

日時

季節

はる (春)

手の平を自分に向けた両手を、ゆっくり同時に下からあおぎ上げる。

ふゆ (冬)

両手で拳を作り、小刻みに震わせる。

なつ (夏)

甲をやや前に向け軽く握った手を、顔に向けて手首から振るように動かす。

しき (四季)

親指以外を開いた手の横で、人差指と中指を伸ばした手を回転させながら下げる。

あき (秋)

指を開いた両手を顔の脇に置き、前後に数回、動かす。

いちねん (1年)

伸ばした人差指で、拳を一回りして、最後に拳の上に指を付ける。

つゆ (梅雨)

<梅>
すぼめた片手の指先を口元に付けた後、こめかみ辺りに付ける。

<雨>
指先を下に向けた両手を同時に上下させる。

はれ (晴れ)

手の平を前に向け交差した両手を左右斜め上へ開き上げる。

あめ (雨)

指先を下に向けた両手を同時に上下させる。

くもり (曇り)

指を少し曲げて向かい合わせた両手を少しひねりながら横に移動する。

ゆき (雪)

両手の親指と人差指で作った輪をひらひらと下ろす。

かみなり (雷)

親指と人差指を付けた手をジグザグに下ろし、開く。

にじ (虹)

親指・人差指・中指を伸ばした手で弧を描きながら横に引く。

たいふう (台風)

指を広げた両手を、同時に強く斜め上から下ろす動作を2回繰り返す。

両手の親指と人差指を丸く曲げ向かい合わせてそのまま斜め前に移動する。

くも (雲)

向かい合わせた両手の指をふわふわさせながら、左右に引く。

じしん (地震)

上向きの両手の平を強く前後に同時に動かす。

しょうがつ（正月）

人差指を伸ばした両手を上下に置き、手首を手前にひねる。

おぼん（お盆）

立てた手の横で、伸ばした人差指を前に2回振る。

しちごさん（七五三）

<七>
親指・人差指・中指を伸ばし横に向ける。

<五>
親指を横に伸ばし他四指は握る。

<三>
人差指・中指・薬指を伸ばし横に向ける。

クリスマス

両手の人差指を交差させ同時に斜め下に引く。

軽く握った手をあごの下に置き、握りながら下ろす。

ちち (父)

人差指をほおに当て、斜めに上げながら人差指を折り親指を立てる。

はは (母)

人差指をほおに当て、斜めに上げながら人差指を折り小指を立てる。

あに (兄)

拳の中指だけ立て1回上げる。

あね (姉)

拳の小指だけ立て1回上げる。

おとうと (弟)

拳の中指だけ立て2回下げる。

いもうと (妹)

拳の小指だけ立て2回下げる。

家族

そふ（祖父）

人差指をほおに当て斜めに上げ、親指を曲げた拳を軽く上下させる。

そぼ（祖母）

人差指をほおに当て斜めに上げ、小指を曲げた拳を軽く上下させる。

ふうふ（夫婦）

親指と小指を立てて、手首を2回程ひねる。

りょうしん（両親）

人差指をほおに当て斜めに上げ指を折り、親指と小指を立て手首を軽く振る。

しんせき（親戚）①

両手の親指と小指を立てて小指を交差させてから左右に離す。

しんせき（親戚）②

親指と人差指を付けた両手をほおに付け、外側の手を斜め前に出す。

おっと (夫)

親指を立てた拳を体の近くから少し横へ動かす。

つま (妻)

小指を立てた拳を体の近くから少し横へ動かす。

むすこ (息子)

立てた親指を、腹の前から下げながら前に出す。

むすめ (娘)

立てた小指を、腹の前から下げながら前に出す。

きょうだい (兄弟)

中指を立てた両手を体の前に並べて置き、交互に上下させる。

しまい (姉妹)

小指を立てた両手を体の前に並べて置き、交互に上下させる。

家族

こども (子供)  手の平を下に向け、なでるように小さく円を描く。	**おとな** (大人)  手の平を折り、向かい合わせた両手を肩の高さから同時に上げる。
まご (孫)  下向きの手の平を体の斜め前に置き、さらに斜めに下ろす。	**あかちゃん** (赤ちゃん)  指側を前に向けた両拳を、顔の横で軽く小さく左右に振る。
かてい (家庭)  両手の指先を付け屋根の形にした後、片手を下げて水平に円を描く。	**かぞく** (家族)  斜めにした手の下で、親指と小指を立てた片手を軽くひねる。

家族

ほっかいどう（北海道）

両手の人差指と中指を伸ばして、中指同士を付ける。

斜め下に引いてから近付け再度中指を付ける。

あおもり（青森）

 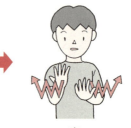

<青>
指を伸ばした手の平をあごからほおに沿って動かす。

<森>
指を軽く広げた両手を交互に上下させながら左右に開く。

みやぎ（宮城）

<宮>
両手の指を開き斜め上に向け指を交差する。

<城>
両手を離しながら人差指を曲げ他四指は握る。

いわて（岩手）①

指を曲げた手の平を頭の上に置き、頭に沿って後ろに下げる。

あきた（秋田）

指を軽く曲げ手の平を上に向けた手の甲に立てた親指を付ける。

いわて（岩手）②

＜岩＞
全指を曲げ向かい合わせた両手を逆向きに同時にねじる。

＜手＞
指をそろえて上に伸ばした手の平を前に向ける。

やまがた（山形）①

人差指・中指・薬指を伸ばした手を手首から2回内側に折る。

やまがた（山形）②

親指と人差指で輪を作った指先に、伸ばした人差指を当てる。

ふくしま（福島）

手を開いてあごに当て、下向きにすぼめる。

<島>
指を曲げた手を取り囲むように、片方の手を前から手前に動かす。

いばらき（茨城）

指を伸ばした両腕を交差させ、上腕に沿って指を開きながら1、2回振る。

ぐんま（群馬）

両手の人差指を前と斜め横に向け同時に上下に振る。

とちぎ（栃木）

開いた指先を、片方の人差指でなぞるように動かす。

さいたま（埼玉）

丸くした両手を上下に向かい合わせ、交互に丸く回す。

ちば (千葉)

親指と人差指を伸ばし、親指の中ほどに伸ばした人差指を当てる。

とうきょう (東京)

親指と人差指を伸ばした両手を同時に2回上げる。

かながわ (神奈川)

 ➡

手を1回叩く。

<川>
人差指・中指・薬指を立てた手を、手首を支点に下ろす。

やまなし (山梨)

 ➡

指を伸ばして斜め下に向け、上向きに弧を描きながら頂点まで動かす。

指を開き手首をねじりながら下げ、すべての指先を付ける。

ながの (長野)

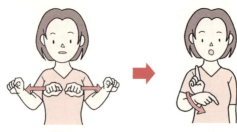

<長い>
親指と人差指を付けた両手を、中央から左右に離す。

<ノ>
人差指を前に伸ばし「ノ」を空書する。

にいがた (新潟)

上向きの手の平を、交互に前後に動かす。

とやま (富山)

立てた人差指と中指で弧を描く。

いしかわ (石川)

<石>
曲げた指先を、片方の手の平に横から打ち付ける。

<川>
人差指・中指・薬指を立てた手を、手首を支点に下ろす。

ふくい（福井）

手を開いてあごに当て、下向きにすぼめる。

＜井＞
両手の伸ばした人差指と中指の腹同士を十字に合わせる。

ぎふ（岐阜）

人差指と中指を伸ばし親指と向かい合わせ、口元で2回程指先を付ける。

あいち（愛知）

立てた親指の上で、下向きの手の平を回す。

しずおか（静岡）

人差指と中指をやや曲げた両手を向かい合わせて、両指を伸ばす。

両指を左右に離しながら下げる。

みえ (三重)

<三>
人差指・中指・薬指を伸ばして横に向ける。

<重い>
指先を向かい合わせた両手を、同時に下ろす。

しが (滋賀)

拳を肩の前に置き、親指と人差指をつまんだ手の手首を2回程ひねる。

おおさか (大阪)

人差指と中指を曲げて額の横に置き、2回額の横に当てる。

きょうと (京都)

両手の伸ばした親指と人差指を左右に置き、2回下げる。

ひょうご (兵庫)

両手の拳を上下に重ねて片方の胸に2回当てる。

なら（奈良）

親指と人差指で輪を作り、肩の前と脇の前に置く。

わかやま（和歌山）

指を軽く曲げた手の平を口元に2回程付ける。

とっとり（鳥取）

<鳥>
親指と人差指を伸ばした手を口元に置き、指先を数回、付け離しする。

<取る>
下向きに開いた手の平を前に置き、握りながら手前に引く。

しまね（島根）

<島>
指を曲げた手を取り囲むように、片方の手を前から手前に動かす。

<ね>
手の平を自分に向け、指先は下に向ける。

おかやま（岡山）

軽く握った両手を胸の前で交差させる。

パッパッと2回程手を開く。

やまぐち（山口）

指を伸ばして斜め下に向け、上向きに弧を描く。

＜口＞
親指と人差指で円を作り、口の前に置く。

ひろしま（広島）

伸ばした人差指と中指を向かい合わせ左右に引き、上に回して下げる。

えひめ（愛媛）

斜めにした手の平の下で、立てた小指を水平に回す。

とくしま (徳島) ①

親指と人差指を伸ばし、親指の先を2回程あごに当てる。

こうち (高知) ①

両手の人差指と中指を伸ばし、一方の指の背に片方の指の腹を2回程滑らせる。

とくしま (徳島) ②

親指と人差指を伸ばし、親指の先を1回あごに当てる。

<島>
指を曲げた手を取り囲むように、片方の手を前から手前に動かす。

こうち (高知) ②

<高い①>
親指を除いた四指を折り、上げる。

<わかる>
手の平を胸に当ててから下ろす。

かがわ（香川）

<匂い>
伸ばした人差指と中指の指先を鼻の下に近付ける。

<川>
人差指・中指・薬指を立てた手を、手首を支点に下ろす。

ふくおか（福岡）

指を軽く曲げた手を腹の前に置き、外側に引く。

ながさき（長崎）

指を伸ばし立てた手の平の中程に片方の手の平の先を2回程当てる。

さが（佐賀）

伸ばした人差指をこめかみに当てる。

人差指以外の握った指をパッと2回程開く。

みやざき（宮崎）

<宮>
両手の指を開き斜め上に向け指を交差する。

<崎>
指を斜め前に向けて伸ばした両手を、前方で近付け指先を付ける。

くまもと（熊本）

親指と人差指を軽く曲げた両手を向かい合わせ、腹に2回程打ち付ける。

かごしま（鹿児島）

伸ばした人差指・中指・薬指を、顔の横で手首をひねりながら上げる。

おおいた（大分）

甲側の手首辺りに親指と人差指で作った輪を2回程当てる。

おきなわ（沖縄）

伸ばした人差指と中指を顔の横でひねりながら上げ、片方は口の辺りでひねりながら下げる。

地方

とうほく (東北)

 →

<東>
親指と人差指を伸ばした両手を同時に上げる。

<北>
両手の親指・人差指・中指を立てた手の平を自分に向け交差させる。

かんとう (関東)

親指と人差指の先を付けて下に向けた両手を体の前から前方に円を描く。

きんき (近畿)

下向きの手の平のふちに、指を下に向けた手の平を沿わせる。

かんさい (関西)

 →

親指と人差指の先を付けて下に向けた両手を体の前から前方に円を描く。

<西>
親指と人差指を下向きに伸ばした両手を下げる。

地方

とうかい（東海）

<東>
親指と人差指を伸ばした両手を同時に上げる。

指を斜め前に伸ばし、甲を上にした両手を、指先側に動かす。

しこく（四国）

手の甲に、親指以外の四指を伸ばした手を垂直に乗せ、手前に弧を描いて引く。

きゅうしゅう（九州）①

親指を横に伸ばし他四指を下にした手の平を小さく水平に回す。

きゅうしゅう（九州）②

<九>
親指を立て、他四指は横に伸ばす。

<州>
親指以外の四指を開いて前に伸ばした下向きの手の平を、手首を折って下げる。

地名 さっぽろ ▶ いけぶくろ

さっぽろ（札幌）

両手の指を開いた手の平を重ね、上の手の平を2回引く。

あいづ（会津）

拳を腹の前に置き、水平に引く。

はこだて（函館）

指を曲げた両手を上下に向かい合わせて上の手を下の手に2回程かぶせる。

うつのみや（宇都宮）

片方の筒状の手の親指側に、曲げた人差指と中指を2回乗せる。

せんだい（仙台）

親指と人差指の先を付けて頭の前に置き、弧を描きながら離して付ける。

いけぶくろ（池袋）

親指と人差指を付け少し出した両手を、手首を軸に同時に小さく前に回す。

地名 しんじゅく ➡ こうべ

しんじゅく（新宿）

人差指と中指を曲げた両手を向かい合わせ、弧を描いて小指側で合わせる。

よこはま（横浜）

伸ばした人差指と中指をほおに付け、2回ほおに沿って前に出す。

うえの（上野）

拳を額に当て、手首を折って2回下げる。

あたみ（熱海）

人差指・中指・薬指を立てた手を片方の手の平に横から2回当てる。

ぎんざ（銀座）

甲を上に向け軽く握った両手をパッパッと開きながら前に出す。

こうべ（神戸）

親指と人差指で輪を作り額の前に置き、引く。

海外

アジア

親指を横に伸ばし、下向きに弧を描いて横に引く。

イタリア

親指と人差指を丸く曲げ、ジグザグに下ろす。

アメリカ

両手の指を伸ばしてからませ水平に回す。

インド

伸ばした親指の指先を額に付け、軽く手首を内側にひねる。

イギリス

伸ばした人差指と中指をあごに当て、あごに沿って引く。

オーストラリア

親指・中指を付けた両手を弧を描いて2回前に出しながら指を離す。

カナダ  拳の指側を2回、胸に当てる。	**ドイツ**  上に伸ばした人差指を額に当て、少し前に出す。
かんこく（韓国）  四指を折って頭の横に置き、斜め下に引いた後、指先をこめかみに付ける。	**ハワイ**  下向きの両手の平を横に向け、2回横に動かす。
ちゅうごく（中国）  親指と人差指の指先を付け、胸の前に置き、横に引いて下げる。	**フランス**  胸に当てた親指を弧を描いて前方に下ろし小指側を腹に付ける。

あいさつ

やぁ

手の平の親指側を額の辺りに置いて前に出す。

こんにちは

人差指と中指を立てて人差指の側面を額に付ける。

おはよう

片手の拳をこめかみ辺りから下ろす。

こんばんは

両手の平を前に向け、同時に内側に倒し交差させる。

どういたしまして

<いいえ>
立てた片手を左右に振る。

<構わない>
小指を立て、あごに付ける。

これ／ここ

人差指で自分の近くにある物を指す。

それ／そこ

人差指で少し離れた物を指す。

あれ／あそこ／あっち

人差指で斜め前方または斜め後方を指す。

コラム　指差し

このページで挙げたものは「指差し」と呼ばれる動作です。日本語としては「これ」「それ」「あれ」などと区別していますが、手話の場合にはすべて指で差すので、日本語のような区別はありません。すべて代名詞のはたらきをします。また日本語では、物の場合は「これ」、場所の場合は「ここ」と区別しますが、手話ではこのような区別もありません。指し示す場所ですが、「これ／ここ」や「それ／そこ」は、多くの場合、実際の物や場所を具体的に指します。「あれ／あそこ／あっち」は、実際の物や場所を指す場合はその方向を指し、遠くにある物や、見えていない物・場所を指す場合は、斜め上や斜め後ろを指し示すことが多いです。

あか（赤）

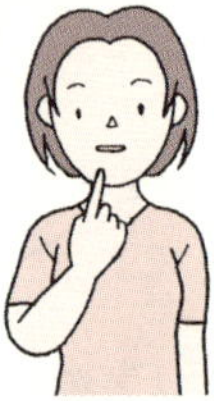

きいろ（黄色）

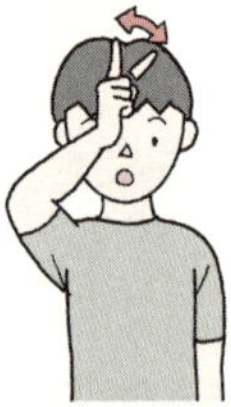

あお（青）

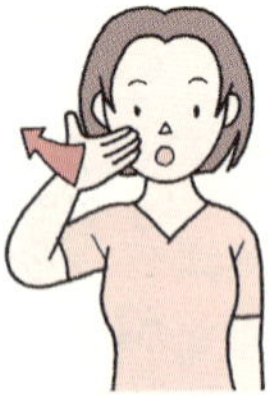

ピンク

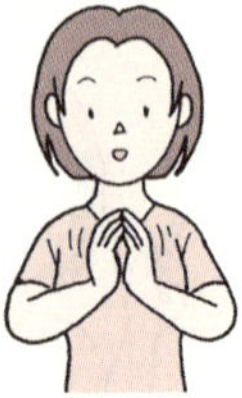

くろ（黒）

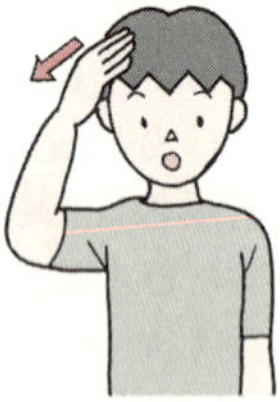

みどり（緑）

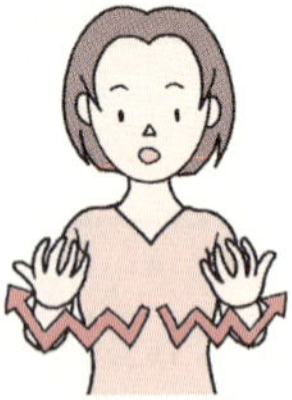

しろ（白）

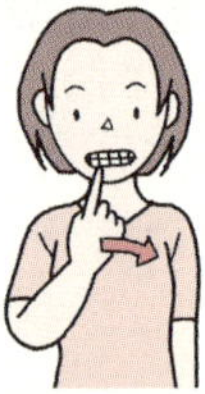

ちゃいろ（茶色）

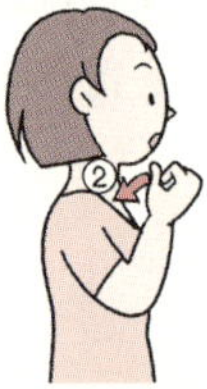

しょうがっこう（小学校）

<小>
立てた人差指をはさむように片方の人差指と中指を出す。

<勉強>
両手の平を顔に向けて並べ、軽く1、2回前に出す。

ちゅうがっこう（中学校）

<中②>
親指と人差指を近付けた手の上に、伸ばした人差指を乗せる。

<勉強>
両手の平を顔に向けて並べ、軽く1、2回前に出す。

こうこう（高校）

人差指と中指を離しやや曲げて額の前に置き、引く。

せんせい（先生）

人差指を口の高さに置いて手首を軸にして数回下向きに振る。

学校

せんもんがっこう（専門学校）

<専門>
人差指と中指を伸ばし、外側から内側にすくうように上げる。

<勉強>
両手の平を顔に向けて並べ、軽く1、2回前に出す。

だいがく（大学）

親指と人差指を伸ばして頭の斜め前後に置き、指を閉じる。

指をいったん開いて反対の斜め前後に置き、指を閉じる。

にゅうがくしき（入学式）

<入る>
右手の人差指中央に左手の人差指先を付けたまま、前方へ倒す。

<大会>
立てた両手の平を前後に並べ、前の手だけ前方へ少し上げる。

そつぎょうしき（卒業式）

<卒業>
両手の拳を向かい合わせて左右に置き、そのまま上げる。

<大会>
立てた両手の平を前後に並べ、前の手だけ前方へ少し上げる。

うんどうかい（運動会）

両拳を体の前に置き、交互に前後に動かす。

<会>
両手の指先を付け、屋根の形を作ってから指先を離し斜めに下ろす。

ぶんかさい（文化祭）

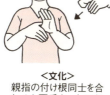

<文化>
親指の付け根同士を合わせた両手を、上下組み替えて再度合わせる。

<祝う>
軽く握った両手を、同時に指を開きながら上げる。

病院

いしゃ (医者)

<脈>
手首の内側に、片方の指先を付ける。

<男>
親指を立てて他四指は握る。

かんごし (看護師)

<世話>
両手を向かい合わせ、親指側を少し開き、交互に数回上下させる。

<士>
親指・人差指・中指を伸ばした手を反対側の肩に付ける。

しんさつ (診察)

自分に向けた手の甲を、人差指と中指で叩きながら両手を回す。

くすり (薬)

上向きの手の平の上に片方の薬指を付けて小さく揺らす。

しゅじゅつ（手術）

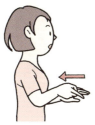

下向きの手の平の横に伸ばした人差指を置き、手前に引く。

やけど

握った指を開きながら腕に沿って上げる。

せき（咳）

拳を口の近くに付け、咳をするしぐさをする。

めまい（目まい）

両手の伸ばした人差指を目に向けて交互に回す。

レントゲン

親指と人差指を伸ばした手を腹の前に置く。

片手はそのままで、開いた手を腹の前に置き、前に出しながら握る。

けつあつ（血圧）

腕の上に手の平を乗せる。

腕の横で手を握ったり緩めたりする。

けつえき（血液）

小指を立て他四指の先を付けた手で二の腕から手首にかけてなでる。

えいせい（衛生）

手の平同士を上下に重ね、上の手を2回横へ滑らせる。

ちゅうしゃ（注射）

人差指・中指と親指を向かい合わせ指先を合わせながら腕に当てる。

にゅういん（入院）

指をやや曲げた四指と親指の間に、伸ばした人差指と中指を入れる。

たいいん（退院）

指をやや曲げた四指と親指の間に置いた伸ばした人差指と中指を手前に引く。

たいおんけい（体温計）

人差指を伸ばして脇にはさむ。

おうと（嘔吐）

あごの下に置いた、軽く開いた手を弧を描くように前に出す。

げり（下痢）

筒状の手から軽く握った手を、2回指を開きながら下げる。

エイズ

五指を曲げた手の甲を2回、額に当てる。

べんぴ（便秘）

筒状にした手の中に、すぼめた手の指先だけを入れる。

病院

ねつがあがる（熱が上がる）

人差指を上に伸ばした手を反対側の脇に置き、上げる。

ほけん（保険）

手の甲を、片方の手の平で円形になでる。

ねつがさがる（熱が下がる）

人差指を上に伸ばした手を反対側の脇に置き、下げる。

てんてき（点滴）

腕の内側に向かって伸ばした人差指を2回近付ける。

びょういん（病院）

<脈>
手首の内側に、片方の指先を付ける。

<建物>
向かい合わせた手の平を同時に上げた後、手の平を下にして中央で付ける。

さんふじんか（産婦人科）

＜生む＞
すぼめた両手を腹の前から下前方へ出しながら指を開く。

＜診察を受ける＞
体に付けた手の平の甲側を、人差指と中指で叩きながら両手を回す。

げか（外科）

＜手術＞
下向きの手の平の横に伸ばした人差指を置き、手前に引く。

＜診察を受ける＞
体に付けた手の平の甲側を、人差指と中指で叩きながら両手を回す。

ないか（内科）

＜内＞
手の内側に、片方の人差指を上から差し入れる。

＜診察を受ける＞
体に付けた手の平の甲側を、人差指と中指で叩きながら両手を回す。

接客

いらっしゃいませ  上向きの両手の平を斜め前から手前に引く。	**サイズ**〔身長〕  手の平を出げた手を肩のそばに置き、上下させる。
てつだう（手伝う）  親指を立てた手を、立てた片方の手で叩きながら前方に出す。	**あう**（合う）  両手人差指の腹同士を上下に付ける。
サイズ〔体格〕  指を開きやや丸めた両手を向かい合わせて、広げたり狭めたりを繰り返す。	**あわない**（合わない）  人差指の腹同士を上下に付けた状態からぱっと左右に離す。

しちゃく（試着）

<試す>
手の平を横に向け立てた人差指の先を目の下に軽く2回当てる。

<着る>
親指以外の四指を握った両手を肩の前に置き、手を近付けながら下げる。

しょうひぜい（消費税）

<使う>
手の平の上に、親指と人差指で作った輪を乗せて数回、前に出す。

<税金>
親指と人差指で輪を作り、指先を開きながら手首をひねる。

おまちください（お待ち下さい）

<待つ>
親指以外の四指を曲げ、指先をあごの下に付ける。

<頼む>
指をそろえて手を立て、拝むように前に出す。

国際手話の単語

おもてなし手話

国際手話とは？

国際手話は、イタリアが「ジェスチューノ」という名称で出したのが最初で、ヨーロッパのろう者が、国際会議、スポーツ大会や演劇、祭典等の行事で使っているものです。各国の文化や歴史が異なるため、国際的な行事の場でお互いに通じる手話が必要なのです。今後、オリンピック・パラリンピック等が開かれ、ますます国際交流が盛んになるので、簡単な国際手話を覚えておくと役に立つでしょう。

こんにちは

手の平の親指側を額の辺りに置いて前に出す。

ありがとう

あごに当てた手の平を前に出す。

さようなら

前向きの手の平の親指以外の四指を2回程度開閉させる。

ごめんなさい

胸に付けた拳を小さく回す。

たべる (食べる)

指先をつまんで口元に持っていく。

すわる (座る)

自分に向けた手の平の上に、人差指と中指を曲げた手を乗せる。

のむ (飲む)

軽く指を曲げた手の親指を自分に向けて口元に持ってくる。

のる (乗る)

手の平の上に、人差指と中指を下向きにした手を乗せる。

あるく (歩く)

下向きの両手の平を、交互に弧を描くように前後に出す。

おりる (降りる)

手の平の上に乗せた人差指と中指を横に下ろす。

国際手話

タクシー

前向きの手の平を上げる。

両手を軽く握り、車のハンドルを動かすようにする。

バス

親指を離し軽く曲げた両手を前後に付け、後ろの手を後方に引く。

ちかてつ（地下鉄）

手の平の下で、指先を前に向け縦にした手を前方に出す。

でんしゃ（電車）

両手の人差指と中指を伸ばして重ね、上の手を左右に動かす。

しんかんせん（新幹線）

軽く指を丸めた手を口元に置き、前に出す。

えき（駅）

指先を前に向けた手の横で、人差指と中指を伸ばした手で垂直に円を描く。

指を軽く曲げた手を下向きにし、置くように少し下げる。

ひこうき（飛行機）

親指・人差指・小指を伸ばした下向きの手の平を山なりに前方に出す。

きっぷ（切符）

上向きの手の平の小指側を、片方の曲げた人差指と中指ではさむ。

ホテル

立てた人差指に、横に伸ばした人差指と中指を付け、前後に動かす。

ぎんこう（銀行）

<B>
親指以外は付けて上に伸ばし、親指は握る。

<A>
親指を横に伸ばし、他指は握る。

<N>
人差指・中指を開いて伸ばし、下に向ける。

<K>
親指・人差指・中指を離し、親指は中指の腹に付け、他指は握る。

さくいん

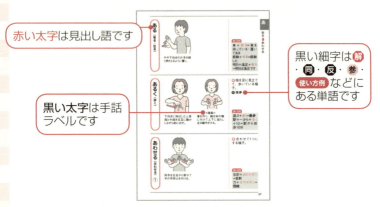

- 赤い太字は見出し語です
- 黒い太字は手話ラベルです
- 黒い細字は解・同・反・参・使い方例などにある単語です

＊1つの単語に対して、複数の表現があるものもあります。
その場合は、複数のページを挙げてあります。

あ

愛 …………………… **17**	アイフォン ………… 226	秋田 ………………… **489**
相変わらず ………… 127	あいまい …………… **20**	明らか ……………… 334
アイコン …………… **17**	アイロン …………… 155	あきらめる ………… **24**
挨拶 ………………… **18**	合う ………… **20,21,**518	飽きる ……………… **25**
ＩＣカード ………… **18**	会う ………………… **21**	呆れて物も言えない
アイス ……………… 188	アウト ……………… 150	……………………… 233
アイスコーヒー … 175,188	青 …………… **488,**508	呆れる ……………… 27
間 …………………… **18**	青ざめる …………… **22**	アクセス …………… 272
開いた口が塞がらない	青森 ………………… **488**	悪戦苦闘 …………… 195
……………………… 27	赤 …………… **477,**508	明けましておめでとう
愛知 ………………… **493**	赤ちゃん ………… **22,**487	ございます ……… 210
会津 ………………… **502**	赤の他人 …………… 215	開ける ……………… 355
相手 ………………… **19**	明かりが消える …… **22**	あげる ……………… **25**
アイデア …………… 39	明かりが差す ……… 346	憧れる ……………… **25**
空いている ………… **19**	明かりがつく ……… **22**	朝 ………………… **26,**420
アイデンティティー … **19**	あがる ……………… **23**	浅い ………………… **26**
アイパッド ………… 256	上がる …………… **23,**24	明後日 ……………… **478**
	明るい ……………… **24**	朝飯前 ……………… 259
	秋 ………………… 223,**480**	鮮やか ……………… 168

524

味……………………………… **26**
アジア………………………… **504**
明日…………………………… **478**
味わい………………………… 26
味わいがある……………… 79
味わう………………………… 308
預かる………………………… **27**
汗……………………………… **27**
汗だく………………………… 27
汗ばむ………………………… 27
焦る……………………… 23,147
汗をかく……………………… 27
あぜん………………………… **27**
あそこ………………………… **507**
遊ぶ…………………………… **28**
暖かい………………………… **28**
あたふた……………………… 38
アダプター…………………… **28**
頭がいっぱい………………… **29**
頭がおかしい………………… **29**
頭が切れる…… 138,228
頭が下がる…………………… 96
頭に入れる…………………… **29**
頭にきた……………… 96,409
頭にくる…………… **30**,148
頭割り………………………… 458
熱海…………………………… **503**
新しい………………………… **30**
当たり………………………… **31**
当たり前……………………… 421
厚い…………………………… **31**
暑い……………… **31**,419,444
熱い…………………………… **32**
扱う…………………………… 236
厚かましい…………………… **32**
斡旋…………………………… 276
あっち………………………… **507**
あっという間…… **32**,209
集まる………………………… **33**
集める………………… **33**,81

当てにする…………… 259
跡……………………………… 324
後で…………………………… 407
あなた………………………… **33**
侮る…………………………… 246
兄……………………………… **484**
アニメ………………………… 398
姉……………………………… **484**
アパート……………………… **34**
危ない………………… **34**,135
油……………………………… **34**
油絵…………………………… 34
アプリケーション… **35**
あべこべ……………………… 143
アポイント…………………… 426
甘い…………………………… **35**
アマチュア…………………… 216
余り…………………………… 324
雨………………………… **445**,481
アメリカ……………………… **504**
怪しい………………………… 84
操る…………………………… **35**
あやふや……………………… 20
謝られる……………………… **456**
謝る…………………………… 456
嵐……………………………… 115
争う…………………………… 165
新たな………………………… 36
改めて………………………… **36**
表す…………………………… 354
ありえない…………………… **36**
ありがとう………… **36,520**
ありきたり…………………… 364
ありのまま………… 211,243
ありふれている…………… 364
ありません…………………… 303
有る…………………………… **37**
在る…………………………… **37**
歩く…………………… **37,521**
アルコール…………………… 186

アルバイト…………… 195
あれ…………………………… **507**
淡い…………………………… 62
合わせて……………………… 271
合わせる…………… **37,38**
合わせる顔がない… 332
慌ただしい…………………… 38
慌てる………………………… **38**
合わない **38,39**,271,**518**
案……………………… **39**,255
案じる………………………… 218
安心…………………………… **40**
安全…………………………… **40**
安堵する……………………… 384
案内…………………… 105,210
案の定………………………… 429
あんまり……………………… **40**
あんまりだ…………………… 409

い

井……………………………… **493**
いい…………………………… 120
言い争う……………………… **41**
いいえ……… **41**,262,**506**
言い換える…………………… **42**
いい加減……………………… 285
言いなり……………………… 374
言いふらす…………………… 238
言い訳………………………… **42**
委員…………………………… **42**
言う…………………………… **43**
家……………………………… **43**
家出………………………… 43,313
意外…………………………… **44**
以外…………………………… 382
息……………………………… 312
息苦しい……………………… 158
意気込む…………… **44**,132
意気消沈……………………… 118
いきなり……………………… 298

イギリス……73,504	苺……50	妹……484
生きる……44	1時間……479	嫌……55
行く……45	1日……479	否応なく……55
育成……242	1年……480	嫌がらせ……48
いくつ……45,472,473	一番……392	卑しい……69
育メン……46	1秒……479	いやらしい……55
いくら……45	一部……450	いよいよ……56
池……46	一流……50	異様……376
池袋……362,502	いつ……50,472	依頼……256
イケメン……46	いつか……51	イライラ……56
意見……47	一回きり……52	イラスト……72
イコール……47	一喝する……194	いら立つ……56
いさかい……41	一級……51	いらつく……56
遺産……184	一瞬……209	いらっしゃいませ…518
石……47,492	一緒……51	いらない……368
維持……117	一生懸命……52	居る……56
石川……492	逸脱する……244	衣類……361
意識……97	一致……272	居留守……43
いじめ……48	一等……49	入れ替わる……128
いじめる……48	一発……52	色……57
医者……512	一般……364	いろいろ……57,323
以上……48	1分……479	色付く……168
異常……376	いつも……52	岩……57,489
いす……228	異動……53	祝う……58,511
伊豆……397	移動……65	違和感……58
いずれ……51	挑む……269	岩手……489
以前……113	居直る……355	言われる……43
忙しい……48	田舎……410	印鑑……58
急ぐ……337	いなくなる……307	印刷……59
依存……259	委任……391	印象……95
痛い……49	犬……53	インスタグラム……59
委託……391	命……53	インスタント…131,209
いたずら……48,123	茨城……490	引率……105
イタリア……504	威張る……383	インター……59
〔〜に〕至る……49	違反……54,426	インターネット……59
市……311	イベント……146	引退……429
位置……331	違法……54	インド……504
一位……49	今……54	
一応……255	意味……54	う
1月……474	イメージ……434	上……60

上野	**503**	裏表がない	211	エッチ	55
植える	**60**	裏切る	42	江戸	**75**
受かる	170	恨む	**68**	海老	**75**
受付	**61**,**405**	うらやましい	**69**,191	愛媛	**496**
受け流す	66	うらやむ	69	絵本	72
受ける	**61**	売り上げ	418	偉い	226
牛	**61**	売り切れ	307	選ぶ	**75**
失う	307	瓜二つ	243	ＬＥＤ	**76**
薄い	**62**	売る	**69**	エレベーター	**76**
うそ	**62**	うるさい	**69**,455	円	**469**
歌う	**63**	嬉しい	255	宴会	**77**
疑う	**63**	うろたえる	298	円滑	227
内	**63**,**517**	浮気	**70**	延期	**77**
打ち明ける	**64**	噂	**70**	遠距離	293
打ち合わせ	171,241	うわべ	98	演劇	201
うちわ	31	運	275	援助	252
打つ	**64**	運営	**70**	エンジン	**77**
美しい	**64**	うんこ	**71**	演説	169
写す	**59**,**65**	うんざり	**71**	遠足	**78**
移す	**65**	雲泥の差	113	延長	**77**
宇都宮	**502**	運転	158	塩分	192
腕時計	194	運転手	158	遠慮	**78**
疎い	204	運転免許証	158,211	縁を切る	**78**
促す	252	運動	**71**,119		
うなぎ	**66**	運動会	71,**511**		

お

うなずく	**66**			おいしい	26,**79**
うぬぼれる	309			追い出される	147
馬	**66**	絵	**72**	追い出す	**79**
巧い	**67**	エアコン	**72**	生い立ち	**80**
美味い	79	映画	287	おいで	436
うまい	211	影響	**73**	おいといて	**80**
馬が合う	21	営業	212	応援	**80**
海	**67**,337	英語	**73**	往診	**81**
生む	**67**,**517**	エイズ	**515**	嘔吐	**515**
産む	67	衛生	**73**,**514**	往復	45
梅	**68**,**481**	栄養	**74**	応募	**81**
敬う	244	駅	**74**,**523**	多い	**81**,**82**
うやむや	20	駅前	19	大分	**499**
裏	**68**	ＳＮＳ	**74**	大きい	**82**,249
浦	68	エスカレーター	76	オーケー	**82**

527

大御所	83	推す	89	覚える	95
大ごとだ	298	雄	92	お盆	286,483
大阪	494	おすすめ	89	おまけ	361
オーストラリア	504	お世辞	308	お待ち下さい	519
オーダー	267	遅い	89	お見合い	276
オートバイ	328	恐れおののく	171	お見事	96
オープン	83	教わる	89	おめでとう	58
概ね	385	お大事に	90	重い	96,494
大目玉を食らわす	194	お互い	90	思い当たる	96
大物	83	おだてる	308	思い切って	97
公	83,170	穏やかな	40	思い込み	95
岡	84	落ち着く	40	思い違い	394
丘	429	落ち度	90	思いつく	356
お帰り	425	お茶	91	思い出	25
おかげ	36	落ちる	91,92	思い直す	97
お菓子	84	お疲れ様	36,248	思いのほか	44
おかしい	84,133	夫	92,486	思う	97,129,231
おかず	361	お釣り	324	面白い	98
お金	85,150,287,349	お手上げ	91	面白くない	278
岡山	496	音	92	おもちゃ	98
補う	85	弟	484	表	98
沖縄	499	男	46,92,512	表向き	98
起きる	26,85	落とす	92	主に	99
臆せずに	86	一昨日	478	面映い	141
臆病	134	大人	93,266,487	趣	26
贈る	370	おとなしい	40	おやすみなさい	322
遅れる	89	踊る	93	おやつ	84
おごってもらう	86	驚く	93	泳ぐ	99
行う	430	同い年	94	およそ	385
怒る	86	お腹がすく	94	降りる	23,264,326,521
おごる	86	同じ	94,240	オリンピック	99
幼馴染み	80	お願いします	256	オロオロ	298
惜しい	189	おばあさん	95	終わり	100,203
おじいさん	87	お花見	186	音声	174
教える	87	おはよう	18,26,425,506	音声認識	100
怖気づく	87,251	怯える	95,180	温泉	100
おしっこ	88	お開き	203	温度	101
おしゃべり	88,335	オファー	256	女	101
おしゃれ	88	オプション	267		
お知らせ	379	覚えがない	133		

か

～家	43
カード	**18,102**
会	**102,511**
貝	**103**
絵画	72
海外	232
海外旅行	232,347
会館	254
海岸	337
会議	241
会計	**103**
解決	227
外見	98
解雇	**103**
介護	**104**,236
外国	**104**,232
解雇される	**103**
開催	355
改札	74
改札口	74
解散	**104**
開始	331
会社	**105**
外出	283
会場	102
海水浴	67
解説	234
開店	83
ガイド	**105**
回復	364
開放	83
介抱	236
買い物	**105**,212,272
会話	**106**
買う	**106**,**281**
飼う	242
カウンター	61
返す	25

返す言葉がない	**106**
帰ってくる	**107**
省みる	342
帰る	**107**,**281**
顔	**46**,**107**
顔色	107
顔色を失う	22
顔が赤らむ	**107**
顔がつぶれる	330
顔がひきつる	**108**
顔が広い	**108**
顔向けできない	332
香り	312
画家	43,72
かかあ天下	**108**
加害者	**109**,350
科学	**109**
化学	**109**
鏡	**110**
係	**110**,232
係長	110,267
〔時間が〕かかる	**110**
香川	**498**
鍵	**111**
鍵を開ける	111
鍵を閉める	111
描く	72
書く	**111**
家具	346
覚悟	**111**
学習	376
隠す	27
学生	**112**
格調高い	230
確認	**112**,168
隠れる	**112**
賭け	382
影	221
可決	168
かけ離れている	**113**

駆け引き	**113**
掛け布団	366
過去	**113**
鹿児島	**499**
傘	**114**
重なる	**114**,271,291
貸切	125
賢い	**114**
過失	90
貸す	**115**
数	**115**,**333**,**391**
ガス	312
風	**115**
風邪	**116**
家族	**116**,**487**
ガソリン	**116**
ガソリンスタンド	116
型	**117**
固い	**117**
硬い	117
堅苦しい	230
形	221
片付ける	227,435
語る	234
価値	149
勝つ	**118**,191
がっかりする	**118**
かっこいい	**46**,**118**
学校	376
合致	20
勝手	341
活動	**119**
活用	272
家庭	**119**,**487**
過程	160
仮定	255
神奈川	**491**
悲しい	**119**
カナダ	**505**
必ず	235,426

かなわない………… 91	換わる……………… **127**	完璧………………… 206
金持ち…………… **120**	代わる……………… **128**	寛容………………… 130
兼ねる…………… **120**	替わる……………… **128**	
可能……………… 284	変わる……………… **128**	● き 🖐 ●
彼女……………… **101**	〜間………………… 18	木………………… **132**
構わない……… **120,506**	〜官………………… 232	気合いを入れる…… **132**
我慢……………… **121**	〜館………………… 254	聞いたことない…… **133**
紙……… **121,122,359**	感化………………… 73	聞いたためしがない
神……………… **122,231**	考え直す…………… 97	………………… 133
ガミガミ言う……… 194	考える……………… **129**	聞いていない……… **133**
雷………………… **482**	玩具………………… 98	キーボード………… 64
カメラマン……… 65,204	関係……………… **129**	黄色……………… **508**
〜かも……………… 453	関係ない…………… **129**	消える……………… 307
蚊帳の外…………… 133	感激………………… 131	記憶………………… 95
通う……………… **122**	看護………………… 236	気温………………… 101
火曜日…………… **476**	頑固………………… 117	機械……………… **133**
〜から………… **123,249**	観光………………… 185	機会………………… 275
辛い……………… **123**	韓国……………… **505**	気掛かり…………… 218
からかう………… 48,123	看護師…………… **512**	気が利かない……… 315
ガラケー…………… **124**	関西……………… **500**	気が進む…………… 233
体………………… **124**	感謝………………… 36	気が小さい………… **134**
体がぬれる………… **203**	干渉……………… **130**	気が付かない……… 139
空っぽ…………… **124**,304	感情………………… 131	気が付く…………… 96
仮に……………… 255	感じる……………… 97	聞かない…………… **134**
借りる………… **125,448**	関心………………… 146	聞き流す…………… **134**
軽い…………… **125**,439	感心する…………… 310	聞く……………… **135**
軽く見る…………… 246	関する……………… 129	効く………………… 169
彼………………… 92	完成………………… 230	危険………………… 34
カレー……………… 123	完全………………… 239	危険ドラッグ……… **135**
カレーライス……… **125**	観戦チケット……… **130**	聞こえない………… 133
彼氏………………… **92**	感想………………… 241	聞こえる………… 92,268
カレンダー………… **126**	寛大……………… **130**	記述………………… 111
川…… **126,491,492,498**	簡単……………… **131**	技術……………… **135**
かわいい…………… **126**	元旦………………… 210	キス……………… **136**
かわいがられる…… **126**	勘違い……………… **131**	傷………………… 163
かわいがる………… 126	関東……………… **500**	傷付ける…………… 363
かわいそう………… 119	感動……………… **131**	犠牲………………… 193
乾く…………… **127**,307	頑として…………… 55	気ぜわしい………… 38
渇く……………… **127**	カンパ……………… 382	基礎………………… 140
変わらない………… **127**	頑張る……………… 165	競う……………… **136**

530

偽造	62	休暇	428	記録	111,**148**
規則	381	救急車	**144**	議論	**149**
北	**136,500**	窮屈	236	気を付ける	**149**
期待	255,395	休憩	**144**	気を引き締める	150
期待外れ	167	九州	**501**	金	85
鍛える	71	牛肉	61	銀	85
帰宅	107	牛乳	**145**	近畿	**500**
汚い	**137**	給料	**145**	近距離	262
忌憚ない	339	～狂	396	銀行	**149,523**
きちんと	**137**	今日	54,**478**	僅差	182
気付く	**137**,414	起用	75	銀座	**503**
喫茶店	175	教育	87	禁止	**150**
切手	**138**	協会	**145**	禁止される	**150**
きっと	235,426	興ざめ	167	金銭	85
切符	74,**523**	行事	**146**	緊張	**150**
機転が利く	**138**	競争	136	金曜日	85,**477**
気にかかる	**138**	兄弟	**486**	金利	**150**
気にしない	**139**,304	共通	94		
気に留めない	**139**	京都	314,**494**		
記念	**139**	興味	**146**	区	**151**
昨日	**478**	興味がない	312	クイズ	143
厳しい	**140**	興味深い	98	食い違う	**151**
寄付	**140**	教養	189	空気	312
岐阜	**493**	協力	252	空港	347
気分	142	強力	278	空席	19
希望	220	許可	405	偶然	275
基本	**140,359**	局	**146**	ぐうの音も出ない	233
決まりが悪い	**141**,332	去年	**479**	空腹	94
決める	**141**	拒否	177	クーラー	72
気持ち	142	気弱	134	9月	**475**
気持ち良い	142	嫌い	**147**	草	**152,405**
肝っ玉が小さい	134	嫌われ者	277	くじ	265
着物	**142**	嫌われる	**147**	薬	**135,512**
疑問	**143**	ぎりぎり	**147**	癖	230,406
逆	**143**	きりきり舞い	48	～下さい	256
キャンセル	300,426	切る	**148**	果物	**152**
キャンディー	**143**	着る	**445,519**	くだらない	246
キャンプ	**144**	きれい	64	愚痴	277
ギャンブル	382	キレる	**148**	口	**152,496**
九	**501**	キロ	**469**	口コミ	**152**

531

区長	151
口を利かない	257
靴	**153**
苦痛	49
くどい	198
国	**153**
首	**207**
首になる	**153**
工夫	166
区別	**154**
熊	**154**
熊本	**499**
組	157
区民	151
雲	**482**
曇り	**481**
悔しい	**154**
暗い	**24**,437
～くらい	180
クラウド	**155**
クラス	157
暮らす	229
比べる	**155**
グラム	**469**
繰り上げる	77
クリーニング	**155**
繰り返し	**156**
繰り下げる	77
クリスマス	**483**
クリック	**156**
来る	**156**,157
グループ	**157**
苦しい	**157**,158
車	**158**,205,**448**
車いす	**158**
クレジット	**159**
クレジットカード	
	102,159
黒	**508**
苦労	248

グローバル	232
加える	**159**
詳しい	**159**
群馬	66,**490**
訓練	447

け

経営	70
経過	**160**
警戒	63
計画	**160**
経験	**161**
経験がない	133
経験した	308
稽古	447
警告	**161**
掲載	326
経済	70
警察	**161**
警察官	161
警察署	161
計算	103
掲示板	381
芸術	**162**
軽傷	125,163
継続	276
携帯電話	**162**
契約	**162**
ケーキ	**163**
ゲーム	28
怪我	**163**
外科	**517**
今朝	54
景色	306
化粧	412
けた外れ	222
血圧	**514**
血液	261,**514**
血液型	117
結果	**163**

欠陥	90
結局	163
結婚	**164**
決心	141
欠席	**164**
決断	141
決定	141
欠点	90
潔癖	73
月曜日	273,**476**
下品	200
下痢	**515**
ゲリラ豪雨	**164**
県	209
～権	263
券	263
原因	54
けんか	**165**
見解	47
限界	**165**,184
見学	185
元気	**165**
研究	**166**
現金	85
言語	**166**
健康	124,165
原稿	353
検査	215
現在	54
検索	215
見識を広める	205
現実	387
研修	166
減少	376
原子力	**167**
原則	381
建築	**166**
健聴者	268
検定	215
兼任	120

原発	**167**	高知	**497**	故障	181
憲法	**167**	紅茶	**172**	個人	**175**,**217**,**391**
兼務	120	交通事故	**172**	個人情報	**175**
幻滅	**167**	公的	83	午前	**176**
権利	263	行動	119	答え	379
		後輩	**173**	国会	**176**
こ		好評	70	滑稽	98
		講評	352	こっそり	352
五	**483**	公表	379	凝っている	206
濃い	**168**	幸福	191	固定観念	95
恋しい	25	興奮	**173**	事	**176**
合意	**168**	神戸	**503**	孤独	351
豪雨	**164**	公平	355,364	今年	**479**
講演	**169**	候補	**173**	子供	**46**,**177**,**487**
公演	201	巧妙	67	断られる	**177**
効果	**169**	公務員	83	断る	**177**
高価	249	交流	**174**	好み	208
公開	83	高齢者	297	コピー	**177**
後悔	**169**	口論	41	細かい	159
公害	170	声	**100**,**174**	ごまかされる	**178**
合格	170	越える	**174**	ごまかす	**178**,**369**
交換	127	コース	208,278	困る	**178**
抗議	351	コーディネート	268	ゴミ	137
高級	226	コーヒー	**175**	コミュニケーション	**178**
光景	212	ゴールデンウィーク	447	混む	**179**
合計	37	誤解	131,394	米	**179**
高校	**509**	小型	262	ごめんなさい	**179**,**520**
交際	174	5月	**474**	ごもっとも	106
耕作	323	呼吸	312	こりごり	71
交差点	170	国語	381	孤立	351
降参	**71**,**171**	国際	232	これ	**507**
工事	275	告白	64	これから	407
公式	230	国民	153	これから気を付ける
講習	169	ご苦労様	36		315
交渉	**171**	ここ	**507**	コレクション	33
向上	23	午後	**176**	頃	**180**
工場	**171**	心地良い	142	殺す	**180**
構想	241	心	142	怖い	**180**
高層ビル	254	試みる	258	壊す	**181**,**421**
高速道路	**172**	心もとない	358	強面	193
交代	128				

533

壊れる	181	裁判	**184**	札幌	**502**
コンクール	136	裁判官	92,184	さて	80
今週	**478**	財布	**185**	砂糖	35
根性	132	採用	75	佐藤	35
コンテスト	136	材料	**185**	悟る	414
コントロール	35	さえない	183	寂しい	**187**
困難	283,410	佐賀	**498**	差別	182
こんにちは		探す	**185**	サボる	**188**,313
… 18,356,425,**506,520**		魚	**186**	様々	57,394
こんばんは		さかのぼる	87	寒い	**188**,**444,445**
… 18,425,437,**506**		逆らう	341	さようなら	**188,520**
コンビニ	**181**,285	下がる	**23**	さらに	423
コンピューター	**181**	崎	**499**	騒がしい	69
根本	140	詐欺	178	差をなくす	**182**
今夜	54,437	先に	392	三	**483,494**
婚約	164	作業	195	参加	**189**
混乱	299	咲く	335	3月	**474**
		削除	324	残業	174
● さ ✊ ●		作戦	239	参考	**189**
差	**182**	桜	**186**	算数	115
サークル	145,**182**	探る	199	残高	269
サービス	236	酒	**186**	残念	**189**
再〜	36	叫ぶ	174	産婦人科	**517**
歳	45	下げる	**187**	散歩	28,37
最悪	**183**	ささやく	336	散乱	338
災害	**183**	指図	195		
最近	54,180	挫折	266	● し ☝ ●	
最後	**183**	挫折する	24	市	**190**
最高	**184**	誘う	436	士	**190**,**512**
財産	**184**	定める	141	〜時	194
祭日	207	撮影される	**350**	試合	**191**
最初	331	撮影する	350	幸せ	**191**
サイズ〔身長〕	**518**	サッカー	**187**	思案	129
サイズ〔体格〕	**518**	錯覚	394	シート	228
埼玉	**490**	さっき	113	ＪＲ	**191**
最低	183	雑誌	**387**	塩	**192**
サイト	381	殺人	180	滋賀	**494**
再度	364	雑然	338	司会	**192**
才能	114	雑に	407	資格	**192**
栽培する	242	さっぱり	224	資格がない	153

自覚	414	～したい	220	自転車	**200**
しかし	**193**	従う	**197**	指導	87
自画自賛	386	親しい	**197**	自動	196
仕方がない	**193**	下っ端	374	自動改札機	**200**
4月	**474**	～したら	255	品	**200**
しかめっつら	**193**	七	**483**	～しない	41
しかも	423	7月	**475**	市内	190
叱られる	**194**	七五三	**483**	死ぬ	**201**
叱る	**194**	試着	**519**	芝居	**201**
時間	**194**,472	自重	78	自白	64
時間超過	110	～質	230	始発	207
時間通り	137	室温	101	芝生	152
式	**194**,245	実家	67	しばらく	144,348
四季	**480**	失格	91,103,153	自分	**201**
色彩	57	失業	195	死亡	201
指揮する	195	実現	387	島	**202**,490,495,497
色調	57	しつこい	**198**,455	姉妹	**486**
式典	194	実行	387	仕舞い込む	27
事業	195	実際	309,387	字幕	**202**
仕切る	195	実施	387	始末する	227
資金	184	実習	406	しまった	169,198
四苦八苦	**195**	実情	387	島根	**495**
試験	136	実践	387	自慢	309,383
事件	85,299	失踪	188	事務	**202**
自己	201	実態	68,387	締め切り	**148**
四国	**501**	知っている	454	ジメジメする	**203**
時刻	194	嫉妬する	320	示す	354
自己紹介	175,210	じっと見る	407	閉める	**203**
仕事	**195**,275	実は	387	四面楚歌	277
指示	**195**	失敗	**198**,296	地元	261
師事する	197	失望する	187	～者	351
支持する	252	質問	**198**	社員	105
自信	217	質問される	**198**	社会	**203**
地震	**482**	執拗	**199**	社会科	203
静岡	**493**	失礼	**199**,348	社会性がない	204
静か	**196**,352	失礼なことをされる		社会福祉法人	380
自然	**196**		199	視野が狭い	**204**
視線が集まる	266	失恋	**447**	視野が広い	205
～した	100,**196**	指定席	228,235	釈然としない	58
下	**197**	～している	264	蛇口	219

535

写真	**204**	熟達	67	上司	267
～しやすい	131	受験	61,136	正直	252
写生	243	手術	**513,517**	常識	444
社長	105	首相	**207**	少々	221
シャツ	**204**	手段	380	正真正銘	**211**
借金	125	出産	67	上手	**211**,278
車道	403	出身地	67	状態	**212,372**
～じゃない？	262	出席	189,228	上達	23
しゃべりまくる	335	出張	330	上達しない	399
邪魔	455	出発	**207**	冗談	**212**
視野を広げる	**205**	出版物	387	承知	454
～種	208	首都	207	正念場	17
州	**501**	主婦	**208**	商売	**212**
自由	**205**	趣味	**208**	消費	272
１１月	**475**	種類	**208**	消費税	**519**
集会	33	手話	**209**	商品	212
修学旅行	242	手話通訳	209	上品	200
１０月	**475**	順延	77	勝負	191
週休二日	390	瞬時に	**209**	丈夫	117
集合	33	順調	227	消防	**213**
集合時間	33	準備	435	上方	60
重視する	99	省	**209**	情報	**175,213**
収集	33	～症	230	情報が豊富	205
住所	43,56,331	～性	230	消防士	213
重症	96	小	**509**	消防署	213
就職	195,329	条	210	情報不足	204
修正	305	消火	213	情報保障	213
渋滞	**205**	紹介	**210,403**	証明	112,211
集中	**206**	障害	181	消耗	**213**
重鎮	83	障害者	181	醤油	**214**
習得	406	正月	**210,483**	将来	407
１２月	**475**	小学校	**509**	勝利	118
就任	264	状況	212	昭和	**214**
十分	**206**	消極	**233**	ジョーク	212
充分	**206**	衝撃	214	職業	195
住民	56	条件	**210**	食事	257
重要	17,422	証拠	**59,100**,112,**211**	触発	73
修理	305	正午	356	助手	361
祝祭日	**207,477**	焼香	241	女性	101
祝日	207	賞賛	386	書籍	387

ジョッキ	325	慎重	40,63	少ない	**221,222**
ショック	**214**	進展	223	すぐに	253
所得税	229	心配	**218**	優れている	278
署名	293	新婦	336	スクロール	**222**
書物	**215**	新聞	**218**	助平	55
処理	227	進歩	23	すごい	36,**222**,**419**
書類	121	辛抱	121	少し	221,222
しょんぼり	187	人望がある	317	少しずつ	450
しらける	167	人望がない	317	過ごす	229
知らされていない	133	親密	197	寿司	**223**
知らない	133,453	深夜	437	逗子	397
知らない人	**215**	親友	197	涼しい	**223**
調べる	**100**,**215**	信用	217	進める	**223**
知らんぷりする	78	信頼する	259	スタート	207,**224**
自立	201	親類	314	頭痛	49
資料	**216**			すっきり	**224**
知る	454	**す**		ずっと	276
城	**488**	図	72	酸っぱい	**224**
白	**508**	水泳	99	ステーキ	446
素人	**216**	水温	101	捨て置く	304
新幹線	**216,522**	推進	223	素敵	226
シングル	**217**	推薦	89	捨てる	**225**
神経	231	水族館	186	ストーカー	**225**
真剣	252	水田	245	ストレス	**225**
進行	223	水道	**219**	砂	275
審査	215	睡眠	**219**	素直	252
震災	183	水曜日	402,**476**	スパゲッティ	**226**
診察	**512**	数学	115	素晴らしい	**226**
診察する	251	数字	115	～すべき	381
診察を受ける	**81**,**251**,**517**	図々しい	32	全て	239
信じない	217	スーパーマーケット	220	スポーツ	71
紳士服	235	末っ子	356	図星	**31**
新宿	**503**	スカート	**220**	スマートフォン	**226**
信じられない	36,**217**	好き	**220**	済ませる	**227**
信じる	**217**	杉	**221**	すみません	179
真性	388	スキー	**221**	住む	56
人生	**218**	好きではない	312	スムーズ	**227**
親戚	314,**485**	過ぎる	174	相撲	**227**
親切	427	すぐ	262,337	刷る	59
新鮮	30	スクーター	328	する	430

537

ずるい…………… **228**	赤面する………… 107	センス…………… **237**
鋭い……………… **228**	石油……………… 34	先生…………… 87,**509**
〜するはず……… 381	セクシャル	戦争……………… **237**
すれすれ………… 147	ハラスメント…… 48	センター………… 254
ずれている……… 151	世間……………… 203	仙台……………… **502**
座る…………… **228,521**	世間知らず……… 204	全体……………… 239
済んだ…………… 100	せっかく………… 455	選択……………… 75
	積極……………… **233**	洗濯……………… **238**
せ	積極的…………… 233	洗濯機…………… 238
	絶句……………… **233**	センチメートル… **469**
〜制……………… 231	セックス………… **233**	宣伝………… **152,238**
〜製……………… 275	石けん…………… **234**	専念……………… 52
性格……………… 230	絶交……………… 78	先輩……………… **238**
生活……………… **229**	折衝……………… 113	船舶……………… 366
税金………… **229,519**	節制……………… 234	全部……………… **239**
清潔……………… 73	接待………… 236,247	鮮明……………… 334
制限………… 165,341	絶対………… 235,426	全滅……………… 277
成功……………… **230**	設置……………… 159	専門………… **239,510**
製作……………… 275	説得……………… 234	専門家…………… 239
政治……… 169,195,209	切腹……………… 111	専門学校……… 239,**510**
正式……… 83,**230**,388	説明……………… **234**	専用……………… 239
性質……………… **230**	節約……………… **234**	戦略……………… **239**
精神……………… **231**	設立……………… **235**	戦略(作戦)を練る… 239
成績……………… **231**	是非…………… **235,420**	
贅沢……………… 120	背広……………… **235**	**そ**
成長……………… 80,93	狭い……………… **236**	
生徒……………… 112	(差し)迫る……… 56	そう…………… **240**,310
制度……………… **231**	世話… **46,236,378,512**	そういえば……… 365
政府……………… 209	線……………… **452**	増加……………… 359
生命……………… 53	全員……………… 408	葬儀……………… 241
生命保険………… 53	選挙……………… **236**	相互……………… 90
生理……………… **232**	専攻………… 239,278	総合……………… 396
整理……………… 435	全国……………… 315	操作……………… 268
セーフ…………… 363	繊細……………… 228	捜索……………… 185
セール…………… 187	詮索……………… 199	掃除……………… **240**
世界……………… **232**	選手……………… **237**	葬式……………… 241
関………………… 84	先週……………… **478**	掃除機…………… 240
咳…………… 116,**513**	専従……………… 239	想像……………… **241**
席………………… 228	全種類…………… 311	相続……………… 184
責任……………… **232**	前進……………… 223	早退……………… 107
責任者…………… 232		相談……………… **241**

538

早朝	26	退院	**515**	耐える	121
相当	94	ダイエット	428	だが	193
相当する	47	対応	247	高い	**249**,**415**,**497**
相当なものだ	298	体温計	**515**	高ぶる	23,173
総理大臣	207	大会	**245**,**510**,**511**	耕す	410
創立	235	大学	**510**	宝	380
速度	337	退屈	**246**	だから	**249**,258
そぐわない	58	対決	191	滝	**250**
底	183	大差	182	たくさん	82
そこ	**507**	滞在	56	タクシー	**250**,**522**
組織	**242**	対策	247	竹	**250**
育つ	80	大事	422	～だけ	**251**
育てる	236,**242**	大至急	253	たじろぐ	**251**
卒業	**242**,**511**	大したことない	**246**	打診	**251**
卒業式	242,**511**	体重	96	足す	368
卒業生	242	対処	247	助かる	**252**
そっくり	**243**	大正	**246**	助け舟を出す	252
ぞっとする	171	大丈夫	120,284	助けられる	**252**
そのうち	51	退職	105	助ける	**252**
その他	382	対する	**247**	尋ねる	198
そのまま	**243**	体制	242	ただいま	425
祖父	**485**	大切	17,422	称える	386
祖母	**485**	だいたい	385	戦う	165
そよ風	115	代々	**247**,445	正しい	**252**
空	**243**	体調	275	直ちに	**253**
そりが合わない	58	たいてい	385	畳	**253**
それ	**507**	代表	**247**	太刀打ちできない	91
それで	249	ダイビング	**248**	立場	253
逸れる	**244**,333	台風	115,**482**	建つ	235
そろそろ	450	大変	**248**,298	立つ	**253**
損	**244**	大便	71	卓球	**254**
尊敬	**244**	タイミング	275	達人	67,135
尊重	244	対面する	417	達筆	67
		ダイヤモンド	380	竜巻	**254**

た 🖐

		太陽	248	立て込んで	29
田	**245**	太陽が沈む	**248**	建前	400
第	247	太陽が昇る	**248**	建物	**254**,**353**,**516**
台	274	代理	128	例えば	**255**
題	282	対立する	342	谷	**255**
体育	71	体力	124	楽しい	**255**

楽しくない……278
頼まれる……**256**
頼む……**179**,**256**,**519**
旅……442
ダブル……**256**
タブレット……**256**
たぶん……241,421,440
食べる……**257**,**440**
多忙……29
卵……**257**
騙される……27
騙す……178
たまたま……275
たまに……295
溜まる……259
黙る……**257**
〜ため……**258**
だめ……150,**258**,458
試す……**258**,**327**,**519**
だめになる……**258**
溜める……**259**
貯める……269
たやすい……**259**
頼る……**259**
だらしない……**260**
ダラダラ……260
足りない……**260**,357
誰……**260**,**472**
〜だろう……241,440
団結……37
単車……328
単純……131
誕生日……67
単身……351
たんす……346
ダンス……93
男性……92
団体……157
担当……232
担当者……232

単に……131
担任……232
断念する……24
暖房……28

ち

血……**261**
地域……**261**
小さい……**262**
チーム……145,157
チェック……**389**
近い……**262**
違う……**262**
近く……262
地下鉄……**263**,**522**
力……**263**
力持ち……263
地球……232
地区……261
蓄積……259
ちぐはぐな服装……237
チケット……**130**,**263**
遅刻……89
地図……**264**
地帯……261
父……**484**
血の気が引く……22
千葉……**491**
地方……261
痴呆……382
茶色……**508**
着任……**264**
チャレンジ……269
中……**264**,**509**
注意……149
注意報……149
仲介する……276
中学校……**509**
中国……**505**
中止……430

注射……**514**
駐車場……**265**
中心……**265**
抽選……**265**
中途失調……**266**
中途半端……**266**
注目する……**266**
注目される……**266**
注文……**267**
注文する……419
〜長……**207**,**267**
〜庁……**267**
調査……215
調子がいい……77
調子が狂う……**268**
聴者……**268**
朝食……26
調整……35,**268**
調節……**268**
挑戦……**269**
丁度……**269**
重複……114
重宝……377
貯金……**269**
著作権……215
貯蓄……269
ちょっと……221,222
散らかる……338
チラシ……121
沈静……196
沈黙……257

つ

ツアー……**270**
追加……423
追加していく……368
追及……351
ツイッター……**270**
ついでに……**271**
ツイン……**271**

通学	122	
通勤	122	
通じない	**271**	
通じる	**272**	
通信	272	
通訳	210,**272**	
塚	429	
使い方	272	
使う	**272**,**432**,**519**	
仕える	197	
司	192	
捕まえる	273	
つかむ	**273**	
疲れた	384	
疲れる	**273**	
～付き	271	
月	**273**	
次	**274**	
付き合い	**274**	
付き合う	174	
月とスッポン	113	
就く	264	
着く	291	
机	**274**	
作る	**275**	
付け加える	368	
都合	**275**	
つじつまが合う	20	
伝える	448	
つたない	375	
土	**275**	
続く	**276**	
慎む	78	
集い	33	
努める	301	
つながらない	271	
つながる	272	
つなぐ	**276**	
津波	**276**	
常に	52	

つぶす	**277**	
粒ぞろい	83	
つぶやく	**277**,336	
妻	**101**,**486**	
つまはじき	**277**	
つまみ	361	
つまらない	246,**278**	
つまり	249,396	
冷たい	32	
(～する)つもり	160	
梅雨	**481**	
梅雨明け	68	
強い	**278**	
つらい	140,157	
貫く	**278**	
つられる	**279**	
釣り	**279**	
連れてくる	**279**	

て

手	**280**,**489**	
定～	235	
提案	39	
ＤＶＤ	**280**	
定員	**281**	
テイクアウト	**281**	
提言する	370	
亭主関白	**108**	
定食	235	
ディスカウントショップ	69	
ディスク	**370**	
停滞する	399	
丁重	282	
ティッシュ	122	
停電	22	
ディナー	**281**	
丁寧	**282**	
定年	297	
データ	353	

デート	**282**	
テーブル	274	
テーマ	**282**	
手が空く	352	
出かける	**283**	
手紙	433	
～的	20	
敵	**283**	
出来事	85	
テキスト	387	
適する	20	
適切	20	
敵対する	283	
的中	31	
適当	20,285	
適当に	407	
できない … 169,258,**283**,397,410		
適任	20	
できる	**284**	
出くわす	21	
手こずる	195	
デザート	35	
弟子	374	
デジタル	**284**	
出しゃばる	130	
～でしょう	240	
デスクトップパソコン	**284**	
でたらめ	**285**	
手伝う	252,**518**	
徹夜	**285**	
テニス	**286**	
手縫い	318	
デパート	212	
手ぶら	422	
デフリンピック	**286**	
出まかせ	285	
デメリット	244	
でも	193	

541

寺……………………… **286**	同士………………… 90	時々………………… **295**
照らし合わせる…… 210	同時………………… **291**	ドキドキ…………… **295**
照れくさい………… 332	同時進行…………… 373	得…………………… 234
テレビ……………… **287**	どうして……… 293,307	毒…………………… **295**
天気………………… 243	当日………………… 388	得意………………… **296**
電気………………… **287**	同時に……………… 271	徳島………………… **497**
転居………………… 65,348	どうしようもない… 169	特殊………………… 296
点検………………… 215	同棲………………… **291**	読書……………… 387,437
電子マネー………… **287**	当選………………… 170	独身………………… 351
電車……………… **288,522**	当然………………… 421	特に………………… 296
転職………………… 195	同窓会……………… 84,102	特別………………… **296**
点滴………………… **516**	到着………………… **291**	得をした…………… **296**
てんてこ舞い……… 48	尊い………………… 244	時計………………… 194
テント……………… 144	道徳………………… 444	どこ……………… **297,473**
伝統……………… 247,445	盗難………………… 318	床屋………………… 441
天皇………………… **288**	糖尿病……………… 88,354	ところで…………… 80
電流………………… 287	当番………………… 110	登山……………… 23,429
電力………………… 287	投票………………… 236	年下………………… 173
電話………………… **288**	豆腐………………… **292**	～としては………… 253
電話がかかってくる	動物………………… **292**	図書館……………… 387
………………………… 288	動物園……………… 292	年寄り……………… 87
電話をかける……… 288	逃亡………………… 313	閉じる……………… 203
	東北………………… **500**	年を取る…………… **297**
と	どうやって	途端………………… 298
	………… **293**,380,473	土地………………… 275
戸…………………… **289**	同様………………… 94	栃木………………… **490**
ドア………………… **289**	動揺する…………… 298	途中………………… 266
ドイツ……………… **505**	同僚………………… 290	どちら……………… **297,473**
トイレ……………… **290**	道路………………… 403	突如………………… 298
問う………………… 198	登録………………… **293**	突然………………… **164**,298
同…………………… 84	討論………………… 149	鳥取……………… 300,**495**
どう………………… 308	討論する…………… 339	トップ……………… 184,247
同意する…………… 66	当惑する…………… 298	とても……………… **298**
どういたしまして… **506**	遠い………………… **293**	届ける……………… 419
東海………………… **501**	トースト…………… **294**	隣…………………… 274
同期………………… **290**	トーナメント……… **294**	とにかく…………… 297
動悸………………… 295	～通り……………… 94	徒歩………………… 37
同級生……………… 94	通り………………… 403	とぼける…………… 42
東京……………… 346,**491**	度が過ぎている…… 40	乏しい……………… 455
同行する………… 51,279	〔～の〕時………… **294**	戸惑う……………… **298**
倒産………………… **290**		

542

泊まる	322	内心	63	名前	**310**
富	120	内容	**304**	生ビール	325
とめる	430	直す	**305**	生返事	66
共稼ぎ	299	治る	307	涙	119
友達	197	(〜の)中	63	悩む	**310**
共働き	**299**	長い	**305**,492	奈良	**495**
富山	**492**	仲が良い	306	習う	89
土曜日	275,**477**	長崎	**498**	並ぶ	446
トライ	269	なかなか	**305**	なるほど	**310**
トライアスロン	**299**	長野	**492**	慣れる	161,**311**
ドライブ	158	長引く	110	何（個、冊等）	45
トラック	158	仲間	**306**	何歳	45
トラブル	**299**	仲間外れ	277	何時	45,**472**
トランプ	**300**	中身	304	難聴	**311**
鳥	**300**,495	眺め	**306**	何でも	**311**
取り合わない	78	流れる	**306**		
取り消す	**300**	泣く	119	**に**	
取り引き	162	慰められる	**308**		
努力	**301**	慰める	308	似合う	20
撮る	65	なくす	**307**	似合わない	38
取る	**301**,495	なくなる	**307**	新潟	**492**
ドル	**469**	仲人	276	匂い	**312**,372,498
取るに足りない	246	なぜ	**307**,472	苦い	123
トレーニング	71	謎	84	２月	**474**
ドローン	**301**	なだめる	**308**	苦手	**312**
泥棒	318	夏	31,**480**	苦々しく思う	108
戸を開ける	**289**	懐かしい	25	握る	273
戸を閉める	289	なっていない	153	肉	**313**
トン	**469**	納得	**308**	逃げる	188,**313**
鈍感	315	夏休み	31,428	西	**314**,500
		〜など	57	虹	**482**
な		何	**297**,308,472,**473**	偽	**314**
		何も考えない	139	日曜日	**477**
な〜んだ	**302**	何もない	124	似ている	**314**
ない	**303**,304,**452**	名の知れた	434	担い手	232
（物が）ない	304	〜なので	249,258	二の舞を演じない	**315**
内科	**517**	ナビ	264	鈍い	**315**
ないがしろ	**304**	鍋	**309**	日本	**315**
内緒	352	生	**309**	日本酒	186
内情	68	生意気	**309**	入院	**514**
内緒話	112			入学式	**510**

ニュース	**316**
乳幼児	22
尿	88
尿検査	88
煮る	**316**
庭	**316**
〜人	350
人気がある	**317**
人気がない	**317**
妊娠	**317**
忍耐	121

ぬ

縫う	**318**
盗まれる	**318**
盗む	**318**
沼	203

ね

〜ね	240
値上がり	249,319
値上げ	**319**
ネクタイ	**319**
猫	**320**
値下げ	**319**
ネズミ	**320**
妬む	199,**320**
値段	85
熱が上がる	**516**
熱が下がる	**516**
ネックレス	**321**
熱心	52
ネット	**59**
ネットワーク	**321**
根に持つ	199
寝坊	**321**
眠る	219
眠れない	**322**
寝る	**322**,408
音を上げる	91

年	**322**
年賀状	210
念頭に置く	29

の

ノ	**492**
農業	**323**,410
ノウハウ	**323**
ノートパソコン	**324**
のけ者にされる	147
残り	**324**
除く	**324**
〜のみ	251
飲む	**325**,**403**,**521**
〜のようだ	440
のり	**326**
乗り換え	128
載る	**326**
乗る	228,**326**,**521**
のんびり	144,352

は

葉	**327**
場合	294
パーキング	265
把握	273
パーセント	**469**
バーチャル	**327**
パーティー	77
バーベキュー	**328**
パーマ	353
倍	423
徘徊	**328**
売却	69
ハイキング	78
バイク	**328**
背景	68
廃止	277
排除	79,324
敗退	392

配置転換	53
バイバイ	188
売買	212
排便	71
入る	**329**,**510**
映える	168
馬鹿	**329**
ハガキ	433
馬鹿にする	402
(〜した)ばかり	32
測る	215
漠然	20
はぐらかす	42
はげ	**329**
派遣	**330**
函館	**502**
ハサミ	148
橋	**330**
恥	**330**
始まる	**331**
初めて	**331**
初めに	392
はじめまして	21
場所	**167**,**297**,**331**,**378**,**436**,**473**
恥じらう	332
走る	**37**
バス	**332**,**522**
恥ずかしい	107,**332**
パスタ	226
パスポート	**332**
外れ	**333**
パスワード	**333**
パソコン	284,324,**333**
畑	410
旗日	207
働く	195
8月	**475**
〜発	207
はっきり	168,**334**

544

罰金	229	腹を立てる	86	東
発見	**334**	腹を割る	**339**	日が昇る
ハッシュタグ	**334**	バランス	155	光
抜粋する	75	張り合う	**339**	惹かれる
発想	356	張り切って	44	引き換える
発達	23	春	28,**480**	引き出し
ばったり出会う	21	晴れ	**481**	引き出しを開ける
発注	267	バレーボール	**340**	引き継ぐ
発表	379	ばれる	**340**	卑怯
初耳	133	パワーハラスメント	**340**	引く
発明	356	ハワイ	**505**	低い
初詣	210	パン	**341**	びくつく
派手	400	範囲	**341**,375	ピクニック
鳩	**335**	半額	343	庇護
パトカー	144	反響	343	飛行機
花	**335**	番組	287	飛行機で行く
話さない	257	半径	261	久しぶり
話	234	はんこ	58	美術館
話し合う	106	反抗	**341**	非常識
話が通じない	**178**	番号	115	非常に
話が通らない	271	はんこを押す	58	美人
話す	43,**335,336**	反省	**342**	ひそむ
バナナ	**336**	反則	54	びっくり
花嫁	**336**	反対	**342**	引っ越し
離れ離れ	338	判断	**342**	羊
離れる	454	反応	**343**	ぴったり
パニック	**337**	販売	69	筆談
母	**484**	反発	341	ビットコイン
浜	**337**	半分	**343**	必要
はまる	206			否定
場面	212			ビデオカメラ
速い	**337**	日	**344**	人
早い	**337**	非	**344**	ひどい
早く	253	火	420	一筋
林	**338**	ピアノ	64	人々
腹	**338**	ＰＲ	238	一目ぼれ
原	338,408	ＰＤＦ	**345**	独り
ばらばら	**338**	ビール	**345**	ひとりで
腹ぺこ	94	被害者	**345**	避難
パラリンピック	99	控える	187,234	非難

東 346,**500,501**
日が昇る 248
光 **346**
惹かれる 138,279
引き換える 127
引き出し **346**
引き出しを開ける 346
引き継ぐ **347**
卑怯 228
引く 390
低い **347**
びくつく 95
ピクニック 78
庇護 398
飛行機 **347,523**
飛行機で行く 347
久しぶり **348**
美術館 72
非常識 **348**
非常に 298
美人 64
ひそむ 112
びっくり 93
引っ越し 65,**348**
羊 **349**
ぴったり 20,206,269
筆談 **349**
ビットコイン **349**
必要 **350**
否定 405
ビデオカメラ **350**
人 92,**109,345,350,432**
ひどい 40,48,409,458
一筋 278
人々 **351,408**
一目ぼれ 146
独り **351**
ひとりで 201
避難 313
非難 351

批判……………… **351**		不合格……………… 91
批判を受ける……… **351**	**ふ**	無作法……………… 348
批評……………… **352**	無愛想…………… 193	ふさわしい………… 20
ビビる…………95,251	ファックス………… **358**	不参加…………… 164
暇……………246,**352**	ファックスが届く… **358**	藤………………… **362**
肥満……………… 365	ファックスを送る… 358	無事……………… **363**
秘密… 112,196,**333**,**352**	ファミリーレストラン	不思議………84,143
ひもじい…………… 94	………………116,446	不思議だ………… 293
冷やかし………… 404	不安……………218,**358**	侮辱……………… **363**
表………………**353**,**389**	ファン…………… 317	侮辱される………… **363**
美容院…………… **353**	夫婦……………… **485**	不審人物………… 84
病院……………**353**,**516**	プール…………… 99	不正……………… 367
病気……………… **354**	ふーん…………… 310	防ぐ……………… 177
表現……………… **354**	フェイスブック…… **359**	不足……………260,357
兵庫……………… **494**	不得手…………… 312	付属……………… 361
表情……………… **354**	増える…………81,**359**	豚………………… **363**
平等……………**355**,364	フォーマット……… **359**	再び……………**364**,393
評判……………… 70	部下……………… 361	豚肉……………313,363
表面……………… 98	深い……………… **360**	負担……………… 232
開き直る………… **355**	不快……………… **360**	普通……………… **364**
開く……………… **355**	不可解…………… 84	物価が上がる……… 319
ひらめく………137,**356**	不可欠…………… 350	（意見が）ぶつかる… **364**
びり……………… **356**	不機嫌…………… 193	仏教……………… 286
微量……………… 222	吹き出す………… **360**	不都合…………… 366
昼………………**356**,**440**	普及……………… 357	不適合…………… 38
ビル……………… 254	福………………… 191	不適切…………… 38
ひるまず………… 55	副………………… **361**	不手際…………… 90
ひるむ…………95,251	服………………… **361**	ふと……………… **365**
広い……………… **357**	福井……………… **493**	太い……………… **365**
疲労……………… 273	福岡……………… **498**	ぶどう…………… 362
披露宴…………… 77	複雑……………… **361**	太る……………… **365**
広島……………… **496**	福祉……………… 191	布団……………… **366**
広々……………… 357	福島……………… **490**	船………………… **366**
広まる…………… **357**	復讐……………… 68	不備……………… 90
品………………… 200	服装……………… 361	不評……………… 70
敏感……………… 228	福引……………… 265	不服……………… 367
ピンク…………… **508**	含める…………… **362**	不平……………… 367
ピンとくる………… 356	袋………………… **362**	不便……………… **366**
貧乏……………… **357**	老ける…………… 297	不真面目………… **367**
ピンポン………… 254	不幸……………… 366	不満……………… **367**

不眠………………… 322	分析………………… 372	〔〜の〕方………… 378
不向き……………… 38	分娩………………… 67	崩壊………………… 379
不明………………… 367	分野………………… 208	方向………………… 379
不名誉……………… 330	分類………………… 208	報告……… 81,161,379
不明瞭……………… 20		報告を受ける……… 379
冬………………… 188,480	**へ**	防災………………… 183
不要………………… 368	平気……………… 139,373	法事………………… 286
プライバシー……… 175	平行………………… 373	奉仕する…………… 25
プラス……………… 368	閉口する…………… 233	方針………………… 379
ブラブラしている… 450	平行線……………… 373	法人………………… 380
振られる…………… 147	平身低頭…………… 374	宝石………………… 380
フランス…………… 505	平成………………… 374	放送………………… 238
フリー……………… 205	平然………………… 373	放っておく………… 304
フリーズ…………… 368	ぺいぺい…………… 374	方法……………… 323,380
振り込み…………… 369	平凡………………… 364	訪問………………… 81
振り込め詐欺……… 369	平和………………… 306	法律………………… 381
不倫………………… 70	へぇ………………… 374	ボーッとする……… 382
プリンター………… 369	下手………………… 375	ボーナス…………… 381
プリント…………… 59	別………………… 375,454	ホームページ……… 381
振る……………… 79,341	ベテラン…………… 161	他…………………… 382
古い………………… 369	部屋……………… 217,375	募金………………… 382
奮い立つ…………… 44	減る……………… 213,376	ぼける……………… 382
ブルーレイディスク… 370	変…………………… 376	保健………………… 90
無礼………………… 348	ペン………………… 111	保険……………… 90,516
プレゼント………… 370	変化………………… 128	誇り……………… 383,413
プレゼントをもらう	返却………………… 423	星…………………… 383
…………………… 370	勉強……… 376,509,510	欲しい……… 69,220,423
風呂………………… 370	勉強になる………… 414	星空………………… 383
プロ………………… 371	弁護士……………… 184	募集………………… 33
プロレス…………… 371	返事………………… 379	ポスター…………… 381
フロント…………… 61	弁当………………… 377	ポスト……………… 433
文…………………… 371	便秘……………… 377,515	細い………………… 384
雰囲気……………… 372	便利………………… 377	補足………………… 85
文化……… 372,421,511		保存………………… 27
憤慨………………… 86	**ほ**	ぼちぼち…………… 450
分科会……………… 208	保育………………… 236	補聴器……………… 384
文化祭……………58,511	保育園……………… 378	北海道……………… 488
文献………………… 387	保育士……………… 190	没頭する…………… 206
紛失………………… 307	ポイント…………… 17	ホットコーヒー…… 28
文章………………… 371	法…………………… 184	ホッとする………… 384

547

ホテル………… **385,523**	真面目……………… 252	三重………………… **494**
補てん……………… 85	真面目に…………… 52	見えない…………… **400**
ほとんど…………… **385**	まず………………… **392**	〔腕を〕磨く……… **401**
母乳………………… 145	まずい………… 108,366	見かける…………… **401**
骨…………………… **386**	また………………… **393**	味方………………… 197
ほぼ………………… 385	まだ………………… **393**	身が持たない……… 397
ほめる……………… **386**	町…………………… **393**	みかん……………… **401**
ぼやける…………… 62	間違い……………… **394**	見切る……………… 25
ほらふき…………… **386**	間違いなく………… 137	見極める…………… 342
ボランティア……… **387**	まちまち…………… **394**	見下される ………… **402**
保留………………… 27	松…………………… **395**	見下す……………… **402**
本…………………… **387**	待つ…………… **395,519**	みこし……………… 395
本当………………… **387**	全く………………… 239	見込み……………… 404
本音………………… 64	まったく…………… 409	未婚…………… 164,393
本番………………… **388**	全くない…………… 303	短い………………… **402**
本物………………… **388**	祭り…………… 58,**395**	未熟………………… 375
翻訳………………… **388**	～まで……………… **396**	未熟者……………… 216

間…………………… 18	窓口………………… 61	水…………… 219,**402**
マークシート……… **389**	まとめる…………… **396**	湖…………………… 46
まあまあ…………… **389**	まとも……………… 364	見透かされる……… 340
毎週………………… **390**	マナー……………… 444	みすぼらしい……… 357
毎月…………… 52,273	学ぶ………………… 89	店…………………… 212
参った……………… 171	マニア……………… **396**	未成年……………… 93
マイナス…………… **390**	間に合わない……… **397**	味噌………………… **403**
マイナンバー……… **391**	真似………………… **397**	味噌汁……………… **403**
毎日………………… 52	招く………………… 436	～みたいな………… 314
参る………………… 91	豆…………………… **397**	見たくない………… 410
マウス……………… **391**	間もなく…………… 56	道…………………… **403**
前…………………… 19	守る………………… **398**	道案内……………… **403**
前に戻す…………… 87	迷う………………… **398**	見つける…… 334,401
任せられる………… **391**	満員………………… 179	みっちり…………… 206
任せる……………… **391**	漫画………………… **398**	みっともない……… 404
紛らわしい………… 20	マンション………… 254	見てみたい………… **404**
まくし立てる……… 335	満足………… 142,**399**	見通し……………… **404**
負ける………… 191,**392**	マンネリ……… 156,**399**	認めない…………… **405**
孫…………………… **487**	満腹………………… **399**	認める……………… **405**
まさか……………… 217		緑…………… 152,**508**

ミーティング……… 241	みどりの窓口……… **405**
見栄………………… **400**	港…………………… **406**

548

南	31	
見習い	**406**	
身に付ける	**406**	
見逃す	**407**	
見晴らし	306	
耳に入る	92	
宮	**488,499**	
宮城	**488**	
脈	**353,512,516**	
土産	370	
宮崎	**499**	
見破る	**340**	
妙	376	
明朝	26	
見よう見真似	318	
未来	**407**	
見られる	**407**	
ミリメートル	**469**	
魅力	146	
見る	**130,407,408**	
ミルク	145	
民	351	
みんな	**408**	
民泊	**408**	

む

昔	113	
ムカつく	148,**409**	
無関係	129	
無言	257	
虫	**409**	
無視	**410**	
無視される	**410**	
無視する	134	
無職	422,450	
難しい	283,**410**	
息子	**486**	
娘	**486**	
無駄	244	
無断	352	

夢中	206	
無頓着	139	
胸がいっぱい	399	
胸をなで下ろす	40	
無名	**434**	
村	**410**	
村八分	277	
無理	283,410,**411**	
無理強い	411	
無理やり	**411**	
無料	**411**	

め

目	**415,416**	
メイク	**412**	
明治	**412**	
命中	31	
名物	434	
名簿	293	
名誉	**413**	
命令	**413**	
命令される	**413**	
迷惑	**179,345,413**	
目上	238	
メートル	**469**	
メール	**414**	
メールアドレス	293	
メールをもらう	**414**	
目が覚める	**414**	
目が点になる	**414**	
眼鏡	**415**	
目が節穴	402,**415**	
目指す	420	
目ざとい	**415**	
目下	173	
雌	101	
珍しい	**416**	
目立つ	**416**	
メタボ	**416**	
滅茶苦茶	285	

メディア	**417**	
目まい	**513**	
メモ	111,121	
メリット	**417**	
面	98	
免許	211	
面接	**417**	
面倒	248,455	
メンバー	42	
面目ない	332	

も

もう！	409	
盲	**418**	
もう1回	419	
儲ける	**418**	
申し込まれる	**419**	
申し込む	**419**	
猛暑	**419**	
もう一つ	**419**	
燃える	**420**	
モーニングセット	420	
目的	**420**	
目標	420	
木曜日	132,**476**	
もし	255,**421**	
もしかしたら	421	
文字化け	**421**	
もちろん	**421**	
持つ	**422**	
もったいない	244,**422**	
持っていない	**422**	
もっと	**423**	
もっぱら～ばかり	239	
モップ	240	
もてない	317	
もてる	317	
元	140	
求められる	**423**	
求める	**423**	

549

モニター	284	
物知り	205	
ものすごい	222	
物足りない	260	
物真似	397	
燃やす	420	
最寄り駅	262	
もらう	423	
漏らす	64	
森	424,488	
門	424	
問題	424	

● や 🤙 ●

やぁ	425,506
やかましい	69
焼きもち	320
野球	426
約	103,385
焼く	316
役員	110
役所	169
約束	426
約束を破る	426
やけど	513
野菜	427
優しい	427
安い	415,427
休み	428,477
痩せる	428
やっと	428
やばい	108
やはり	429
山	429
山形	489
山口	496
山梨	491
やむを得ない	193
辞める	429
止める	430

ややこしい	430
やり方	380
やりきれない	397
やり直す	364
やる	430
柔らかい	427

● ゆ 🖐 ●

USB	431
夕方	431
勇気	432
ユーザー	432
優勝	432
優先	99,433
郵送	433
ユーチューブ	433
有能	114
郵便	433
有名	434
有名人	108,434
ユーモア	212
雪	481
豊か	120
油断している	382
ゆっくり	89
指文字	434
夢	434
許す	405

● よ 🫳 ●

夜明け	248
良い	82,435
用意	435
要求	423
用事	350
洋食	104
様子	212
養成	242
幼稚園	436
要点	17

洋服	361
ようやく	428
よく〜できた	293
横浜	503
汚れ	137
予想に反して	44
予定	160
夜通し	285
世の中	203
呼ばれる	436
呼び掛ける	238
呼ぶ	436
予防	177
読み取り	436
読む	437
嫁	336
予約	426
夜	281,437
喜ぶ	255
よろしくお願いします	256,435
弱い	278,437

● ら 👆 ●

ラーメン	438
来週	478
来年	479
ライバル	136
ライブコンサート	438
ライン	439
楽	439
落語	439
楽勝	259
楽々	259
〜らしい	440
ラスト	183
乱雑	338
ランチ	440

り

理科	386
理解	454
力士	227
離婚	441
理事	232
利息	150
率	457
リットル	469
立派	226
リハビリ	364
理由	54
流行	357
利用	272
理容	441
了解	82
料金	85
領収書	442
両親	485
料理	442
両立	373
～力	263
旅券	332
旅行	442
履歴書	160
臨時	296

る

ルール	443
留守	19,443

れ

礼	194
例	255
冷夏	444
礼儀	444
冷蔵庫	445
冷房	188
令和	2

レインコート	445
歴史	445
歴代	247
レクチャー	169
レジ	446
レストラン	281,446
レスリング	371
列	446
列車	288
レポート	216
恋愛	447
連休	447
連載	326
練習	447
連続	276
レンタカー	448
レンタル	125
レントゲン	513
連盟	448
連絡	448
連絡する	448
連絡をもらう	448

ろ

ろう〔者〕	449
老女	95
老人	87
浪人	450
老婆	95
ローン	450
録画	177
6月	474
ロケット	450
～論	234

わ

ワークショップ	451
Ｗｉ－Ｆｉ	451
ワイヤレス	452
和	306

ワイン	452
若い	452
わがまま	453
和歌山	495
わからない	453,454
わかる	454,497
別れる	454
訳	54
訳もない	259
分ける	154
技	135
和裁	142,318
わざと	62
わざわざ	455
僅か	455
煩わしい	455
忘れる	456
私	456
渡す	25
詫びる	456
和服	142
笑う	457
割合	457
割り勘	458
割引	343
悪い	109,458
悪くない	458
悪ふざけ	48
湾	406
ワンパターン	156

551

監　　　　修	米内山 明宏（手話工房 代表、元㈲手話文化村 代表）

1952年東京都生まれ。現在、日本ろう者劇団代表を務め、手話狂言や創作劇の発表を行う。日本で初めてろう者の母語である日本手話で教育を行う、ろう学校「明晴学園」理事長を務めた。

監 修 補 助	高野 幸子（元㈲手話文化村）
執　　　　筆	阿曽 三知子（手話通訳士）　内川 綾（手話通訳士） 太尾田 玲子（手話通訳士）　古河 美猫
手 話 通 訳	KAYO
装　　　　丁	林 偉志夫
本文デザイン	㈱ライラック
手話イラスト	DESIGN STUDIO 101 渡部健、岡田デザイン事務所 岡田行生
編 集 協 力	渡辺 啓道
企 画 編 集	水島 明日香、大塚雅子（㈱ユーキャン）

ユーキャンのこれだけ！実用手話辞典 2訂版

2011年 2月18日　　初　版　　第 1 刷発行
2019年 9月28日　　第 2 版　　第 1 刷発行
2024年 4月22日　　第 2 版　　第 6 刷発行

編　　者	ユーキャン学び出版 手話研究会
発 行 者	品川泰一
発 行 所	株式会社 ユーキャン 学び出版 〒151-0053　東京都渋谷区代々木1-11-1 Tel 03-3378-2226
発 売 元	株式会社 自由国民社 〒171-0033　東京都豊島区高田3-10-11 Tel 03-6233-0781（営業部）

印刷・製本　望月印刷株式会社

※落丁・乱丁その他不良の品がありましたらお取り替えいたします。
　お買い求めの書店か自由国民社営業部（Tel 03-6233-0781）へお申し出ください。
©U-CAN, Inc. 2019 Printed in Japan　　ISBN：978-4-426-61185-9
　本書の全部または一部を無断で複写複製（コピー）することは、著作権法上の例外を除き、禁じられています。